Un orchestre pour sauver le monde

Vincent Agrech

Un orchestre pour sauver le monde

Stock

Couverture : Coco Bel Œil
Illustration de couverture : Luis Cobelo

ISBN : 978-2-234-08116-1

À ma mère, pour les berceuses de Lorca,
À mon père, pour l'infinie créativité de son castillan,
À Capucine et Alice, pour l'enfance de l'art
À Ivan et Georges, pour l'art de l'enfance
À Franck, pour la musique de ma vie

Au souvenir toujours vivant de mon grand-père

Wohl dem, der keine Heimat hat ;
er sieht sie noch im Traum
Bienheureux, celui qui n'a pas de patrie ;
il la voit encore en rêve

Hannah Arendt, *Poèmes.*

Werd' ich entschweben
Zum Licht, zu dem kein Aug' gedrungen !
Sterben werd' ich, um zu leben !
Je m'envolerai
Vers la lumière qu'aucun œil n'a pénétrée !
Je mourrai afin de vivre !

Gustav Mahler,
Symphonie n° 2 *Résurrection*

Sommaire

Introduction

15 juillet 2014. Le 4 × 4 avale les kilomètres de ponts autoroutiers, survolant les faubourgs de Caracas. Sur la banquette arrière, à l'abri des vitres fumées, je contemple les couleurs éclatantes de l'après-midi. Les bulles nacrées des nuages tropicaux s'élèvent entre le bleu cru du ciel et le vert profond des collines. Les bidonvilles éparpillent sur leurs flancs des cases cubistes peinturlurées de rouge, de jaune et de mauve. J'ai honte de les trouver aussi belles.

Mon chauffeur et mon accompagnatrice se regardent en chiens de faïence. Chacun semble soupçonner l'autre de moucharder. Lui travaille pour une société assurant les transports VIP des entreprises nationales vénézuéliennes, dont la compagnie des pétroles, réputée être un nid d'anciens militaires corrompus. Elle officie au sein du service de presse de Fundamusical, fondation rattachée à la présidence de la République, qui gère le réseau national des orchestres juvéniles, surnommé depuis quatre décennies bientôt *El Sistema*. Quant à moi, en plus de quinze ans de reportages pour le mensuel français *Diapason*, une référence dans le domaine réputé inoffensif de la musique classique, c'est la première fois que j'ai droit à une telle escorte. Mais le Venezuela est aujourd'hui l'un des pays les plus dangereux d'Amérique latine. Et j'ai suffisamment parcouru cette région du monde pour juger des moments où il faut se plier aux consignes de sécurité.

Nous arrivons au *núcleo* de Guarenas, banlieue dortoir de la capitale, située dans l'État de Miranda. Un *núcleo*, dans l'univers du Sistema, c'est à la fois une école de musique, une académie d'orchestre, et un lieu de vie pour enfants et adolescents d'origines sociales très diverses, et souvent issus de contextes économiques et familiaux difficiles. Celui de Guarenas dresse ses deux étages de parpaings blanchis sur une hauteur de la ville, grilles ouvertes dans une rue où les bâtisses de brique paraissent ligotées par des lianes de fils électriques. Dans le couloir d'entrée, les enfants se poursuivent en riant, des jeunes gens studieux lisent leurs partitions, de vieilles dames papotent, assises sur des chaises en plastique. Une sympathique cacophonie d'éclats de voix et d'instruments qui s'accordent nous accueille. Chef d'orchestre et gestionnaire, Andrés González, jeune trentenaire athlétique et souriant, dirige à la fois ce *núcleo*, celui de Guatire à quelques kilomètres, et l'Orchestre symphonique juvénile Francisco de Miranda qu'il a fondé en réunissant les élèves des deux établissements. Il nous précède dans les escaliers : « Ne regardez pas les murs, ils ont besoin d'un bon coup de peinture. On y pensera après la saison des pluies ! »

Ce n'est pas le cas du vaste espace que je découvre au bout des marches. Amortisseurs sonores aux murs, cagettes en bois récupérées et accrochées au plafond pour améliorer la réverbération, éclairage généreux : un véritable auditorium en kit ! Mais je les remarque d'abord à peine, mon cœur bondissant à la vue, pourtant attendue, de la centaine d'enfants de dix à quinze ans, qui se lèvent comme un seul homme à notre arrivée. Ils sont fiers de leur petit effet, habitués à voir défiler des visiteurs du monde entier, et toujours amusés par leur surprise. Visages rieurs de toutes les couleurs, métissage d'Africains, d'Amérindiens et d'Européens. Tenues simples mais soignées, comme toujours en Amérique latine, où la chemise d'un blanc immaculé est l'honneur des humbles. Et dans leurs mains, tous les instruments de l'orchestre. Pas un triangle, pas un piccolo ne manque.

Andrés me demande de me présenter et d'expliquer les raisons de ma visite. « Je suis un journaliste français, et j'écris sur la musique classique. Dans mon pays, nous entendons beaucoup parler des orchestres d'enfants du Venezuela. Mais nous ne savons pas vraiment comment ils fonctionnent. L'orchestre du Sistema qui vient le plus souvent nous rendre visite, c'est le Bolívar dirigé par Gustavo Dudamel. Les musiciens sont de jeunes adultes, pas des juniors comme vous ! Alors c'est une grande joie pour moi d'être là, de vous écouter et de pouvoir parler avec vous ».

Andrés lève la baguette, et l'armada attaque d'un souffle le dernier mouvement de la *Symphonie n° 4* de Tchaïkovski. Le son est celui que peuvent produire cinq ans d'étude sur des instruments à trois sous : justesse et dextérité ont une sérieuse marge de progression. Mais la discipline d'ensemble, l'énergie canalisée, la précision des dynamiques laissent pantois. Et, par-dessus tout, cette concentration, ce sérieux presque intimidant chez des instrumentistes aussi jeunes.

Mais déjà, le *maestro* m'entraîne vers d'autres studios. À l'étage inférieur, le chœur, composé d'une vingtaine d'adolescents, répète des chants traditionnels. Voix crues et prenantes, accompagnées des percussions et des guitares indispensables à la musique folklorique des *llanos*, ces vastes plaines au centre du pays. Au rez-de-chaussée, l'orchestre des débutants : soixante enfants de six à douze ans s'entraînent à

Mozart. Le chemin sera long, mais la discipline est déjà là. Avant le bouquet final : retour dans la grande salle du haut, où, comme par magie, la centurie précédente a cédé la place à une autre un peu plus âgée – entre treize et dix-huit ans. L'Orchestre symphonique juvénile Francisco de Miranda, dans sa formation la plus expérimentée, répète la *Symphonie n° 5* de Mahler. Le sérieux est toujours là, les couacs aussi dans une œuvre particulièrement difficile, mais les échanges de regards entre les musiciens témoignent du palier franchi, celui de l'écoute mutuelle.

Je les ai vues si souvent dans les films promotionnels du Sistema, ces images que, malgré l'émotion, mon cerveau hésite à croire mes yeux. La Russie tsariste, puis soviétique, dressait dans la campagne de faux villages et habillait de frais ses paysans pour convaincre les voyageurs étrangers de leur bien-être ; que ne ferait pas le Venezuela pour redorer son blason ? Je dois parler à ces enfants. Dina, 15 ans, chef d'attaque des seconds violons, et Alan, 13 ans, premier violoncelle, me répondent sans affectation.

« À deux ans, je suis entrée dans le groupe des tout-petits du *núcleo*, explique l'adolescente. On nous faisait découvrir le rythme, puis le chant, et enfin prendre en main de faux instruments en carton pour voir celui qui nous allait le mieux – c'est ce que nous appelons l'orchestre de papier. À six ans, quand j'ai reçu mon premier vrai violon, j'avais déjà une bonne idée de la tenue, mais aussi des hauteurs du son et de la mélodie. Nous travaillons essentiellement en orchestre, mais il y a aussi des cours en petits groupes, ou individuels, consacrés à notre instrument, et bien sûr du solfège.

Au Venezuela, nous n'allons à l'école que le matin, précise le garçon. Tous les après-midi sont libres pour le *núcleo*. Le samedi, on peut y être toute la journée, et le dimanche aussi, sauf si nos parents veulent le passer avec nous. Mais, pour eux, c'est rassurant de nous savoir ici quand ils travaillent.

Le Sistema nous protège des dangers de l'oisiveté. Je fais près de trente heures de musique par semaine, entre le travail personnel et les cours collectifs. Cela ne laisse plus le temps de *socialiser* [*sic*] à l'extérieur, mais on grandit entre amis qui partagent la même passion. Mon papa joue de la musique populaire, mais je suis le premier de ma famille à venir étudier ici. Je veux devenir violoncelliste professionnel et courir le monde. »

« Oisiveté », « socialiser », « courir le monde »... Leçon bien apprise, ou preuve que la pratique musicale agit comme un accélérateur de particules mentales, favorisant la maturité et l'apprentissage de toutes les matières ?

« La plupart des parents inscrivent leurs enfants pour les protéger de la violence, et parce que l'enseignement est gratuit, de même que l'instrument qui leur est donné, explique Andrés. Il faut comprendre que la musique n'est pas la motivation principale, même si elle bénéficie d'une image positive, compte tenu de l'importance, dans notre pays, des pratiques amateurs du répertoire populaire. Comme l'explique notre fondateur, le Maestro Abreu, elle joue un rôle d'inclusion sociale. Très vite, la famille prend conscience à quel point ce travail influe de façon positive sur la personnalité de l'enfant : sa capacité de concentration, sa mémoire, sa rapidité intellectuelle, son rapport aux autres, car l'orchestre lui apprend à la fois à respecter les règles d'un collectif, à être attentif à ses camarades, et à faire preuve d'initiative.

« Le mélange avec des élèves issus de milieux plus favorisés, et d'autres venus de familles où le Sistema tient une grande place, confère également à la musique un rôle puissant d'homogénéisation culturelle. On constate alors un effet retour sur tout le foyer. Des fratries s'inscrivent, les parents viennent faire du bénévolat quand ils le peuvent. Et, de goûters en séances de bricolage, le *núcleo* devient un lieu de vie communautaire. Bien sûr, les subventions d'État sont indispensables, mais une part conséquente de notre économie est non-marchande. Ainsi les classes de démarrage pour les plus jeunes sont-elles souvent assurées par les grands élèves d'une quinzaine d'années, qui s'acquittent ainsi d'une sorte de dette morale à l'égard de leurs propres cours gratuits. »

Je comprends, en écoutant son ton débordant d'enthousiasme, pourquoi le jeune homme s'est à la fois imposé comme chef et comme administrateur de ses *núcleos* et de son orchestre.

*

3 septembre 2015, Milan, Teatro alla Scala. En bientôt deux siècles et demi, la salle blanche liserée d'or et tendue de rouge, d'une sublime sobriété, a vu défiler les plus grands compositeurs, chefs, solistes et metteurs en scène : Rossini, Bellini, Verdi et Puccini, Toscanini, Karajan, Kleiber ou Abbado, Malibran, Caruso et Callas, Visconti ou Strehler...

Les grandes formations étrangères s'y produisent aussi régulièrement en concert. Jamais, cependant, d'autre orchestre et chœur que ceux de la maison n'avaient investi la fosse et le plateau pour reprendre une production de son répertoire. Surtout la mythique *Bohème* créée par Franco Zeffirelli en 1965. Et surtout une troupe aussi inhabituelle que celle-ci.

Ils ont pour la plupart autour de vingt-cinq ans ; certains sortent à peine de l'adolescence, de rares vétérans approchent la quarantaine. Les longs cheveux tressés et les brassières des jeunes filles, les tatouages et les casquettes des hommes tranchent avec l'image compassée que donnent bien des orchestres en répétition. Mais l'Orchestre symphonique Simón-Bolívar, la phalange professionnelle d'élite que peuvent intégrer à la fin de leurs études les meilleurs éléments du Sistema, a justement conquis les publics du monde entier par sa personnalité singulière. Anciens enfants des bidonvilles, rejetons de la classe moyenne ayant opté pour la musique plutôt que pour les métiers de leurs parents et héritiers de dynasties de musiciens y communient dans un professionnalisme égayé de chaleur, de décontraction, parfois d'exubérance, surtout lors des *bis* de musique traditionnelle latino-américaine, qui mettent les salles en transe, après des programmes où Beethoven, Mahler et Stravinsky affichent une impeccable rigueur.

Devant ses troupes, instaurant en répétition une atmosphère détendue et complice, qui contraste également avec le quotidien des orchestres, un chef de trente-quatre ans devenu une star planétaire. Gustavo Dudamel est né à Barquisimeto, grosse ville provinciale vénézuélienne. Son grand-père était chauffeur routier, son père, musicien de salsa. Gustavo a pris ses premiers cours dans le *núcleo* de sa ville natale à cinq ans. Il est aujourd'hui à la fois directeur musical du jeune Orchestre Simón-Bolívar, et du presque centenaire Los Angeles Philharmonic, considéré par beaucoup comme le meilleur orchestre des États-Unis en ce début de siècle. Les plus grandes formations et théâtres d'Europe se l'arrachent comme chef invité : les orchestres philharmoniques de Vienne et Berlin, le festival de Salzbourg, la Scala de Milan, le Philharmonia de Londres...

Musiciens et spectateurs sont sous le charme de cette personnalité rayonnante, de cet esprit d'une extraordinaire vivacité, certainement aussi de ce physique singulier, typique du métissage caribéen. Une crinière bouclée très noire coiffe des traits légèrement afro-américains, mais au teint très pâle, qu'illuminent des yeux très bleus, et un sourire très large. Gustavo est d'assez petite taille, plutôt trapu, mais ses gestes face à l'orchestre sont d'une merveilleuse élégance. Pulsion rythmique formidablement précise des hanches, du dos et des épaules, puissance et légèreté du mouvement des bras.

« Sa main droite est d'une extraordinaire clarté, pour la fosse comme pour le plateau, me confie Alexander Pereira, le directeur de la Scala. Et ses gestes sont en même temps d'une extrême finesse. Ce n'est pas un chef superficiel ou extérieur. Il a parfois joué la carte d'un dynamisme très direct, dans un répertoire d'inspiration populaire, qui le réclame. Mais sa nature intime l'oriente vers la profondeur, voire l'introspection. Il est en recherche permanente, et juste au début d'une longue route. Surtout, il possède cette qualité rare : ne pas faire de la musique, mais laisser la musique se faire. Les musiciens vont alors beaucoup plus loin en eux-mêmes. »

Si je n'avais jamais rencontré Gustavo, l'avis du surintendant Pereira, fort de sa longue carrière à la tête des plus grandes institutions européennes, m'inspirerait déjà le respect. Mais voilà deux ans bientôt qu'a eu lieu ma première conversation avec le jeune chef vénézuélien, déterminante dans la genèse de cet ouvrage. Je sais, depuis ce jour, le décalage entre son image publique, voire publicitaire, de *showman* étincelant, et la complexité d'une pensée dense et parfois contradictoire. Comme je saisis l'inconfort du paradoxe qui en fait à la fois l'un des chefs adulés du marketing musical classique, et l'étendard musical du socialisme bolivarien instauré par feu le lieutenant-colonel Chávez. Ce dernier n'a certes pas créé le Sistema, dont la fondation a précédé de vingt-cinq ans son arrivée au pouvoir, mais il en a fortement augmenté les moyens, tout en utilisant son potentiel de communication politique.

Ce soir, pourtant, à la Scala, il n'est pas sûr que les drapeaux jaune, bleu et rouge qui fleurissent aux rambardes des loges soient tous apportés par des supporters du chavisme. L'importante diaspora vénézuélienne en Europe et aux États-Unis, qui compte d'ailleurs nombre d'anciens élèves du Sistema, professionnels ou non, a souvent fui le désastre économique et sécuritaire de son pays natal, et jette un regard peu amène sur les régimes qui s'y sont succédé, en particulier le dernier en date.

Peu importent les opinions de chacun, l'ambiance est à la fête. Quelle incroyable reconnaissance, pour les artistes d'un pays dit « du tiers-monde », de reprendre, sur la reine de toutes les scènes lyriques, l'un de leurs spectacles phares ! Le chœur du Bolívar, aux timbres d'une richesse insensée, dans le spectaculaire tableau du café Momus, dont Zeffirelli étale la terrasse sur la vertigineuse plongée des marches de Montmartre ! Les cordes sombres du Bolívar, à la Barrière d'Enfer, où les amants se retrouvent tandis que les tulles tremblent d'une tempête de neige aussi féerique qu'un rêve d'enfance !

Cette *Bohème* n'était pourtant que la partie émergée de cette tournée milanaise, qu'on ne saurait qualifier d'iceberg. Car Alexander Pereira, comme il l'avait fait deux ans plus tôt lorsqu'il dirigeait le festival de Salzbourg, a trouvé, à l'occasion de l'Exposition universelle qui se tient cette année dans la ville, le budget nécessaire à la venue de près de mille cinq cents musiciens vénézuéliens ! Outre le Bolívar, plusieurs orchestres d'adolescents et d'enfants ont défilé à la Scala et dans d'autres salles de Milan durant près d'un mois, avec des programmes de concerts faisant la part belle au répertoire symphonique latino-américain. Largement inconnu hors de ses frontières il y a quelques années, ce dernier comporte désormais, au fil des tournées des ensembles issus du Sistema, quelques « tubes » attendus des mélomanes européens, tels *Sensemayà* du Mexicain Silvestre Revueltas, ou le *Danzón n° 2* de son compatriote Arturo Márquez.

« Mon épouse est brésilienne, nous avons une maison à Manaus, reprend Alexander Pereira. Il y a un peu plus de dix ans, notre curiosité éveillée par les échos que commençaient à en donner les médias, nous avons fait le voyage jusqu'à Caracas. Nous y avons rencontré le Dr José-Antonio Abreu, fondateur du Sistema. Dans les conservatoires européens, un enfant peut jouer du violon pendant dix ans sans voir un autre enfant. S'il n'atteint pas une certaine perfection, il ne va jamais entrer dans un orchestre. Cela néglige toutes les qualités qu'il peut développer en jouant avec les autres. Et piétine l'une des vertus essentielles de la musique : elle n'est pas simplement un projet artistique, mais un projet social, basé sur la rencontre et la communauté. »

*

17 juillet 2014. Un immense parking asphalté, entouré de grillages, le long d'une bretelle routière, bordée d'immeubles et de bidonvilles. Mais derrière, la magnifique chaîne montagneuse couverte de forêts, qui sépare les basses terres de l'État de Vargas du plateau de la capitale vénézuélienne. Et devant le parking, les flots placides de la mer des Caraïbes, rosissant aux brises tièdes du soir.

Les familles sont arrivées par autobus spécialement affrétés, ou avec leurs voitures pour les plus aisées. Instruments de musique en main, un tourbillon de frimousses de toutes les couleurs bondit sur les estrades disposées en arc de cercle devant la mer. Ça sent la kermesse, les grillades, et les bulles des canettes de Coca qui s'ouvrent. Mais la fête n'interdit pas le sérieux. Ouverture : la troupe des marimbas et autres percussions égrène un collier de calypsos d'une parfaite netteté mélodique. Presto : la chorale des huit-dix ans caracole dans une salve de chants populaires, ponctués de solos enthousiastes, sinon toujours maîtrisés par les divos et les divas en herbe. Andante : l'harmonie coule un onctueux *Guantanamera* à l'instant où le soleil bascule derrière la ligne des flots. Vivace : le torrent des cordes emporte une cavalcade de thèmes rossiniens sous les projecteurs qui s'allument.

Je me sentirais presque gêné de me mêler, seul étranger, à une manifestation aussi informelle et familiale. Mais petits et grands m'accueillent avec le même sourire, sans non plus me prêter l'excès d'attention qui me ferait me sentir de trop. Si j'échange quelques mots, mon accent achève de prouver que je ne suis pas du quartier, et la curiosité s'éveille. Quand ils apprennent que je viens de Paris, les enfants veulent surtout savoir si j'ai des photos de la tour Eiffel sur mon iPhone. J'en profite pour les faire parler d'eux, sans trop jouer l'interviewer. Ivan, chanteur et percussionniste de neuf ans, à la bouille toute noire et toute ronde, est l'un des plus loquaces.

« J'ai commencé la musique il y a trois ans. Mon papa est pêcheur, et la route qui va à notre village est mal goudronnée. Alors je ne peux pas venir au *núcleo* aussi souvent que d'autres copains. Le dimanche, je reste avec mes parents. Mais la musique, j'adore, littéralement. Je suis le premier de la famille à étudier dans le Sistema, mais mon grand-père joue très bien de la guitare. La percussion sert souvent dans les danses qu'on entend à la radio, et du coup mes parents aiment beaucoup m'entendre jouer et venir à mes concerts. »

Encore une fois, je me demande s'il y a tant de jeunes Français, dans les cités et même dans les familles cossues, qui emploient à neuf ans le mot « littéralement ».

La plupart des enfants portent des tee-shirts qu'ils ont peints dans leurs *núcleos* les jours précédents. « Paz », « Amor », « Música » s'y étalent en grandes lettres de couleurs vives. Dinah Casares, la directrice du Sistema pour l'État de Vargas, prend le micro afin de répartir ses jeunes recrues entre deux pièces, d'une voix énergique et cuivrée qui ne souffre pas la contestation. Je me penche vers Elena, mon accompagnatrice du service presse :

« Elle m'a l'air d'une maîtresse femme.

– Tu n'as pas idée. Oh, non, tu n'as pas idée à quel point ! »

Dans son regard, je lis à la fois l'amusement devant ma remarque, et l'admiration pour les combats de Dinah qu'elle ne peut pas encore me raconter.

Mais voici qu'une autre femme, à la permanente décolorée, s'empare du micro.

« C'est la femme du gouverneur de l'État », commente ma guide, d'un ton soudain nettement moins admiratif.

La nouvelle venue lève la main et s'exclame :

« Les enfants ! Camarades de la République socialiste bolivarienne du Venezuela ! Vous êtes l'honneur de l'État de Vargas ! Notre Président Maduro vous a donné ces instruments !

– Ça, c'est pas vrai, siffle Elena entre ses dents.

– Parce que nous avons grandi ! Oui, nous avons grandi ! Et là où vous voyez ce parking, bientôt monteront les murs du siège du *núcleo* de Vargas, où auront lieu vos cours et vos concerts !

– Ça, c'est bien vrai, admet Elena, à contrecœur.

– Alors, je veux vous entendre crier et chanter très fort, pour lui et pour notre Président Chávez qui nous regarde de là-haut ! »

D'autres adultes restent sur leur quant-à-soi. Mais la clameur des enfants les déborde, engloutissant jusqu'à la femme du gouverneur. Un geste de Dinah, les petits bras se lèvent, hissant les instruments à cordes au-dessus des têtes, et les balançant de gauche à droite au rythme des percussions. Le métal des flûtes et des trompettes brandies scintille dans les phares. L'impact jubilatoire de la scène est tel qu'il est impossible d'y résister. Mais quel est donc ce merveilleux pays qui répond culture quand le peuple crie misère et dresse les violons contre les revolvers ?

*

28 août 2016. Sōma, préfecture de Fukushima Koen. C'est cette fois la mort qui est venue de la mer, cinq ans et demi plus tôt.

Bien qu'à l'écart des grands axes routiers, comme toute cette côte nord du Pacifique, rurale et enclavée, le port de Sōma était, grâce à ses pêcheries, l'un des plus actifs de la région. Le 11 mars 2011, une vague de près de huit mètres de haut a dévasté le littoral jusqu'à quatre kilomètres à l'intérieur des terres, faisant 424 morts et 33 disparus, et laissant sans abri le quart d'une population de 35 000 habitants. L'accident nucléaire de la centrale de Fukushima Daiichi, située à 45 kilomètres, a fait peser une charge supplémentaire sur la commune, où ont poussé les hébergements de fortune, destinés aux réfugiés de la zone d'exclusion.

Aujourd'hui encore, le chantier du port contemple, dans un silence accablant, une grève de graviers, là où s'étendait une plage de sable animée. Les maisons préfabriquées constellent les rizières. Mais nous sommes au Japon, et la reconstruction de la ville force l'admiration. Elle paraît seulement trop calme pour un dimanche.

Au-dessus de la plaine s'élèvent les collines couvertes d'arbres où, malgré des dommages encore visibles, nombre de fermes traditionnelles ont survécu au tremblement de terre. Peu de gens savent que la préfecture de Fukushima est l'un des sanctuaires de l'architecture campagnarde japonaise. On y trouve également les abris communautaires tout juste édifiés pour la population, en cas de nouveau désastre. Au détour des couloirs immaculés, résonnent les traits de cordes du *Casse-Noisettes* de Tchaïkovski. Derrière la porte, vingt enfants et adolescents répètent avec application, en arc de cercle autour d'une vieille dame qui les guide avec son violon.

Yutaka Kikugawa est un jeune quadragénaire, qui a travaillé pour des ONG comme pour les Nations unies. La découverte de Sōma dévastée, quelques jours après le tsunami, l'a traumatisé. « Il a fallu des efforts colossaux, mais les besoins vitaux de la population ont très vite été assurés. Cependant, la destruction de l'habitat, la dislocation du tissu social, les deuils, le désarroi des populations évacuées, le poison insidieux de la menace nucléaire, laissaient perdurer une atmosphère d'abattement et de dépression comme jamais je n'en avais vu. Je me suis demandé comment je pouvais aider la vie à reprendre. Cette région a une très forte tradition de musique amateur, même dans les petites villes. Rouvrir les conservatoires de la côte n'était évidemment pas la priorité. J'ai donc cherché à rassembler des professeurs, comme Mme Suto que vous voyez ici, qui vivait dans la zone contaminée. Reprendre l'enseignement en cours collectif s'est d'abord imposé comme une nécessité pratique. Mais je connaissais l'exemple du Sistema, et j'ai suscité la réflexion afin de nous en inspirer. Dans un pays aussi individualiste et compétitif que le Japon, le besoin de revenir à des valeurs d'harmonie sociale est réel, surtout dans les régions rurales, qui souffraient de l'exode bien avant la catastrophe. »

Le projet de Yutaka, baptisé Sistema Japan, est modeste, avec moins d'une centaine d'élèves répartis entre deux villes. Mais il s'y consacre avec autant de passion qu'un indéniable talent de communicant. Il a ainsi obtenu le double parrainage de l'Orchestre philharmonique de Berlin et du Sistema vénézuélien, dont les consultants sont venus plusieurs fois à Sōma. Sato Shoji, l'un des plus grands agents japonais, qui dirige le département classique de Kajimoto Music à Tokyo, et représente à ce titre Gustavo Dudamel et le Bolívar, s'est passionné pour le projet de Yutaka, et a établi le contact avec Caracas. Le marketing prendrait-il le pas sur la réalité ? La question reviendra, lancinante, au long des prochains jours de mon enquête. Mais je rencontrerai aussi Hieomi, jeune cadre dans une banque à Tokyo et violoniste amateur. Elle passe la nuit du samedi au dimanche dans le bus, afin d'être là assez tôt pour assister bénévolement les enseignants, et faire répéter les enfants. Et Akari, adolescente de treize ans, éloignée de sa famille la semaine dans un institut adapté à son handicap visuel, et qui vit chaque week-end ses plus belles heures en s'immergeant dans la musique. Et Okto, neuf ans, auquel ses lunettes donnent un air de Harry Potter japonais, dont les parents font une heure de voiture pour qu'il puisse suivre les cours, après lesquels ils aident à faire le ménage dans les salles. Il me faudra du temps pour comprendre, au Japon et dans d'autres pays d'Asie, quelle pertinence les idéaux du Sistema peuvent trouver, dans des contextes aussi différents de celui de leur pays d'origine.

*

16 novembre 2016. Encore la mer qui dispose des destins, à nouveau l'asphalte, et des barbelés.

À l'ouest du Pirée, le camp militaire de Skaramagas a été aménagé pour accueillir 3 000 personnes, sur le million de réfugiés qui ont transité par la Grèce depuis le début de l'exode provoqué par les conflits du Proche-Orient. Grâce aux efforts du gouvernement grec, aux crédits de l'Union européenne, et à l'investissement passionné des ONG, l'environnement n'est pas sordide. Mais il est sinistre. Seule l'échappée des yeux vers les vagues, le ciel et les montagnes du golfe de Megara éclaire un peu la dureté du goudron, et des grues immenses déployées au-dessus des allées de containers dortoirs dans lesquels s'entassent les familles.

Au plus chaud de l'été, le camp donnait en journée l'étrange impression d'être seulement peuplé de son millier d'enfants. Les adultes restaient à l'abri du soleil, et ne sortaient que la nuit. Depuis que les températures ont baissé, certains d'entre eux tentent de structurer, en lien avec les

ONG, un semblant de vie sociale, au sein du déracinement et de ce temporaire qui dure. Syriens et kurdes pour la plupart, ils viennent de toutes les catégories sociales, et il y a parmi eux des enseignants, des médecins, des entrepreneurs. C'est vous, c'est moi.

La scolarisation des enfants est un enjeu majeur. Les écoles grecques ne les accueillent qu'au compte-gouttes, au prix de démarches administratives compliquées par la diversité des statuts des réfugiés. Car tous n'ont pas l'autorisation de sortir, en journée, d'un camp qui est parfois aussi une prison ; ce sésame dépend de l'état d'avancement d'un dossier reconnaissant, palier par palier, la qualification de réfugiés politiques, puis le droit à bénéficier d'une mobilité au sein de l'Union européenne, dans le cadre des quotas ou des mesures de regroupement familial décidés par les autres États. Dans cette perspective, bien des parents sont réticents à voir leurs enfants s'insérer dans le système scolaire et apprendre la langue du pays. Rester ici, dans quel but, pour quel avenir ? Pauvres Grecs, pris en tenaille entre les mesures d'austérité imposées par l'Ouest, et la tragédie humanitaire déferlant de l'Est. Pauvre Athènes, avec sa voirie en déshérence, ses vieillards privés de retraite, qui tentent de survivre en vendant quelques oranges, comme, un siècle plus tôt, sa jeunesse éduquée, sans autre perspective que l'exil. Dans de telles conditions, c'est un miracle de ne pas voir une plus grande part de la population céder aux sirènes des partis néofascistes, qui rendent les réfugiés responsables de tous les maux. Car le mouvement de solidarité à l'égard de ces derniers est remarquable, et les jeunes diplômés grecs sont en particulier une chance pour les ONG.

À Skaramagas, les adultes du camp ont lancé à la rentrée School of Hope. Dans l'un des préfabriqués, ceux qui enseignaient dans leur pays, et ceux qui disposent des connaissances suffisantes, donnent aux enfants des bases d'arabe, de kurde, d'anglais, d'arithmétique et de sciences humaines. Mais les besoins sont tels qu'il est difficile de consacrer plus de deux heures par jour à chaque classe. Le reste du temps, les petits se retrouvent confrontés au désœuvrement, le leur, celui aussi de leur entourage familial, souvent disloqué, à ses angoisses, à sa dépression, au souvenir de ceux qui sont morts, ou toujours sous le feu des bombes. Alors ils jouent sur le goudron du camp militaire. Soudain une bulle de violence explose, ils se griffent et se battent.

Anis Barnat, jeune homme filiforme de trente-cinq ans, est l'agent des tournées internationales de l'Orchestre Simón-Bolívar. Installé à Londres, il a découvert les camps de réfugiés l'été précédent, lors d'une mission comme volontaire international sur l'île de Lesbos.

« Bien sûr, il y a tout ce qui touche à la survie, l'approvisionnement en nourriture, le suivi médical, l'organisation d'un habitat où les gens ne vont pas mourir de chaud ou de froid. Et tout cela est déjà infiniment difficile, surtout dans les camps des îles, où ce minimum vital n'est jamais acquis. Mais il y a aussi une question humaniste, au sens premier du mot. Comment empêcher les gens de dépérir de désespoir et d'ennui ? Comment permettre à des enfants de se construire, à l'âge où ils en ont le plus besoin, alors que leur cadre social est en ruines ? Et cela, dans une promiscuité étouffante, où doivent cohabiter des communautés que rien ne destinait à vivre ensemble ? »

Alors, si décalé que cela puisse paraître, faisant du superflu une part du nécessaire, Anis a lancé le Sistema Grèce. Il est parti à la rencontre des politiques et des mécènes, a fait jouer son carnet d'adresses pour obtenir le parrainage d'artistes célèbres, comme la chanteuse Joyce DiDonato. Surtout, il a mené un travail acharné pour constituer des équipes pédagogiques où des professeurs de musique grecs puissent être formés aux méthodes du Sistema par ses enseignants les plus réputés. Jusqu'à Lourdes Sanchez, chef du chœur Simón-Bolívar, qui n'a pas hésité à venir pour une semaine de Caracas, afin de montrer comment on donne les premières bases du chant et du rythme à des enfants dont la plupart n'ont jamais fait de musique !

Nous voilà donc dans ce préfabriqué minuscule, dont la touffeur contraste vite avec le froid du dehors, entre les cinq formateurs et la vingtaine d'enfants de six à treize ans qui s'y pressent. Certains restent cinq minutes et retournent à leur ballon et à leurs chamailleries, d'autres se prennent immédiatement au jeu et suivent toute l'heure d'atelier. Ils ne parlent ni anglais ni grec, et quelques jeunes gens et jeunes filles du camp, intéressés par l'expérience, se sont proposés comme interprètes. L'hétérogénéité sociale du groupe est évidente. Une petite fille pianote avec bonheur sur le clavier électronique apporté par Anis, un garçon impeccablement peigné regarde Lourdes avec attention derrière ses lunettes de fort en thème. D'autres aux mises plus débraillées tentent de chahuter, et il faut sans cesse focaliser leur attention. Tous sont adorables, souriants, affectueux, mais pour la plupart si peu habitués à un cadre que la classe reste sur le fil du rasoir, et pourrait à tout moment basculer dans la pagaille.

Mais Lourdes en a vu d'autres. Avec sa chaleur maternelle, elle sait accorder le câlin qui rassure, comme faire régner l'ordre sans perdre sa mine rieuse. Bien entendu, il n'est pas question de donner des instruments aux enfants à ce stade ; d'ailleurs, le Sistema Grèce n'en possède pas encore. Rondes, jeux de coordination sur les rythmes dansés ou frappés dans les mains, exercices avec la voix et chansons sur des phonèmes aisément mémorisables structurent le cours. « Tic – tac – tictic tac ; Cocoloco, cocoloco ; tic tic taac. »

La scène est à la fois irréelle et bouleversante. Tous nous chantons, et rions, derrière ces panneaux de bois et sous le ciel plombé de l'automne, avec ces enfants aux destins arrêtés dans ce *no man's land.* On espère évidemment les en voir repartir le plus vite possible. Et l'on se demande, aussi, quel parcours pédagogique il sera possible de construire avec des élèves qui se seront peut-être envolés demain vers des horizons inconnus.

*

28 janvier 2017, à quelques stations de bus après le terminus du métro. « Bonjour… Sami. Hello… Ramatou. Holà… Kevin. Nihao… Elena. Bienvenue… Mardoché. » Ariane chante d'une voix douce en s'accompagnant des pizz de son violon, tandis que les onze enfants réunis dans une salle de l'Espace Marcel Cachin de Romainville clignent des yeux, encore mal réveillés en ce début de matinée du samedi.

Ils constituent l'un des quatorze groupes en Seine-Saint-Denis du projet Démos, initié en 2010 par la Philharmonie de Paris et son directeur Laurent Bayle. Il n'entretient aucun lien avec le Sistema vénézuélien, au contraire d'autres associations en France, mais il est le plus important dans l'Hexagone à se réclamer des mêmes principes d'inclusion sociale par la pratique collective de la musique. Les banlieues, mais aussi les espaces ruraux privés d'équipements culturels, sont ainsi ses zones d'action prioritaires.

Ariane Lysimaque fait partie des pédagogues qui suivent l'aventure depuis ses débuts. Elle intervient à ce titre sur de nombreux sites, où elle fait profiter de son expérience les deux musiciens Démos et le « référent social », employé par la structure d'accueil, qui encadrent les enfants. Ceux de Romainville sont pour la plupart en classe de CE2.

« C'est donc un groupe qui débute, précise Ariane. La première année a été particulièrement difficile, car ce démarrage s'est fait avec cinq enfants seulement, tous issus de la même classe, et les problèmes de l'école rejaillissaient sur leur comportement pendant les cours de musique. Démos a donc mis en place un accompagnement renforcé pour la deuxième année, tandis que l'effectif s'élargissait à une grosse dizaine, ce qui est une bonne taille pour l'apprentissage musical en groupe. »

Ariane excelle à éveiller l'attention de son petit monde. Après la chanson d'accueil, destinée à rappeler à chacun l'importance de sa présence et le plaisir d'être ensemble, elle annonce le programme des deux heures qui vont suivre. « C'est très important, pour les enfants, de se repérer dans le déroulement du temps, mais aussi de comprendre que les exercices ne se font pas au hasard, en fonction de l'humeur du prof. On présente une histoire, et on va la vivre en commun. »

Aux jeux de coordination moteur et d'échauffement vocal, succède le travail sur les instruments. Violons, altos et violoncelles uniquement, prêtés par Démos aux enfants, qui peuvent les ramener chez eux pour s'exercer entre les cours, ou les laisser dans un local fermé de l'Espace Marcel Cachin. « Les contextes familiaux sont extrêmement variés, souligne Davy, le jeune référent social de Romainville. Certains parents sont très impliqués, viennent assister aux cours, perçoivent cet enseignement comme une chance pour leur enfant. Mais il y a aussi des familles vivant dans de telles conditions de précarité et d'exiguïté que toute attention à autre chose que l'indispensable est impossible. Je connais des enfants qui doivent faire leurs devoirs dans la salle de bains, alors rapporter un violoncelle… Il y en a d'autres totalement délaissés par le ou les parents, qui ne savent même pas qu'ils sont ici, et qui ont été orientés vers nous par l'école ou les services sociaux. »

Après s'être répartis entre pupitres pour préparer un bout de mélodie, les enfants se retrouvent autour d'Ariane pour une pause de culture musicale, durant laquelle la jeune femme leur fait écouter sur son ordinateur plusieurs versions de l'air de la Renaissance dont ils répètent un arrangement. Elle en profite pour les sensibiliser aux notions de nuance, d'accent, de timbre. Puis on reprend les instruments, et on essaie tous ensemble. Le résultat est fragile, très fragile, mais les petits Français ne bénéficient que de quatre heures de musique par semaine, loin derrière les trente évoquées par les jeunes Vénézuéliens. Irréaliste sous nos cieux ? Toujours est-il qu'il faudra être prêt dans un mois, pour le stage d'orchestre réunissant les différents groupes à la Philharmonie de Paris, en vue du grand concert de fin d'année, programmé dans cette salle prestigieuse.

*

Les exemples japonais, grecs et français n'ont évidemment pas été choisis au hasard, mais ils sont loin d'être isolés. Né en 1975 au Venezuela, le Sistema a d'abord fait des émules dans d'autres pays d'Amérique latine. Mais la dernière décennie l'a vu fleurir partout dans le monde : aux États-Unis comme au Kenya, en Turquie comme en Corée du Sud. Et en Europe, désormais ouverte à cette nouvelle vision de son patrimoine musical dit classique. En Suède, au Royaume-Uni, en France, en Italie, au Portugal ou en Autriche, des projets affichant ou non leur filiation à l'égard du modèle vénézuélien promeuvent la même philosophie. Rompre avec le privilège de la naissance, qui réserverait à une seule classe d'héritiers l'enseignement musical. En faire au contraire un outil universel de développement personnel et de cohésion sociale. Privilégier l'apprentissage collectif de la musique, et évaluer sur cette base les besoins de perfectionnement individuel, à rebours de ce que pratiquent la plupart des conservatoires à travers le monde.

Trois postulats fondamentaux sous-tendent tous ces programmes. Le premier, corroboré par un nombre de plus en plus grand d'études scientifiques, fait de l'éducation musicale un vecteur privilégié du développement du cerveau chez l'enfant, qui optimise à la fois ses connexions neuronales, l'organisation de la mémoire et la coordination motrice. Le deuxième insiste sur ses vertus psychologiques : l'apprentissage de la musique favorise la concentration, donne le goût de l'effort et de la performance, incite au respect de l'enseignant, sans le savoir duquel l'objectif resterait hors de portée, invitant par là même à l'humilité l'élève le plus doué. Le troisième en découle, qui voit dans l'orchestre-école la métaphore d'une société harmonieuse : chacun doit savoir y écouter l'autre, y donner le meilleur de soi pour occuper sa juste place, entraîner ceux qui sont derrière et soutenir ceux qui sont devant, comprendre que même le solo le plus brillant reste au service du but commun.

D'un pays à l'autre, l'avancée de ces idées et des projets dans lesquels elles s'incarnent demeure cependant extrêmement inégale. Tous n'ont pas la même antériorité, ni les mêmes moyens. Ils peuvent concerner des dizaines de milliers d'enfants en s'appuyant sur des fonds publics (comme au Brésil ou en Suède) ou privés (aux États-Unis et en Grande-Bretagne) ou quelques centaines seulement, comme au Japon ou en Turquie. Rien de comparable avec les neuf cent mille élèves annoncés aujourd'hui par l'original vénézuélien. En outre, ce dernier n'entretient pas de lien de subordination avec ses moutures. Il met à disposition de celles qui le souhaitent des experts, du matériel pédagogique, offre une plateforme de communication à certaines initiatives, mais n'intervient ni sur leur gouvernance, ni sur leur forme juridique, ni sur leur financement, ni même en évaluation de leurs résultats. Le nom « Sistema », né à la fin des années soixante-dix comme un sobriquet du plus solennel « Fondation d'État pour le Système national des orchestres juvéniles et infantiles du Venezuela » n'a jamais fait l'objet d'un dépôt international ; chacun est libre de l'adopter, voire de le récupérer, sans avoir la moindre autorisation à demander à Caracas.

Aussi la compréhension de ce qui s'est joué au Venezuela est-elle nécessaire, à qui souhaite cerner le potentiel révolutionnaire, mais aussi les fragilités de cette idée qui voudrait changer le monde.

Il importe d'abord de mesurer que tout n'est pas parti de rien un beau matin de 1975.

D'une part, l'idée que l'apprentissage musical en collectivité n'est pas simplement un acte artistique, mais aussi humaniste, social, voire politique, semble aussi ancienne que les cultures humaines. Elle apparaît en filigrane dans les textes du Proche-Orient et de la Chine antique, et devient explicite sous la plume des philosophes grecs. Elle parcourt l'histoire de l'Église chrétienne héritée d'Augustin. Elle s'exprime dans des registres inattendus du côté des civilisations asiatiques, en Indonésie aussi bien qu'au Japon. Les sociétés industrielles en Europe et en Amérique du Nord y chercheront à la fois un instrument de progrès et de contrôle social.

Ensuite, le Venezuela offrait un terreau plus favorable à son éclosion qu'on ne pourrait le croire. Mal connu, ce pays, où la plus grande richesse matérielle et humaine a toujours côtoyé le chaos et la misère, ne bénéficie pas du prestige culturel ancien d'autres nations latino-américaines. Pourtant, il ne révèle pas seulement des traditions musicales populaires d'une extrême variété, mais aussi, au XXe siècle, une prédilection surprenante pour la musique symphonique. Mais il fallait un homme exceptionnel pour catalyser les possibles, et faire du Venezuela le laboratoire mondial d'une autre manière de faire société en musique. Ce sera la mission de José Antonio Abreu (1939-2018), visionnaire autant que gestionnaire, figure d'une fascinante complexité, aussi adulée que controversée.

Connu des spécialistes dès les années quatre-vingt, le Sistema vénézuélien est devenu un phénomène médiatique il y a dix ans, lorsque Gustavo Dudamel, à vingt-cinq ans à peine, a subjugué avec « son » Bolívar des salles de concerts aussi prestigieuses que le Royal Albert Hall de Londres lors du festival des BBC Proms, et conquis avec Deutsche Grammophon une caution discographique sans commune mesure avec les labels qui avaient auparavant enregistré l'orchestre – parfois d'excellentes références, pourtant.

Derrière la silhouette charismatique de la nouvelle star des podiums, caméras et journalistes du monde entier découvraient à Caracas une pépinière de prodiges plus jeunes encore. S'aventurant dans les *núcleos* de banlieues, ils en rapportaient ces images et récits stupéfiants d'enfants sauvés de la pauvreté et de la violence par Beethoven et Mahler. Parmi tant d'autres, deux des plus grands chefs du monde, Claudio Abbado et Simon Rattle, faisaient le voyage pour toucher du doigt le phénomène. Ils en revinrent émus aux larmes, à la fois par le niveau de qualité musicale obtenu, et par la force d'innovation des expériences qu'ils avaient observées, notamment avec le chœur « des mains blanches » accueillant les enfants handicapés visuels, auditifs ou mentaux. Bientôt, les musiciens classiques devenaient le produit d'exportation le plus réputé du Venezuela, avec le pétrole. Cadets de Dudamel, Christian Vásquez et Diego Matheuz obtenaient des postes prestigieux de directeurs musicaux d'orchestres européens, tandis que nombre d'entre eux imitaient l'exemple de la Philharmonie de Berlin, qui avait recruté, avec le contrebassiste Edicson Ruiz, son premier membre vénézuélien.

Pourtant, à partir de 2014, alors que les initiatives inspirées du Sistema se multipliaient sur tous les continents, des voix discordantes commencèrent à se faire entendre au milieu de ce concert international de louanges, relayant des polémiques souvent plus anciennes au Venezuela.

Le 23 février, la pianiste Gabriela Montero, exilée aux États-Unis, écrivait une lettre ouverte à José Antonio Abreu (qui lui avait fait faire ses débuts en soliste avec un orchestre, à l'âge de huit ans) et à son ancien camarade Gustavo Dudamel. Elle dénonçait la caution apportée par le Sistema et ses orchestres aux gouvernements socialistes bolivariens de Hugo Chávez, puis de Nicolás Maduro, qui les subventionnent, au lendemain d'un concert dirigé par Gustavo, alors même que l'armée et la police réprimaient dans le sang une manifestation d'opposants. Jusqu'alors occultée, la question des liens entre le projet culturel phare du pays et un régime de plus en plus infréquentable se trouvait mise en pleine lumière.

La même année, le chercheur britannique Geoff Baker, directeur de l'Institut de recherche sur la musique de l'université Royal Holloway de Londres, et spécialiste reconnu du croisement entre musicologie et sociologie pour le monde latino-américain, publiait un ouvrage qui allait déclencher de vives polémiques. *El Sistema. Orchestrating Venezuela's Youth*[1] prenait le contre-pied d'une littérature jusque-là apologétique, et mettait en cause point par point l'édifice construit par José Antonio Abreu. Soupçons quant

1. Oxford University Press, 2014, non traduit.

à la réalité des chiffres, accusations de corruption, insinuations touchant à des affaires de mœurs, récusation du sens profond du projet, décrit comme une machine à formater des êtres soumis à la structure hiérarchique obsolète de l'orchestre symphonique, métaphore, non pas d'une société harmonieuse, mais de l'ordre capitaliste néolibéral... Les défenseurs du Sistema n'allaient pas tarder à souligner combien les partis pris idéologiques du livre biaisaient certaines de ses analyses. De même, la méthode de Baker, qui n'avait procédé à aucune interview officielle, et se contentait de rapporter des propos le plus souvent anonymes, questionnait sa valeur scientifique. Nombre de questions importantes, touchant à la gouvernance et au fonctionnement du projet, ne s'en trouvaient pas moins posées avec urgence.

Après des années de légende dorée du Sistema, on voit donc émerger une légende noire, portant à la fois sur le terrain politique et sur celui de l'organisation interne. L'une et l'autre nuisent autant à la juste perception d'un phénomène où la complexité du réel s'avère pourtant bien plus passionnante que les contes, et bien plus riche d'enseignements pour les autres pays.

C'est la raison pour laquelle la mise en perspective internationale du Sistema est indispensable. Elle permet en effet de retourner vers le Venezuela une approche critique mais non partisane. Quelles innovations pédagogiques, sociales, artistiques nous sont réellement venues de là-bas ? Comment le contexte si particulier du pays a-t-il favorisé certaines, et bridé d'autres ? Quel avenir à cette aventure, maintenant que José Antonio Abreu n'est plus de ce monde, que le Venezuela s'enfonce de jour en jour un peu plus dans la récession et l'arbitraire, et qu'après avoir beaucoup hésité, Gustavo Dudamel a rompu avec le pouvoir et se retrouve *persona non grata* dans son pays ?

Le voyage auquel nous convions le lecteur, à travers les différents pays ayant développé des projets fondés sur les mêmes principes, permet aussi d'interroger leur validité universelle. S'il n'est pas simplement vénézuélien, le modèle du Sistema pourrait bien bénéficier des caractères culturels propres à l'Amérique latine, ce qui expliquerait son succès rapide en Colombie, au Chili, en Argentine, au Brésil, au Mexique... À moins que ce ne soit la mentalité américaine dans son ensemble qui en constitue le juste horizon, comme semble le croire Deborah Borda, l'énergique patronne du New York Philharmonic. Lorsqu'elle cherchait à recruter Dudamel à Los Angeles, où elle travaillait alors, elle s'était juré de « ramener le Sistema en Californie, même si Gustavo ne venait pas ». Elle dit aujourd'hui reconnaître « une culture du Sistema, de l'Alaska à la Terre de Feu ». Pourtant, entre le continent sud, où les disparités économiques s'inscrivent dans un melting pot ethnique et culturel fixé de longue date, et les États-Unis, où s'ajoutent la problématique communautaire et l'intégration des nouveaux immigrants, les défis sociaux s'avèrent extrêmement différents.

De même, des interprétations très diverses peuvent être données des expériences tentées en Afrique, en Asie et en Europe.

Sur le continent noir, le fléau de l'extrême pauvreté renvoie à celui qui a motivé la naissance de nombre de Sistemas en Amérique latine. Mais la fragilité, ici, des classes moyennes qui ont, là-bas, porté ces projets, autorisera-t-elle un développement comparable, compte tenu également de l'absence de tradition pour la musique classique européenne ? N'y aurait-il d'ailleurs pas matière à attirer les foudres de ceux qui, chez nous, sont prompts à dénoncer le post-colonialisme culturel ?

La même question aurait pu se poser en Asie. Mais l'appétit manifesté depuis plusieurs décennies pour ce répertoire en Extrême-Orient, les dimensions et la qualité de la vie musicale la vident de son sens. D'autres interrogations nous retiendront davantage. Pourquoi le Sistema, projet « tiers-mondiste » par naissance, fait-il d'abord des émules dans les pays les plus riches du continent ? Pour quelles raisons la Chine, nouvelle terre promise pour la musique classique européenne, y demeure-t-elle encore hermétique ? Qu'attendre des horizons immenses, et encore indifférents à Mozart ou Brahms, de l'Asie du Sud et de l'Ouest ?

Quant à l'Europe, mère de chefs-d'œuvre parfois mieux goûtés à Buenos Aires ou à Pékin que par les publics vieillissants de Madrid ou Munich, la voici interrogée par une idée venue d'un pays qu'elle colonisa autrefois, et qui affirme ce que nombre de ses intellectuels la dissuadent de croire depuis un demi-siècle. Non, les vieilles lunes de la musique des riches ne seraient pas un élément de distinction, visant à reproduire un modèle de stratification sociale. Non, inciter les enfants à l'effort et à la discipline qu'exige l'apprentissage de ces instruments et de ces partitions n'est pas les martyriser, ni éteindre leur potentiel créatif spontané. Les musiciens sociaux sont-ils l'avenir des prêtres ouvriers ? Berlioz ramènera-t-il l'espoir à nos banlieues ? L'*Hymne à la joie* rassemblera-t-il bientôt les enfants dont les parents ont vécu sur ce sol depuis cent, dix, deux ou une génération, et ceux qu'y portent aujourd'hui les vagues tragiques des grands désastres humanitaires ?

Et enfin, angoisse à laquelle on préférerait ne pas devoir répondre : à trop rêver, pour la musique et l'art, l'avenir d'outil éducatif auquel nombre d'artistes n'ont jamais aspiré, ne fait-on pas irrémédiablement basculer du côté de l'utile, et donc voué à être consommé, ce dont la vocation originelle est de transcender, d'abolir les barrières temporelles et sociales, bref, de nous donner l'illusion ou l'avant-goût de l'éternité ?

Chapitre 1

Gustavo et les classiques

15 novembre 2013. Un crachin froid enveloppe la nuit de Birmingham. Je me glisse à la suite de Gustavo Dudamel dans le van Mercedes qui le ramène à Londres, et m'assois face à lui. Notre interview ne devait pas se passer ainsi. Son attachée de presse avait concédé une demi-heure, avant le raccord. Celui-ci n'a pas eu lieu. Gustavo n'avait pas pris le train avec les musiciens du Philharmonia, mais demandé une voiture. Il est resté coincé dans les embouteillages du début de week-end, tandis que l'orchestre testait seul, dans la salle du Symphony Hall, la balance de cette *Septième* de Mahler, heureusement donnée la veille à Londres au Southbank Center. Le public était déjà dans la salle, et les instrumentistes à leur pupitre, quand la voiture est entrée dans le parking de l'auditorium. Le chef, qui s'était changé dans les derniers kilomètres, en a bondi pour courir sur le podium. Il a levé la baguette et lancé une exécution sans faille de cette œuvre d'une extrême difficulté. Sans partition, comme toujours, puisqu'il dirige tout de mémoire. Les membres de l'orchestre, l'un des dix plus renommés au monde, ont beau

avoir l'habitude des chefs prodiges, ils sont aussi épatés que soulagés par l'issue de la soirée.

Et ma petite interview ? Je tente ma chance sans trop y croire : « Si vous rentrez à Londres immédiatement, puis-je vous accompagner ? » Gustavo accepte. Les trente minutes viennent de se transformer en trois heures.

J'ai toujours plaint les stars de devoir faire bonne figure, face aux questions d'inconnus plus ou moins renseignés. Après tant de stress et de fatigue, j'imagine bien que Gustavo préférerait se détendre, mais il se montre impeccablement professionnel et accueillant. Nous partageons des sandwiches en discutant des détails du concert, et de son Venezuela natal, où j'avais eu la chance de me rendre en 2000, n'ayant à l'époque qu'une vague idée du Sistema. Je lui dis combien la beauté des paysages m'avait émerveillé, et m'avaient conquis la chaleur, la finesse des gens – malgré la crise économique déjà ravageuse, la violence urbaine qui plaçait Caracas dans les premiers rangs des villes les plus dangereuses au monde, et les incertitudes politiques suscitées par la récente arrivée au pouvoir du colonel Chávez. Nous parlons en espagnol, et j'observe un imperceptible changement dans la façon d'être de mon interlocuteur. Alors qu'en anglais, qu'il manie couramment avec de fortes intonations américaines, il affiche une énergie extravertie, sa langue natale le révèle plus posé, se plaisant à creuser les nuances. Son charisme, son pouvoir sur les foules, son statut de *teen idol* même, ne sont pas sans rapport avec cette ferveur et ce sourire rayonnant.

Je m'avoue plus sensible à l'autre versant de son charme. Comme une sensualité languide dans ce corps si vif mais un peu épais, dans ces lèvres charnues souvent entrouvertes, ces yeux lumineux aux paupières parfois mi-closes. Mais lorsqu'elles s'ouvrent grand, le regard très bleu plongé dans le vôtre assène aussi la cérébralité presque froide, l'autorité, l'attention aux aguets. Entre séduction et stature, qu'est-ce qui est spontané, ou calculé, chez ce jeune homme devenu à la fois l'un des chefs d'orchestre les plus demandés, le Vénézuélien vivant le plus célèbre à travers le monde, l'emblème d'un modèle d'éducation musicale présenté comme révolutionnaire, et, à son corps plus ou moins défendant, celui d'une révolution politique diversement appréciée ?

« D'ailleurs, es-tu issu des couches socialement défavorisées auxquelles le Sistema s'adresse en priorité, ou d'une famille plus aisée ? » Le tutoiement ne relève pas d'une familiarité déplacée. Il est quasiment de rigueur en Amérique latine, sauf envers les personnes âgées.

« Je viens d'un milieu modeste, répond Gustavo. Mon grand-père était chauffeur routier, mes parents avaient dix-huit ans à peine quand je suis né. Non, ma famille ne possédait pas grand-chose. Mais elle avait des valeurs. D'abord l'humilité. Pas dans le sens d'une contrition, mais d'une vision lucide de soi, qui encourage à progresser, sur le plan humain et professionnel. Puis, le désintéressement. Ne pas accorder trop de place aux choses matérielles, préférer le partage avec la famille et les amis. La solidarité, enfin. Elle donne sa force à une communauté, à des équipes. Toutes ces valeurs, mon père les a retrouvées, au milieu des années soixante-dix, au sein du Sistema. Il en fut l'un des premiers élèves, avant de devenir musicien de salsa. Je suis donc un enfant du Sistema au sens quasi biologique !

– En Europe, nous avons du Sistema l'image d'un enseignement de la musique par la pratique collective, plutôt que par le solfège. Est-ce à dire que tu n'as découvert que tardivement les aspects théoriques ?

– Attention aux caricatures ! Bien sûr, le contact immédiat avec l'instrument, la possibilité de jouer très vite sont les éléments déclencheurs, mais ils tourneraient court sans l'apprentissage de la lecture, qui doit commencer tôt, et se poursuivre en parallèle. Dans mon cas, la théorie a précédé la pratique, car je ne voulais jouer que d'un instrument : le trombone. Or j'avais le bras trop court ! J'ai fini par me retrouver avec un violon, mais, entre-temps, j'avais appris le solfège, qui m'a ensuite conduit vers l'écriture, l'harmonie et l'analyse.

– Enfant, tu écoutais des disques ? Ou la musique, c'était d'abord l'instrument et la théorie ?

– Le disque est arrivé un peu plus tard. Lorsqu'elle a senti la place que la musique prenait dans ma vie, ma mère a commencé à m'offrir des enregistrements d'opéra et, bien sûr, de violon – Heifetz était mon Dieu. Je me rappelle surtout les vidéocassettes de concerts symphoniques que nous regardions avec nos professeurs, en marge du travail d'orchestre : Karajan, Bernstein, Celibidache, ou Carlos Kleiber. J'ai par la suite découvert, grâce au disque, les grands anciens qui m'ont aussi marqué profondément, Furtwängler, Mitropoulos, Munch ou Toscanini. Mais quand je repense à ces premières vidéos, je retrouve l'émerveillement de l'enfance.

– La comparaison entre Bernstein et toi est souvent revenue dans la presse – l'énergie, la passion aussi pour la musique des deux Amériques. C'est un modèle ?

– Je revendique la référence, mais par pitié, qu'on ne me compare pas à lui ! Qui peut se comparer à Bernstein ? Il fut un tel génie, compositeur, philosophe de la musique, pédagogue, en plus d'être un chef immense. L'énergie, c'est frappant, mais réducteur. Et la façon dont je m'exprime à travers la musique a beaucoup changé au fil des ans.

– Je me suis fait, c'est vrai, cette réflexion entre tes premières apparitions à Paris, et ta dernière tournée à la tête du Los Angeles Philharmonic. La *Neuvième* de Mahler a même suscité quelques débats, tant tu brisais le cliché latin par la lenteur, la recherche de textures éthérées…

– Malgré ma relative jeunesse, voilà déjà vingt ans que je dirige. Je suis monté sur le podium à l'âge de douze ans ! On ne change pas d'essence, mais la pensée évolue, le corps évolue. Reprendre une œuvre, c'est la réétudier, se laisser entraîner à un autre niveau. La marque des grands chefs est de mûrir, et d'approfondir leurs interprétations au fil de leur vie, aucun ne me semble faire exception. La musique a certes ces qualités de séduction immédiate, mais ne dévoile que progressivement sa richesse. La même œuvre peut entraîner deux musiciens dans des interprétations radicalement différentes, et au-delà des paramètres purement techniques de l'exécution, un concert peut provoquer chez deux spectateurs des émotions parfaitement opposées. Quel art détient à ce degré le pouvoir magique de suggérer des significations à la fois infinies et contradictoires ?

– Donnes-tu un sens particulier au fait de diriger de mémoire ?

– Cela ne me rend pas meilleur que les autres : des chefs médiocres dirigent de mémoire, d'autres, d'un immense talent, ne peuvent se passer de la partition. Cela procède simplement de mon éducation musicale. La mémoire fonctionne à la façon d'un muscle, il faut sans arrêt la fortifier afin qu'elle gagne en puissance. Je mémorise plus facilement les œuvres aujourd'hui qu'autrefois, et une pièce laissée de côté durant quelques années me revient bien plus vite à l'esprit.

– Mais pour le profane, voir un chef diriger par cœur une œuvre aussi longue et complexe que la *Septième* de Mahler ce soir tient du plus épais mystère. On aimerait comprendre ce qui se passe dans ta tête !

– Je distinguerais trois couches de la mémoire : photographique, auditive, mais aussi structurale, qui est vraiment le produit de l'analyse du texte, d'une pensée en œuvre, et ne peut se réduire aux deux précédentes. Le recours à ces trois niveaux au moment du concert est un phénomène complexe, variable selon les besoins du moment, le degré de contrôle à exercer sur l'orchestre en fonction des difficultés. Mais l'aspect le plus étrange de cette liberté que confère l'absence de partition, c'est la capacité de... penser à autre chose ! Cela peut paraître fou, mais on peut être à la fois pleinement là, en communion avec les musiciens, parfaitement réceptif à ce dont ils ont besoin et à ce qu'ils apportent, et en même temps emporté par des émotions, des souvenirs... C'est une grâce absolue, qui tient presque du don d'ubiquité. »

L'art comme droit de l'homme

Nous demeurons un moment silencieux. Aucun chef ne m'avait jusque-là décrit, de façon aussi précise, l'alchimie entre l'intellect et l'imagination, au moment même où il exerce son art. J'avais beau deviner que Gustavo ne se résumait pas au *showman*, je reste un peu surpris.

« Prépares-tu les œuvres d'un point de vue essentiellement technique ? Ou as-tu besoin de te documenter sur le contexte historique, sur les sources littéraires...

– Depuis mon plus jeune âge, la lecture est un pilier dans ma vie. Je partage aujourd'hui cette passion avec mon épouse et cet appétit de découvertes, les échanges et les discussions que nous avons à ce sujet sont un ciment très fort dans notre relation[1] ! J'adore la littérature latino-américaine, la poésie, l'histoire. Mais c'est sans doute la philosophie dont j'ai le plus besoin, quitte à passer beaucoup de temps à essayer de comprendre !

1. Il s'agissait de l'actrice et productrice vénézuélienne Eloísa Maturén, dont Dudamel a depuis divorcé pour épouser en 2017 l'actrice espagnole María Valverde.

– Et quels philosophes ont eu sur toi la plus forte influence ?

– Je vais paraître très classique. Mais le choc entre Platon et Nietzsche représente pour moi le débat interne auquel est confronté chaque musicien. D'un côté, l'aspiration à un idéal, dont l'objectivité et la vérité peuvent être découvertes par la pensée et le savoir. De l'autre, la récusation d'une transcendance, dont le sens s'imposerait à tous, et l'invitation pour chaque être nouveau à utiliser sa puissance créatrice afin de réinventer le monde… Mais je ne veux pas prendre la pose de l'intellectuel. Chacun puise chez les grands penseurs de quoi se nourrir, et les comprend comme il peut. J'ai passé des heures la tête entre les mains à tenter de donner un sens à *Être et Temps* de Heidegger ! Mais là encore, on touche au cœur des questions que l'artiste doit se poser quant à l'essence des œuvres qu'il crée, ou qu'il sert. Ces réflexions procèdent aussi de ma propre formation. L'enseignement est absurde s'il n'est pas centré sur la beauté. La connaissance, la culture ne prennent leur juste place que dans la mesure où l'on donne à l'enfant la possibilité, par l'art, d'accéder à cette beauté. Sinon, nous serons formés à produire, mais pas à jouir de ce que nous faisons. Face au pragmatisme du monde, et même si j'adore la technologie, le droit à la beauté, le droit à l'art doivent être reconnus au même titre que les autres droits de l'homme.

– Mais le Sistema n'est-il pas une réponse terriblement contingente ? Hors du Venezuela, ses plus grands succès restent dans la sphère latino-américaine. Un enfant nord-américain ou européen peut-il imaginer qu'on change sa vie en lui offrant un instrument ?

– Je suis convaincu de la valeur universelle de ces principes. En attestent les expériences que j'ai lancées en Suède, modèle de société stable, et aujourd'hui à Los Angeles, avec le projet YOLA (Youth Orchestra Los Angeles), qui vient d'ouvrir son troisième orchestre juvénile. Dans les nations dites avancées, l'art peut être encore plus loin des citoyens que dans les pays en développement. Nous ne parlons pas d'une utopie. Nous parlons d'un programme destiné aux catégories les plus précaires dans chaque État, auprès desquelles la musique agit comme force d'inclusion. L'enfant qui reçoit un instrument se sent intégré dans une communauté qui le valorise, et dont il perçoit l'importance en reconnaissant, dans la musique, cet aliment de l'âme auquel il est encore sensible, par-delà son conditionnement culturel.

– L'idéal platonicien ! Mais les choses sont-elles aussi simples ? Les expériences dont tu parles ne peuvent se comparer au Sistema en termes d'étendue. Et à la question de savoir si la musique classique est globalement perçue comme une « force inclusive » en Europe ou aux États-Unis, es-tu bien sûr qu'on puisse répondre oui ?

– Tu soulèves deux problèmes distincts, bien qu'articulés. Le premier tient à un simple effet de masse. Un orchestre juvénile seul dans son coin peut changer la vie des jeunes qui le composent et celle de leur entourage immédiat. Il suffit de voir la fierté des parents des quartiers difficiles de Los Angeles, qui viennent entendre leur enfant au Walt Disney Hall ! Mais pour changer la société en profondeur, des centaines d'orchestres doivent chacun fonctionner comme un noyau avec ses ramifications, qui s'attachent à celles du noyau suivant. C'est le sens profond du mot « système » dans la pensée du Maestro Abreu : un organisme dont les cellules s'auto-alimentent. En second lieu, il s'agit de lutter contre une tradition purement académique de formation aux arts, plus marquée en effet parmi les nations de grande culture patrimoniale comme la France, où ils peinent à franchir le cercle des élites issues de l'héritage monarchique. Comprends-moi bien : dès que je suis à Paris, je passe des heures au Louvre et à l'Orangerie, je ne suis pas en train de te tenir le discours de la table rase et de la négation des chefs-d'œuvre du passé. Au contraire, la finalité est bien d'amener, en révélant leurs capacités créatrices personnelles, vers cette beauté suprême ceux qui en sont tenus à l'écart. Car alors, quel immense potentiel dans les pays qui ont, au fil de leur histoire, accumulé tant de trésors !

– Mais c'est aussi de moyens financiers et de volonté politique qu'il est question.

– Naturellement. Dans de nombreux pays, le soutien aux arts ne dépend pas de l'État, mais des actions philanthropiques – qui permettent d'ailleurs de financer des projets magnifiques. Et dans ceux où l'État s'intéresse à la culture, c'est souvent à la marge, sans reconnaître au droit à l'art la même place qu'au droit à la santé ou à l'éducation, sans faire de l'art le principe de toute éducation. Je suis très fier de voir le Venezuela rompre avec cette logique et inscrire le droit à l'art, à la musique en particulier, dans sa constitution. »

Au nom du père

Un téléphone portable sonne. Gustavo s'interrompt pour répondre. Ses yeux s'illuminent comme ceux d'un enfant, dès qu'il entend la voix de son interlocuteur : « Holà Maestro ! » C'est donc José Antonio Abreu au bout du fil. Gustavo lui demande longuement de ses nouvelles, puis lui raconte le concert dans les moindres détails. Abreu, visiblement, le questionne en profondeur sur la réalisation des passages les plus difficiles. Je suis songeur. Loin de moi l'idée de soupçonner Gustavo d'insincérité, mais il y a dans la perfection de son discours quelque chose de mécanique, comme la trace d'une leçon bien apprise. Est-ce l'homme de l'autre côté de l'océan, la source de ces formulations ciselées ? Ai-je affaire à une créature efficiente bien au-delà de nos pauvres capacités de gens ordinaires, mais sortie du moule de quelque démiurge ? « Cuídate Maestro », lui répète dix fois de suite Gustavo avec affection, « soigne-toi ».

« Il a eu une mauvaise grippe récemment, mais cela ne l'empêche pas de travailler sans relâche.

– Comment décrirais-tu l'influence d'Abreu sur toi ? Pour nous, Européens, il est l'homme de l'ombre du Sistema…

– C'est un père. Quand j'avais huit ans, il est venu dans ma ville natale de Barquisimeto. Quatre ans plus tard, il me recrutait dans l'Orchestre juvénile national, dont je devins bientôt le premier violon. Il a perçu mon envie de diriger, et a été mon professeur. Bien qu'il ait formé d'autres élèves, notamment Christian Vásquez, Diego Matheuz ou Rafael Payare parmi les plus jeunes, j'ai eu la chance d'être seul à suivre son enseignement durant quelques années, et je suis sans doute devenu son plus proche disciple. J'ai souvenir de journées entières le bras levé, dirigeant face à lui et chantant, alors qu'il me demandait quel instrument arrivait, ou me reprenait sur un rythme ! Il m'a appris l'importance d'une compréhension totale de la partition, les techniques de mémorisation, celles qui permettent de rendre une répétition efficace. Des données cérébrales plutôt que physiques : quand le bon cadre est en place, le geste suit. Nous parlons presque tous les jours, où que je sois dans le monde. C'est une personne unique, à la puissance de travail incroyable, un génie par la force de ses projets et de ses vues.

– Mais aussi un homme très controversé depuis des années dans la presse vénézuélienne, et qu'on décrit comme n'aimant guère la contradiction ?

– Chacun peut aujourd'hui donner son opinion partout et sur tout sujet. C'est formidable mais, sur Internet, les traces des propos injustes ou mal informés mettent du temps à s'effacer. Quelques années m'ont suffi à l'expérimenter pour mon compte, alors dans la longue vie du Maestro

Abreu ! Ne pas répondre devient sans doute, en avançant en âge, la plus saine des réactions, mais elle excite encore ceux qui parlent sans savoir. L'homme que nous connaissons, nous, ses proches, est d'une parfaite simplicité, d'une intégrité absolue, habité par le sens du devoir. Il a voué sa vie entière à ce projet dédié aux autres. Tant pis si tu me trouves emphatique mais, pour moi, le Maestro Abreu est un saint !

– Mais ne s'est-il pas prêté à une récupération politique ? Les concerts d'hommage à Hugo Chávez avant et après sa mort, donnés sous ta direction par le Bolívar, ont suscité la polémique.

– Le Sistema est le symbole du pays, admiré et soutenu par tous. Son financement dépend de l'État, il n'y a donc rien d'illogique à ce que le Bolívar, qui en est le fleuron, se produise dans des circonstances officielles. Comme tu le sais sans doute, sa fondation précède de vingt-cinq ans l'élection du président Chávez. Mais celui-ci – qu'il repose en paix ! –, lui a apporté un soutien inconditionnel. À son arrivée au pouvoir, le Sistema touchait 40 000 enfants et adolescents, ils sont 400 000 aujourd'hui ! Nous nous sommes fixé l'objectif du million avec l'appui du gouvernement. Cette massification permet de franchir un nouveau seuil qualitatif. Alors, oui, j'assume pleinement le témoignage de ma reconnaissance. Car ce qui est en train d'advenir au Venezuela est quelque chose de merveilleux, un exemple pour le monde, comme une explosion de l'art et de la pensée.

– Nous parlons pourtant d'un pays embourbé dans des difficultés politiques, économiques et sociales extrêmes. L'objectif du Sistema n'étant pas de former des musiciens professionnels, hormis une petite minorité, se retrouver une fois adulte face à des contraintes matérielles qui renvoient au second plan l'art et la pensée n'engendre-t-il pas, chez nombre d'anciens élèves, des frustrations terribles ?

– Je vis plus de cinq mois par an au Venezuela, contre quatre mois à Los Angeles. Chaque jour, dans toutes les professions, je rencontre des gens de mon âge qui me disent à quel point cette expérience a donné un sens à leur vie. Pas seulement à Caracas. Dans les campagnes les moins accessibles. Il y a quelques semaines, ma femme et moi nous sommes arrêtés pour déjeuner au relais routier d'un hameau dans les Andes. Soudain, j'entends, depuis la petite maison d'en face, le prélude du *Te Deum* de Charpentier ! Il y avait là un minuscule *núcleo*, dans une pièce prêtée par une mère de famille. Les adultes qui ont appris par la musique à devenir des êtres et des citoyens meilleurs ne la perdent généralement pas de vue : ils continuent à jouer en amateurs, ils vont au concert, ils encouragent leurs enfants à rejoindre l'organisation et contribuent à celle-ci. Chaque société génère ses inégalités, ses exemples négatifs pour la jeunesse. Sachons distinguer les rares sources de lumière ! »

Nous arrivons dans le centre de Londres, il est près d'une heure du matin. La voiture dépose Gustavo à son hôtel, et je dois me mettre en quête du mien, comme je n'avais pas prévu de revenir ce soir. En me serrant la main, Gustavo me fixe encore de son regard azur et me dit lentement : « Tu dois revenir au Venezuela. Mais cette fois, prends le temps d'aller dans les *núcleos*, parle avec les enseignants et les élèves. Appelle l'équipe de Fundamusical de ma part, dis-leur que nous nous sommes rencontrés, ils ont l'habitude d'accueillir des visiteurs du monde entier. Tu auras certainement des questions ensuite, mais ce ne seront plus du tout les mêmes. »

Une idée vieille comme le monde ?

Difficile de résister à une telle invitation au voyage initiatique. Mais avant de l'entreprendre, et de plonger dans la fascinante complexité vénézuélienne, quelques rappels ne nuiront pas, sur le terrain des idées, cher à Gustavo. Osons une histoire condensée de l'éducation *par* la musique à travers les âges et les continents, à ne surtout pas confondre avec une histoire de l'éducation musicale – nous ne prétendrions pas à cette compétence.

Après le grand bouleversement de la pensée qui secoua, d'un bout à l'autre, l'Eurasie des VIe et Ve siècles avant notre ère, la question musicale revient tel un motif obstiné. Sans doute brasse-t-elle le limon déposé par des dizaines, des centaines de siècles de cosmogonies.

Influence bénéfique, ou pernicieuse, de la musique, en particulier sur les jeunes ? Le débat court des rivages de la mer Egée aux berges du fleuve Jaune. Discipline et exigence au sein du groupe vont de pair avec le rite. Le but n'est pas seulement religieux. Il est aussi social. L'ordre cosmique et politique se répond chez Confucius. Avec Pythagore, et exactement au même moment, voici le premier penseur dont nous soit parvenue une théorie éducative de la musique. Il insiste dans les *Entretiens*, notés selon la tradition par ses élèves, sur l'importance de la musique comme garante de l'harmonie entre le ciel et la terre. Mais Confucius est aussi le premier penseur connu du courant qui s'appellera un jour l'humanisme[1]. Contre les déterminismes, contre les philosophies du « non-agir » si présentes dans la pensée chinoise, il défend la vision de l'homme artisan de lui-même.

1. « S'éveiller par la poésie, se structurer par la rectitude, se parfaire par la musique » (*Entretiens* 8.8).

L'apprentissage musical unit progression intellectuelle, psychologique et morale. Confucius exprime donc une vive défiance à l'égard des œuvres qui excitent les pulsions, et vénère celles qui élèvent l'âme.

À l'école de la Cité

Pythagore s'intéresse d'abord à la musique comme au point de rencontre entre l'astronomie et les mathématiques, mais loue également ses vertus médicales et magiques, nerveuses et morales. L'influence pythagoricienne sera telle, que jamais l'importance de la musique dans la formation des jeunes esprits ne sera contestée en Grèce. Cependant, l'édification du citoyen va susciter des polémiques encore plus vives que celles des bons serviteurs des fils du Ciel. L'Athènes de Périclès voit fleurir une littérature pédagogique qui prétend fonder, sur l'éducation, une utopie politique[1]. *La République* en est la clef de voûte. Platon passe au crible de l'éthique les sciences et les arts, à commencer par la discipline où leur union est la plus manifeste. Le Livre III montre Socrate épurer le répertoire poétique chanté, mais aussi les rythmes (limités à « ceux qui expriment une vie réglée et courageuse »), les instruments et les harmonies – ou plus exactement les modes. Ceux qui voulaient fuir les rigueurs platoniciennes disposaient heureusement de leur antidote, la *Poétique* d'Aristote, qui étend à la musique sa théorie de la *catharsis*. La représentation de passions négatives, et même l'excitation de tels sentiments, n'incite pas au passage

1. Avec la conséquence brutale que rappelle Hannah Arendt dans *La Crise de l'Éducation*, en 1966 : « Celui qui veut vraiment créer un nouvel ordre politique par le moyen de l'éducation, c'est-à-dire en ne faisant appel ni à la force, ni à la contrainte, ni à la persuasion, celui-là doit se rallier à la terrible conclusion platonicienne : bannir tous les vieux de l'État à créer ».

à l'acte. Au contraire, effroi et empathie suscitent une purgation de l'âme. Voilà donc les modes lydiens et ioniens, la flûte et les crotales sauvés pour les écoles les plus libérales.

Mais les Grecs n'ont pas de grand orchestre, et l'éducation musicale est d'abord perçue comme un cheminement individuel. En termes modernes, nous dirions qu'elle visait en priorité le développement psychomoteur (elle est d'ailleurs associée à la gymnastique), celui de l'intellect (comme application des mathématiques), et entretenait un lien ambigu avec le domaine moral. La fusion chrétienne avec les traditions de la Méditerranée orientale la met au contact de la magnificence des cérémonies des temples et synagogues. Elles font la part belle aux exécutions collectives des chœurs et ensembles instrumentaux, servies à la fois par des professionnels et des amateurs de haut niveau. Voilà qui tranche avec la traditionnelle méfiance gréco-latine à l'égard des interprètes adultes. Augustin s'inscrit dans la droite ligne de Platon par ses préjugés moraux, même si sa maîtrise technique du sujet le rapproche d'Aristote. Mais il voit surtout dans l'éducation musicale le ciment du groupe, l'instrument d'une communion extatique et chaste, en un temps où le citoyen tire sa révérence pour quelques siècles et se préoccupe surtout de sa place dans la Jérusalem céleste. Scholae romaines, chapitres byzantins et occidentaux, monastères, formeront le meilleur du système éducatif médiéval accessible aux jeunes garçons (les filles en sont exclues), et l'apprentissage musical est leur colonne vertébrale, de plus en plus complexe tandis que s'élaborent les règles de la polyphonie et du contrepoint.

Ce développement du langage n'aura pas vraiment d'équivalent dans les autres civilisations. En dépit de leur extrême subtilité et de leur difficulté d'exécution, les musiques africaines et asiatiques paraissent davantage raffiner les modèles antiques que les renouveler. Le temps de la revanche viendra, surtout pour les cultures subsahariennes, bouturées au Nouveau Monde. On serait curieux, d'ailleurs, d'en savoir plus, et sur les répertoires de celui-ci, et sur la place de la musique dans l'éducation, au sein des sociétés amérindiennes. Associée encore au culte religieux, elle met un accent particulier sur la narration des mythes fondateurs. Comme en Afrique noire ou dans le Pacifique, mais plus qu'en Asie, au Proche-Orient ou en Europe, la pratique collective du chant, des instruments et de la danse joue un rôle important dans la cohésion du groupe. Cela ne sera pas sans incidence sur le changement de paradigme que l'Amérique latine, creuset des influences amérindiennes, africaines et européennes, propose aujourd'hui au reste du monde avec le Sistema. Les prêtres suivant les conquistadors, portés pour nombre d'entre eux par la soif d'évangéliser plutôt que d'exploiter, furent d'ailleurs prompts à réaliser quel outil représentait la musique, sur le chemin qui mène aux âmes. Il en résulta un répertoire et une pratique florissants dans les églises du Nouveau Monde, voire des formes totalement originales et syncrétiques, en particulier les messes et les oratorios composés collectivement dans les réductions jésuites du pays Guarani, aux confins des actuels Brésil, Bolivie et Paraguay[1].

Au même moment, l'Europe voit, avec le fort développement économique et le regain de vigueur des villes, la dislocation

1. Lire à cet égard l'ouvrage d'Alain Pacquier, *Les Chemins du baroque dans le Nouveau Monde*, Fayard, 1996.

des liens familiaux traditionnels et le creusement des inégalités. Une floraison d'institutions charitables accueille les orphelins. Les *ospedali* italiens ne vont pas tarder à éprouver deux vertus de la formation musicale. La première, bien connue des philosophes et des théologiens, repose sur ses bénéfices intellectuels, psychologiques et moraux, surtout dans des milieux fermés, où la promiscuité attise les tensions. La seconde, beaucoup plus pragmatique, tient aux revenus générés par l'exhibition des chœurs, et bientôt des orchestres, auprès d'un public de généreux donateurs ou de curieux, et aux perspectives professionnelles ouvertes aux jeunes gens devenus adultes. Fait nouveau, les filles ne sont plus exclues : au début du XVIIIe siècle, les plus prestigieuses de ces formations seront d'ailleurs celles des orphelines vénitiennes attachées aux couvents de la Sérénissime, auprès desquelles Antonio Vivaldi s'illustre comme maître de chapelle[1]. Entre-temps, les écoles de musique, pour orphelins ou pas, se multiplient. L'Italie joue là encore un rôle moteur : les conservatoires napolitains deviennent dès le XVIe siècle le cœur d'un apprentissage d'excellence. La France suivra sous le règne de Louis XIV. Les Académies royales n'y auront pas pour seul but la création de spectacles et concerts, mais la formation des jeunes interprètes. Il s'agit d'un retour à cette musique de faste, de divertissement, et, aux yeux d'une partie de l'Église et des moralistes, de débauche, qu'ils ne manquent pas de condamner[2]. Et si elle permet l'élévation sociale des musiciens, c'est sous l'angle purement matériel.

Mais l'Europe du Nord réaffirme le rôle de la musique dans la fortification de l'âme et l'harmonie de la communauté. Luther, lui-même musicien et compositeur, écrit à

1. Durant quarante ans à l'Ospedale della Pietà, fondé dès 1346, où il serait maître de violons puis maître des concerts.

2. Voir par exemple les *Maximes et réflexions sur la comédie* de Bossuet, sur ce point dans la ligne d'une pensée platonicienne ultra-classique.

cet effet des lignes éloquentes : « La musique doit impérativement être enseignée dans les écoles. Un instituteur doit pouvoir chanter, sinon je ne veux rien savoir de lui[1]. »

Les pays protestants donneront donc à la musique la première place dans le projet éducatif des classes moyennes, en ces terres germaniques de villes souvent franches, où le milieu de l'échelle sociale détient une partie nettement plus de richesses qu'en Europe du Sud. Une pratique musicale singulière en résultera, avec une frontière poreuse entre amateurs et professionnels. L'exemple le plus emblématique est celui de Jean-Sébastien Bach à Leipzig – même s'il n'eût pas dédaigné un poste mieux payé auprès d'une cour princière.

Le phénomène n'eut pas la même ampleur au sein de la société britannique. L'apprentissage du chant choral s'y répandit pour les besoins du culte anglican, tradition qui ne s'est pas démentie depuis. Mais le discours idéaliste sur la place de la musique dans l'enseignement fut combattu par la pensée matérialiste. Locke la résumait assez bien, traitant l'apprentissage des arts de « perte de temps[2] ». Le même constat explique peut-être que le Royaume-Uni soit devenu, dès la fin du XVIe siècle, l'autre grand pays du spectacle et du concert commercial, après l'Italie. Mais la pensée allemande sur la musique exercera, au travers du protestantisme, une profonde influence sur le développement ultérieur des systèmes éducatifs scandinaves, et aussi nord-américains, conjuguée au pragmatisme britannique.

Et les Lumières ? Divertissement goûté par toutes les classes sociales, la musique ne suscite en France ni « show business » à l'italienne ou à l'anglaise, ni illumination théologique à

1. Lettre citée par F. V. N. Painter, *Luther on Education*, Lutheran Publication Society de Philadelphie.

2. Lette à E. Clark, 1685.

l'allemande. Protestant contrarié et compositeur plus ou moins heureux, Rousseau privilégie la théorie musicale sur l'enseignement. Diderot, mélomane passionné sinon musicien, s'intéresse plutôt à la formation de l'auditeur. Il s'inscrit ainsi dans le débat européen sur le jugement et le goût dominé par Kant, mais chez lui la valeur morale passe au second plan, derrière l'analyse psychologique. Première annonce des travaux scientifiques ultérieurs, qui révéleront l'influence de la musique sur le développement du cerveau[1].

Allons enfants de la culture !

À partir de la fin du XVIIIe siècle, les révolutions politiques, économiques et scientifiques entraînent enfin le renouvellement du débat philosophique et religieux qui tourne en rond depuis les penseurs grecs et les pères de l'Église. Schiller, faisant de l'enseignement des arts une condition de la liberté de l'esprit, et par là de tout progrès moral, politique et social, aurait pu trouver la formule du « droit à la Beauté »… Il n'en fonde pas moins cette philosophie romantique allemande, germée sur la pratique musicale amateur de toutes les classes sociales, qui aura une influence déterminante sur les mouvements d'éducation populaire. Ceux-ci se développent dans les pays industrialisés jusqu'à la Première Guerre mondiale. Le chant choral y est roi : sans instruments, les coûts sont légers, les résultats rapides, le symbole d'harmonie du groupe évident. Combattons à cet égard l'idée fausse qui dépeint l'Europe latine, catholique et rurale, en laisser le mérite aux pays anglo-saxons de part et d'autre de l'Atlantique. Certes, le chant choral liturgique n'avait pas sur les rives de

1. Lire notamment Béatrice Didier, *Aspects de la pédagogie musicale de Diderot*, Colloque international Diderot, 1985.

la Méditerranée la même assise populaire, et il est frappant d'observer le déclin de ses formes les plus savantes à l'époque romantique, en Italie comme en France. Les révolutionnaires, qui fermèrent les maîtrises, peuvent être incriminés dans le deuxième cas, pas dans le premier. En revanche, les Français furent d'ardents propagateurs du mouvement laïc des orphéons, qui aurait dépassé 500 000 choristes à la fin du XIXe siècle[1]. Enfant-soldat de la Convention, Guillaume-Louis Bocquillon, dit Wilhem (1781-1842) fut, un siècle et demi avant Abreu, l'artisan acharné de ce qui fut certainement, rapporté à la population de l'époque, le plus grand projet gratuit d'éducation populaire de tous les temps. Rompant avec la stricte séparation entre le maître et l'élève, que les conservatoires allaient continuer à renforcer, les orphéons misaient sur la transmission du savoir entre élèves de niveaux différents – le Sistema ne l'oubliera pas.

Parmi les successeurs de Wilhem à la tête des orphéons, on remarque Charles Gounod (1818-1893), qui ne dédaigna pas d'écrire des pièces à leur intention, et Jules Pasdeloup (1819-1887), chef d'orchestre fondateur des concerts qui porteront son nom, pionnier de l'ouverture du répertoire symphonique au public. Car l'orchestre est l'autre grande révolution du siècle. Les effectifs doublent, de quarante à quatre-vingts musiciens en moyenne, voire beaucoup plus pour certaines œuvres ou occasions exceptionnelles. Les instruments existants ne cessent de se perfectionner, de nouveaux d'être inventés. Si l'innovation vient souvent d'Allemagne et de ses compositeurs, ces derniers lorgnent avec envie sur la qualité des orchestres français, la variété des

1. D'après le journaliste Jean Frollo dans son éditorial du *Petit Parisien* du 18 octobre 1898. On notera que le mouvement des orphéons s'étendit aussi fortement dans le nord de l'Espagne, où il est resté vivant jusqu'à nos jours en Catalogne et au pays Basque (l'Orfeon Donostiarra de San Sebastian reste considéré comme l'un des meilleurs chœurs amateurs au monde).

saisons parisiennes, la diversité du public. En Angleterre et aux États-Unis, les chœurs sont de plus en plus fréquemment rejoints par des ensembles souvent amateurs, de recrutement plutôt bourgeois lorsqu'ils comportent des cordes, plus populaires lorsqu'il s'agit de fanfares, très présentes aussi en France dans les zones minières. Gardons-nous d'idéaliser le passé, mais l'Europe de l'Ouest et l'Amérique du Nord d'il y a cent ans suggèrent un monde qui n'a pas attendu le nôtre pour les initiatives sociales d'éducation musicale. Elles enthousiasment les progressistes et rassurent les conservateurs. La fraternité, plutôt que la discorde. Un continuum souriant entre les répertoires dits savants et populaires.

Fin du monde, ou aube neuronale

L'entre-deux-guerres laisse même un sentiment de régression, alors que le niveau général d'éducation ne cesse de progresser, de même que la connaissance scientifique du cerveau et de ses modes d'apprentissage. Jean Piaget, étudiant les premiers stades du développement psychomoteur chez le nourrisson, étaie les conclusions empiriques des Grecs quant à l'importance de l'audition et du rythme, non seulement pour la coordination des mouvements, mais dans la conscience du temps comme échelle de la vie humaine. Maria Montessori donne dans ses écoles une place centrale au chant, mais aussi aux jeux sur les timbres, les rythmes et les matériaux sonores ; l'apprentissage musical ludique, de la naissance à six ans, devient le pivot de l'organisation sensorielle et de la structuration de la pensée.

Si la dimension individuelle et les bienfaits pour l'harmonie du groupe de l'éducation musicale ne sont donc pas mis en cause, l'idée qu'elle sert aussi le progrès social semble en revanche marquer le pas. Sans doute parce que ce pas, après la Première Guerre mondiale, tend à devenir trop cadencé. Les mouvements de jeunesse soviétique, fasciste puis national-socialiste piochent abondamment dans le folklore des scouts, mais aussi des fanfares et des orphéons, instrumentalisés au profit de l'embrigadement politique. La vue de centaines d'enfants en train de chanter, jouer ou danser comme un seul ne provoquera plus le même émerveillement chez l'homme d'après Auschwitz et Hiroshima que chez son père.

C'est justement du Japon que viendra l'une des innovations les plus fécondes en matière d'enseignement musical, mais aussi d'enseignement tout court. Shinichi Suzuki (1898-1998), formé comme violoniste dans l'Allemagne de Weimar, mais ayant vécu dans son pays les ravages de la guerre, n'a jamais voulu détacher sa pédagogie d'une dimension philosophique. À bien des égards, le Sistema a contextualisé celle-ci sans lui apporter de modification majeure.

La méthode Suzuki s'inscrit dans le courant structuraliste, et articule l'apprentissage musical à celui du langage. Il doit donc être précoce (dès trois ans), mettre en jeu les phénomènes de répétition et d'imitation, et naturellement privilégier la mémorisation d'oreille et la pratique sur la lecture et la théorie, compte tenu de l'âge des élèves. La sélection est bannie : chaque enfant est susceptible de révéler, au cours de son apprentissage, des aptitudes indécelables à l'origine. L'enseignement en groupe joue un rôle important, les morceaux adaptés au niveau des élèves sont privilégiés sur les exercices purement techniques, et les prestations en public encouragées, afin d'en renforcer la dimension ludique. Enfin, l'entourage familial est mobilisé autant que possible, pour mieux valoriser l'évolution musicale de l'enfant. Si elle ne développe pas de discours socio-économique, la méthode Suzuki se revendique bien comme un projet social sous l'angle politique, sous celui de la cohésion du groupe et des liens interpersonnels. « Enseigner la musique n'est pas mon premier objectif. Je veux former de bons citoyens. Des enfants qui entendent de la belle musique dès le jour de leur naissance et apprennent à la jouer développeront sensibilité, discipline et endurance. Leur cœur deviendra beau. »

Originellement destinée au violon, la méthode Suzuki a vite été étendue à tous les instruments, au chant, ainsi qu'à d'autres disciplines artistiques et sportives. Elle a rencontré un succès mondial, mais aussi de vives critiques.

Les partisans d'un enseignement plus individuel mettent généralement en avant un risque de nivellement vers le bas pour les élèves les plus doués. Il tiendrait à la place excessive accordée à la répétition et aux séances de groupe, au détriment du rapport au texte musical et à l'approfondissement d'une technique et d'un style personnels. Les partisans de Suzuki ont adapté sa méthode au fil des décennies, mais ces inquiétudes se retrouveront régulièrement exprimées, face à tous les projets fondés sur l'enseignement collectif et une pratique intensive, en premier lieu le Sistema.

Force est également de reconnaître qu'en dépit de sa vocation universelle et de sa diffusion sur tous les continents, la méthode Suzuki n'a pas entraîné une généralisation massive de l'apprentissage musical comme pilier de toute éducation. Mais l'époque le permettait-elle encore ? Dans le monde libre, ce n'était pas l'embrigadement, mais la culture de masse, analysée par Benjamin, Adorno, Arendt ou Deleuze, qui donnait un coup de vieux aux humanités – dont cette musique qu'on allait appeler classique. Et ni le scepticisme individualiste des uns ni le refus des valeurs traditionnelles des autres, lorsque vint le coup de tonnerre de 68 n'étaient de nature à faire de Mozart, Berlioz, du grand orchestre ou du grand chœur avec leur hiérarchie, un modèle d'émancipation pour les filles et les fils de leur temps.

Pourtant, là encore, les neurologues ouvraient des fenêtres à travers lesquelles les idéologues de l'éducation refusaient de regarder. Première découverte : l'homme est un être musical. Il n'apprend pas la musique. Elle le construit comme animal social. Les oiseaux, merveilleux solistes, se sont approprié le chant, après les insectes. Mais nulle créature, même nos plus proches cousins parmi les primates, ne semble comme nous coordonner les mouvements d'un groupe sur un rythme commun. Il n'y a pas la nature d'un côté, la culture de l'autre. La plasticité de notre cerveau va raccorder ou non nos neurones selon des chemins qui favorisent l'interaction avec nos semblables, en fonction des sollicitations reçues. Dès les premiers jours de la vie. Et même dans le ventre de votre mère. Beaucoup plus tard aussi. Oliver Sacks (1933-2015) a frappé l'imagination du grand public, en illustrant les vertus réparatrices de la musique sur les lésions cérébrales[1]. Mais les travaux de Laurel Trainor[2] dévoilent des aspects tout aussi fascinants de son pouvoir. Son effet régulateur sur les émotions, le renforcement de la coopération qu'elle induit au sein des groupes... Quant aux recherches de Glenn Schellenberg[3] (par ailleurs compositeur), elles illustrent l'effet accélérateur de l'apprentissage musical sur l'ensemble des processus de cognition et de mémorisation. Bref, la science vient justifier

1. En particulier *L'Éveil. L'homme qui prenait sa femme pour un chapeau* et *Musicophilia.*

2. Aux titres il est vrai plus austères... *The Origins of Music in Auditory Scene Analysis and the Role of Evolution and Culture in Musical Creation* ; *The Acoustic Basis of Preferences for Infant-directed Singing* ; *Rhythm and Interpersonal Synchrony in Early Social Development...*

3. Voir notamment l'article *Music Lessons, Emotional Intelligence, and IQ* (2011) parmi ceux disponibles en ligne sur sa page de l'université de Toronto Mississauga.

l'intuition des penseurs antiques, alors même que les systèmes scolaires de masse leur tournent le dos.

Quand soudain, dans un pays du nord des Andes, survint le miracle ? Arrêtons là le vol de notre satellite, et rapprochons-nous du sol. Direction le Venezuela.

Chapitre 2

Venez jouer là !

C'est un pays surgi du fond des rêves. Tel celui prêté par Hollywood à Christophe Colomb, le premier Européen qui en aperçut les côtes, le 4 août 1498. Tel celui merveilleusement dessiné par le savant et humaniste Alexander von Humboldt, trois siècles plus tard. Des vagues tièdes et vaporeuses de la Caraïbe, jaillissent des langues de sable ivoire ou orangées, une frange de cocotiers, un rempart montagneux couvert de jungle. À travers la forêt saturée d'humidité, de bruits d'insectes et de chants d'oiseaux, les troncs massifs, les chaînes de lianes et les fleurs géantes se déchirent soudain, dévoilant le saut des cascades, tandis que les perroquets s'élancent jusqu'à ces vallées au-dessus de mille mètres dans lesquelles règne un éternel printemps, et ces sommets à deux mille où l'on respire déjà l'air des cimes. Ainsi m'apparut la chaîne côtière du Venezuela, en ces jours du printemps 2000, découvrant les beautés préservées des parcs nationaux Henri-Pittier, Mochima, El Guácharo.

Je ne pouvais que rêver, à l'ouest, la barrière des Andes, contre lesquelles bute cette cordillère littorale, et les neiges éternelles du Pico Bolívar frôlant les cinq mille mètres. Deux fossés d'effondrement, écrasés de chaleur et de moiteur encadrent l'arc des montagnes. Au nord, les basses terres de Maracaibo ouvrent sur la mer leur lac saumâtre. Au sud, l'Orénoque étire plus de deux mille kilomètres d'un des plus puissants débits du monde. En remontant depuis les marécages du delta, il arrose les plaines infinies des *llanos* parcourues de troupeaux, bifurque vers l'équateur et l'épaisse forêt amazonienne, marquant la frontière avec la Colombie et le Brésil, pour prendre sa source dans une des régions les plus mystérieuses et inaccessibles de la planète, cette *Gran Sabana* ponctuée de *tepuyes*, monts vertigineux au sommet aplati, que Conan Doyle imaginait peuplés de dinosaures.

Presque aussi chimériques me semblent aujourd'hui les souvenirs du jardin de Enrique et Patricia Beracasa à Caracas. Autour de la piscine paresseusement arrondie, les bouquets de bananiers et de palmiers ombrageaient les tables, où se pressaient artistes, journalistes, diplomates. La maison semblait flotter aux brises des collines, sans murs ni fenêtres. On passait directement des pelouses aux salons, sur lesquels veillait l'une des plus belles collections privées au monde de dessins de la période marocaine de Delacroix – la famille était venue de Tétouan un siècle plus tôt. D'épaisses murailles, surmontées de clôtures électriques, entouraient toutefois la propriété, protégée par des hommes en armes et des chiens. Une criminalité sauvage, sanglante, gangrenait déjà la capitale. « Mon meilleur ami a été abattu le mois dernier en descendant de sa voiture, dans un parking, me confia un soir Patricia. Une balle dans la tête, à bout portant. »

Les nuits pourtant restaient vibrantes. Boîtes à la mode, salles de spectacles et restaurants chics ne désemplissaient pas. Les hôtes français de Patricia découvrirent avec plaisir ces derniers, en compagnie d'une jeune pianiste au succès grandissant, Gabriela Montero. Caracas demeurait cette cité de paillettes, avec ses écoles de Miss Univers, ses *telenovelas* exportées dans tout le monde hispanique, mais aussi ses expositions audacieuses d'art contemporain, et la scène musicale classique la plus prestigieuse d'Amérique du Sud, avec l'Argentine. Banquiers, industriels, mais aussi philanthropes engagés dans la promotion des jeunes instrumentistes comme dans la lutte contre le sida, les Beracasa incarnaient la haute société latino-américaine, avec ses excès et sa culture, ses contradictions, son humanisme et sa générosité. Quinze ans de crise économique, liée à la faiblesse des cours du pétrole, avaient asséché l'Eldorado vénézuélien. Les splendides buildings des années soixante-dix voyaient déjà leurs plafonds prendre l'eau à la saison des pluies.

Mais Patricia voulait croire encore en la démocratie, malgré l'inquiétude soulevée par l'élection d'un ancien putschiste, le lieutenant-colonel Chávez ; à la force de cette classe moyenne vénézuélienne, qui restait l'une des plus nombreuses et dynamiques du continent ; à la redistribution par les programmes éducatifs et sociaux, afin de tirer de la misère et du désespoir cette majorité de la population qui avait si peu profité des années fastes, et s'entassait dans les bidonvilles. Elle me parlait avec enthousiasme des orchestres de jeunes, montés jusque dans les quartiers les plus difficiles par le Dr Abreu, musicien, économiste et ancien ministre qu'elle voulait me présenter – ce qui n'avait pas été possible à l'époque. Pourtant, c'étaient les séries musicales patronnées par sa fondation qui retenaient alors l'attention de la presse européenne, encore ignorante du Sistema. Patricia a depuis quitté le Venezuela pour la France où elle était née. Mais je lui dois, tout jeune journaliste, ma première approche de ce pays aussi complexe que mal connu, et veux l'en remercier avec affection, au moment de faire partager ce que j'en ai appris ensuite.

Un pays sans Histoire ?

Le sixième État d'Amérique du Sud par la superficie (grand comme la France et l'Allemagne réunies, avec 916 000 km^2), et le quatrième par la population, avec ses presque 31 millions d'habitants (loin derrière les 204 millions du géant brésilien, mais à égalité avec le Pérou) n'attirait guère les regards au-delà des océans, jusqu'à ces dernières années. Pour l'homme de la rue le mieux informé, il était le pays d'un boom pétrolier insolent, suivi d'une de ces crises ravageuses dont l'Amérique du Sud a le secret. Plus récemment, celui d'un *caudillo* haut en verbe et en couleurs, se réclamant de Bolívar (dont les origines vénézuéliennes ne sont d'ailleurs pas connues de tous), de Castro et du Che, espoir du socialisme anti-impérialiste pour les uns, dangereux démagogue pour les autres. Et, depuis un peu plus d'une décennie, celui d'orchestres symphoniques de jeunes qui fascinent les salles de la planète entière, sous la baguette d'un chef charismatique issu de leurs rangs, Gustavo Dudamel. Mais les splendeurs naturelles du Venezuela sont largement ignorées des touristes, effrayés par un taux de criminalité parmi les plus élevés au monde – même s'il est largement circonscrit aux grandes villes. Et les amoureux de culture, y compris dans le monde hispanophone, en eurent longtemps l'image d'une terre sans histoires, sans traditions et sans artistes.

Aucune des grandes civilisations précolombiennes ne s'est développée sur son sol. Les cahutes sur pilotis des habitants du lac de Maracaibo auraient inspiré aux compagnons d'Amerigo Vespucci, dont le voyage suivit celui de Colomb, une comparaison narquoise avec Venise. Venise ! On dit que c'est d'elle que le pays tire son nom – lequel pourrait aussi dériver d'une tribu autochtone... La conquête n'en sera pas moins atroce. Les premières plantations coloniales des conquistadors imposent aux indigènes une servitude d'une effroyable dureté – même si, officiellement, les seuls esclaves sont à partir de 1551 ceux amenés d'Afrique par la traite négrière.

Il faudra attendre l'anthropologie moderne pour que s'éveille un intérêt envers les groupes amérindiens ayant résisté à l'ethnocide, puis à cette globalisation avant l'heure (soigneusement stratifiée selon la clarté de la peau, néanmoins) que fut le grand métissage des survivants avec la société créole espagnole. Ils représentent aujourd'hui autour de 520 000 personnes, majoritairement Wayúus de la péninsule aride de Guajira, mais aussi Waraos du delta de l'Orénoque, Pemónes de la Gran Sabana, Piaroas, Yanomamis et Maquiritares d'Amazonie. Près de la moitié des Vénézuéliens se considèrent cependant comme métis, et une étude de l'université de Brasilia[1] a estimé que le patrimoine génétique de la population d'aujourd'hui provenait à 23 % d'une origine amérindienne (caribes, arawaks, chibchas étant les principales ethnies absorbées dans ce métissage), 16 % d'une origine africaine, et 61 % d'une origine européenne.

Cependant, la colonisation n'a pas laissé la brillante empreinte intellectuelle et artistique qui a marqué le Mexique, la Colombie, le Pérou, le Brésil ou même la Bolivie. Administrés alternativement depuis Saint-Domingue et

1. *El impacto de la migración en la constitución genética de las poblaciones latinoamericanas*, Universidad de Brasilia.

Bogotá, les territoires qui forment le Venezuela moderne ne comptaient à la fin du XVIIIe siècle qu'une poignée de villes de faibles dimensions. Proche de la mer, mais bénéficiant d'un meilleur climat avec ses mille mètres d'altitude, et surtout protégée par la montagne des attaques des corsaires, la tranquille et industrieuse Caracas, avec ses 30 000 habitants, allait s'imposer, en 1777, comme chef-lieu de la Capitainerie générale du Venezuela. La culture et le commerce du cacao, favorisant l'essor d'une bourgeoisie créole prospère, faisaient entrer le pays dans l'histoire par deux chemins. Celui de la politique est bien connu. Celui de la musique, ignoré, le précède pourtant.

Le prêtre musicien et le soldat poète

On a dit l'importance de l'éducation musicale dans la geste de la Conquista. Avant 1770, ni Caracas ni les autres villes vénézuéliennes n'avaient bénéficié d'efforts ou de talents majeurs. La présence d'orgues dans plusieurs chapelles est attestée, les noms, et parfois les œuvres, de compositeurs nous sont parvenus, mais rien dont les interprètes d'aujourd'hui puissent s'emparer avec la fièvre qui a saisi récemment les Gabriel Garrido, Isabel Palacios, Teresa Paz en découvrant les saveurs si particulières du baroque latino-américain.

Il faudra attendre qu'un fils de famille ordonné prêtre, Pedro Ramón Palacios y Sojo (1739-1799) entreprenne, à trente ans, un long voyage en Espagne et en Italie, puis revienne à Caracas en 1771 pour fonder la congrégation de l'Oratoire de saint Philippe Néri. Jusqu'à sa mort, le Padre Sojo importe les partitions du classicisme naissant (Stamitz, Boccherini, puis Haydn et Mozart), et mène une infatigable activité de formation et de commande aux jeunes compositeurs locaux pour les églises de la ville. Une dizaine de jeunes gens, connus ensuite sous le nom d'« École de Chacao » (du nom du quartier de Caracas où se trouvait la propriété familiale du Padre), seront les premiers aux Amériques à écrire dans le style des Lumières européennes. Le plus doué fut sans doute José Angel Lamas (1775-1814), qui nous laisse quelques œuvres sacrées d'une grande beauté[1].

Il s'agissait, certes, d'un minuscule cénacle, mais la tradition musicale de la bourgeoisie vénézuélienne lui doit son origine, et elle se poursuivra sans interruption jusqu'à la jeunesse de José Antonio Abreu.

En attendant, un des neveux du Padre Sojo va devenir le plus illustre enfant du pays. Simón-Bolívar (1783-1830), *El Libertador*, est le pur produit de cette haute société créole dont les fils étudient en Europe, guettent à leur retour les nouvelles qui arrivent au compte-gouttes de Paris et de Londres, tournent un regard envieux en direction des jeunes États-Unis d'Amérique, et supportent de plus en plus mal la tutelle de Madrid. Si toute la fin du XVIIIe siècle est ponctuée de rébellions vite étouffées, les guerres napoléoniennes et la déroute de la couronne espagnole, en 1808, allument la poudrière latino-américaine, du Colorado à la Terre de Feu. Certains rêvent d'un grand empire latin unifié, tel Francisco de Miranda (1750-1816), homme des Lumières, dont l'utopie se brise contre les querelles intestines entre les divers clans de *caudillos*, grâce auxquelles les armées royalistes reprennent la main. Signataire le 5 juillet 1811 de l'Acte d'indépendance de l'ancienne Capitainerie

1. À découvrir, avec les autres compositeurs de l'école de Chacao, dans le 4e des cinq volumes de l'édition *Monumenta – La Música Colonial Venezolana* interprétée et produite par la Camerata Renacentista de Caracas, direction Isabel Palacios.

générale, et chef d'une éphémère Première République du Venezuela, il capitule un an plus tard devant ses anciens compagnons d'armes espagnols, auxquels ses camarades de lutte le livreront pour avoir la vie sauve et pouvoir fuir à l'étranger.

Parmi eux, le jeune Bolívar, d'une éducation moins parfaite, mais homme de son siècle, à la fois obstiné, audacieux et pragmatique. La Seconde République vénézuélienne, qu'il fonde en 1813, s'effondre également en quelques mois sous les coups des armées légalistes. Il unifie pourtant un nouvel État gigantesque, la Grande Colombie, qui voit officiellement le jour en 1819, sur les territoires actuels de la Colombie, du Venezuela, de l'Équateur et du Panamá. Occupé cinq ans encore, notamment au Pérou, par l'expulsion définitive des Espagnols du continent sud-américain, bientôt affaibli par la tuberculose, Bolívar n'aura guère l'occasion de faire ses preuves dans l'administration de ce nouveau géant. Il y abolit une première fois l'esclavage, et y autorise la fondation de nombreuses institutions éducatives et culturelles. Sa vision centralisatrice se heurte pourtant aux tendances fédérales, puis séparatistes. En janvier 1830, il ne parvient pas à faire échouer une nouvelle tentative de sécession du Venezuela, et démissionne de ses fonctions. Il meurt quelques mois plus tard dans la misère, ayant sacrifié à son combat l'essentiel de son immense fortune.

L'héritage bolivarien, constamment revendiqué depuis à travers l'Amérique latine, est une clé indispensable à la compréhension de nombreuses « grandes idées » nées sur le continent. Le *Libertador*, malgré l'abondance de ses écrits, ne développa jamais une vision politique globale, et se prête facilement aux récupérations de tous bords. Parmi leurs leitmotives, la figure du chef génial et providentiel, dérivée du modèle bonapartiste. La justification de l'autoritarisme et de la violence afin de parvenir au but fixé, même si Bolívar avait une vision toute romaine de la dictature et rendit toujours le pouvoir de lui-même, ce qu'oublieront souvent de faire ceux qui se réclameront de lui. Le panaméricanisme, conçu comme une grande concertation entre les nations latines du continent, fondamentalement différentes des Anglo-Saxons. Le *Libertador*, face à l'échec de la Grande Colombie, ne nourrissait pourtant guère d'illusions, à la fin de sa vie, quant à une intégration politique. Le détournement le plus étrange tient cependant à la popularité de sa figure auprès des partis de gauche, s'agissant d'un homme profondément conservateur sur le plan économique et social. Défenseur d'une égale dignité des êtres humains, et donc opposé à l'esclavage, ce qui était déjà beaucoup en son temps. Mais certainement pas un militant de l'égalité, bien qu'il ait compris qu'un minimum de mobilité par l'instruction des plus doués était nécessaire pour garantir l'ordre.

Du général Alcazar au pays de l'Or noir

Mais en attendant de mesurer pleinement le legs bolivarien, le Venezuela, qui prend en 1830 son indépendance de la Grande-Colombie, s'apprête surtout à disparaître pour un siècle encore du devant de la scène. Dans la récession et le chaos, le plus souvent : les coups d'État successifs des *caudillos* entretiennent un climat de guerre civile, concentrent les richesses dans les mains d'une infime minorité, freinent tout développement économique et culturel durable, régulièrement laminé par la banqueroute de l'État. De brèves parenthèses libérales entraînent l'abolition définitive de l'esclavage en 1854 (il perdurera bien plus longtemps dans les faits), et, plus étonnant, celle de la peine de mort en 1863 – le Venezuela étant le premier pays au monde à prendre cette décision historique.

Trois dictateurs à poigne parviennent néanmoins à imposer une stabilité temporaire : le général Páez, de 1830 à 1848, remet sur pied les structures agraires dévastées par les guerres d'indépendance, et favorise le rétablissement de l'aristocratie foncière autour de la culture du café ; le général Guzmán Blanco, autocrate éclairé, transforme entre 1870 et 1888 la modeste Caracas à grand renfort de boulevards et d'édifices haussmanniens, qui lui donnent les allures d'un Paris de poche sous les tropiques ; le général Gómez, au pouvoir de 1908 à sa mort en 1935, n'aura pas ce panache, mais sa gestion prudente de la manne jaillie du sous-sol du pays pose les bases d'un formidable développement.

Initiés en 1914 par des compagnies étrangères, les forages pétroliers du lac de Maracaibo débouchent à partir de 1922 sur une production massive. Le Venezuela s'impose alors comme le premier exportateur mondial. Il s'ensuit un bouleversement économique, social, politique et culturel.

La dette extérieure est intégralement remboursée en 1930 – année qui voit également la fondation de l'Orchestre symphonique du Venezuela. Alors que seule Caracas disposait d'infrastructures dignes de ce nom, et que la construction des premières lignes de chemin de fer avait mis l'État en faillite au début du siècle, le pays se dote des moyens de transport et de communication les plus modernes du continent. Jusqu'alors polarisée sur l'agriculture, l'économie se réoriente autour du pétrole : le café et le cacao passent de 96 % des exportations en 1920 à 11 % en 1936.

Commence alors un exode rural massif. Les habitants des campagnes, 60 % de la population dans les années trente, n'en représentent que 6 % aujourd'hui – le taux le plus bas d'Amérique latine. En un demi-siècle, avec deux pics après la Seconde Guerre mondiale et dans les années soixante-dix, le pays attire plus de deux millions de nouveaux immigrants (soit autant que sa population à la fin du XIXe siècle), qui renouvellent profondément le tissu social. Les Européens du Sud (Espagnols, Portugais, Italiens) comptent pour plus de la moitié, mais les communautés d'Europe centrale, du Proche-Orient et des autres pays latino-américains (en particulier la Colombie) sont aussi fortement représentées. Ils alimentent un boom démographique qui voit le nombre de Vénézuéliens décupler au XXe siècle. Cinq métropoles régionales dépassent aujourd'hui le million d'habitants (Maracaibo, Barquisimeto, Valencia, Ciudad Guayana et San Cristobál[1]), mais c'est la capitale qui présente le phénomène de concentration le plus spectaculaire : de 130 000 habitants en 1935, elle dépasse le million vingt ans plus tard, 2 millions au milieu des années soixante-dix, et se trouve aujourd'hui au centre d'une zone urbaine de plus de 7 millions d'habitants, avec les villes côtières et les proches agglomérations des États de Vargas, Miranda et Aragua – soit près du quart de la population du pays.

Bien entendu, les revenus du pétrole n'atténuèrent pas d'emblée les énormes disparités sociales qui existaient dans le Venezuela postcolonial, entre une infime élite richissime et des masses miséreuses luttant pour leur survie dans les bidonvilles, comme autrefois dans les champs. Mais ils confortèrent la bourgeoisie, et permirent l'émergence de la classe moyenne la plus nombreuse et la plus prospère d'Amérique latine. De 10 % de la population au début des années cinquante, elle passe à 20 % dans les années soixante[2], et aurait approché les 30 % au début des années quatre-vingt.

1. C'est également le cas de Maracay, ici rattachée à la zone urbaine de Caracas du fait de sa proximité géographique avec la capitale, les deux centres-villes étant distants d'une centaine de kilomètres.

2. M. C. Elmer, *The Growth of a Middle Class in Venezuela, Social Science*, mai 1963.

Il n'est donc guère surprenant que le pays ait été l'un des phares du continent en matière de démocratie.

Après un premier épisode entre 1945 et 1948, porté par les figures charismatiques des « deux Rómulo » (le leader politique Betancourt et le romancier Gallegos), elle s'impose finalement en 1958, de nouveau avec Betancourt. Malgré plusieurs tentatives avortées de coup d'État (dont celle du lieutenant-colonel Chávez en 1992) et de nombreux scandales de corruption, les institutions démocratiques fonctionneront pendant plus de quarante ans de façon pluraliste et transparente, avec la garantie d'une séparation des pouvoirs efficace, celle aussi de libertés publiques et d'expression exceptionnelles, en ces décennies marquées par la chape de plomb dans de nombreux pays voisins. Le secteur des médias vénézuéliens lui doit un dynamisme remarquable jusqu'au début de ce siècle.

Malheureusement, la pression démographique et l'ampleur des inégalités n'allaient pas permettre aux gouvernements successifs de se montrer aussi prévoyants que les Norvégiens ou les États du Golfe persique. La mise en place de véritables systèmes d'éducation et de santé s'est faite pour partie au détriment de la constitution de réserves – mais une tendance générale à dilapider, de la part des pouvoirs publics comme des particuliers, y était aussi pour beaucoup, et suspendait le pays aux variations des cours. Un demi-siècle durant, la croissance l'emporta, parfois de façon frénétique comme dans les années soixante-dix, où aller faire ses courses à Miami était devenu une habitude pour la petite-bourgeoisie vénézuélienne. Avec l'effondrement des cours et la dévaluation massive du « Vendredi noir » (18 février 1983), le retour aux réalités n'en serait que plus cruel, dans un pays qui avait recommencé à s'endetter au début des années quatre-vingt.

Le « boom culturel », qui accompagna celui du pétrole était-il un signe de gabegie, ou un investissement sur l'avenir ?

Avant cet enrichissement spectaculaire, la vie artistique vénézuélienne avait pour cadre principal les salons de la bourgeoisie – les musiciens prodiges Teresa Carreño et Reynaldo Hahn y firent leurs premiers pas avant d'aller chercher la gloire à l'étranger. S'y ajoutaient les salles de spectacle édifiées par Guzmán Blanco puis par ses successeurs[1], principalement animées par les compagnies étrangères en tournée. La formation des musiciens amateurs et professionnels, longtemps assurée à l'église ou à la maison, s'était vue relayée à partir de 1849 à Caracas par un conservatoire, devenu École supérieure de musique à la fin du siècle. Dans les autres villes, de petites écoles privées se chargeaient de l'initiation, repérant parfois les élèves les plus doués pour les envoyer vers la capitale. L'unique groupe de musiciens officiellement structuré était la fanfare militaire de Caracas, fondée en 1864. Les orchestres amateurs, notamment universitaires, apparaissaient et disparaissaient rapidement.

La modernisation accélérée du pays allait nourrir l'ambition d'une activité symphonique de niveau professionnel. Dès 1922, le chef d'origine italienne Vincenzo Martucci (1879-1941) prenait la tête de l'Union philharmonique de Caracas, qui cesserait ses activités sept ans plus tard, faute de soutien financier. Mais l'année suivante, le 24 juin 1930, l'Orchestre symphonique du Venezuela donnait son premier concert au Théâtre national de Caracas. Si

1. Le Teatro Municipal en 1881 puis le Teatro en 1904 à Caracas, mais aussi le premier Teatro Baralt à Maracaibo dès 1883, le Teatro Municipal de Valencia en 1894, le Teatro Cajigal à Barcelona en 1895, le Teatro Juares à Barquisimeto en 1905…

Martucci dirigeait de nombreux musiciens issus de la défunte Union, les artisans véritables de cette nouvelle aventure étaient les compositeurs, chefs et pédagogues Juan Bautista Plaza (1898-1965) et surtout Vicente Emilio Sojo (1887-1974).

Ce dernier fut probablement la plus importante personnalité musicale vénézuélienne avant Abreu. L'excellence des musiciens vénézuéliens s'appuierait toujours sur une porosité entre le répertoire des salles de concert et celui des rues. Les transcriptions par Sojo de chansons traditionnelles, en particulier, favoriseraient le développement de la pratique chorale, dont son Orfeon Lamas, qu'il crée en 1928, serait le fer de lance. Directeur à partir de 1936, et jusqu'à sa mort près de quatre décennies plus tard, de l'École supérieure de musique (également rebaptisée en 1945 du nom de Lamas, premier compositeur vénézuélien notable), Sojo y tiendrait à partir de 1944 la classe de composition. Elle imposerait un canon folkloriste aux jeunes créateurs, quitte à étouffer les tendances plus modernistes. Parmi les compositeurs élèves de Sojo, les plus notables sont Ángel Sauce (1911-1995) et Inocente Carreño (1919 – 2016), par ailleurs directeurs d'institutions, pédagogues et personnalités politiques dont Abreu croisera souvent la route.

De façon remarquable, Caracas, qui n'est encore qu'une ville moyenne à l'échelle du monde latino-américain, s'inscrit dès le début des années trente parmi les lieux d'enseignement sérieux de la musique, et pionniers du genre symphonique. Seules des métropoles majeures comme Mexico, Rio de Janeiro et Buenos Aires peuvent alors se prévaloir d'une vie musicale plus riche et ancienne[1]. Mais la

1. L'activité lyrique est continue dans ces trois villes depuis la fin de l'époque coloniale, et des sociétés de concert y présentent le répertoire symphonique depuis celle du XIXe siècle. Fondé en 1881, l'orchestre du conservatoire de Mexico,

fondation au Venezuela d'un orchestre symphonique lance un mouvement qui va entraîner tout le continent, de la Colombie au Chili, sans oublier, plus au nord, le Panama et le Costa Rica. D'emblée surtout, le Symphonique de Caracas s'affirme au tout premier plan, éclipsant même ses rivaux latino-américains, entre le début des années cinquante et celui des années quatre-vingt. Le soutien des pouvoirs publics y est évidemment pour beaucoup : l'orchestre reçoit des subventions gouvernementales dès le milieu des années trente, malgré (puis grâce à) l'engagement de Sojo puis celui de Sauce (qui lui succède comme directeur en 1947) dans le mouvement démocratique. Contrairement à ce qu'on pouvait craindre, la formation ne devient pas non plus un repère exclusif d'immigrés de fraîche date attirés par l'or noir, qui fait grimper en flèche les salaires, alors que la grande crise puis la guerre laminent ceux des musiciens européens. Les membres fondateurs de l'orchestre étaient en majorité vénézuéliens, et, du fait des liens avec l'École supérieure de musique, ils demeureront une part significative des effectifs – les Italiens constituant, après-guerre, la minorité la plus importante. Chefs et solistes invités représentent quant à eux la crème internationale : des personnalités légendaires comme Stravinsky, Copland, Villa-Lobos, Furtwängler, Dorati, Celibidache, Boulez ou Maazel dirigeront l'orchestre.

La musique instrumentale et orchestrale classique n'est évidemment pas le seul domaine culturel dans lequel le miracle économique vénézuélien produit ses effets. Comme partout en Amérique latine, ce développement s'appuie sur une tradition populaire extrêmement riche, mêlant

aujourd'hui Orchestre symphonique national, est le doyen des ensembles latino-américains toujours en exercice.

les héritages amérindiens, africains et européens. Autre trésor de ce fonds folklorique, la danse devra pourtant attendre en 1948 la naissance d'une École nationale, et en 1957 celle d'un Ballet national composé de danseurs permanents. Le Venezuela des années fastes brille aussi par l'architecture et les beaux-arts. On pourrait y voir le goût ostentatoire d'une nation nouvellement enrichie – sans démériter[1], les lettres vénézuéliennes n'ont pas produit d'auteurs de renommée mondiale comme la Colombie ou le Brésil voisins. Mais le plasticien Jesús-Rafael Soto (1923-2005), père de l'art cinétique avec Vasarely, et l'architecte Carlos-Raúl Villanueva (1900-1975) exerceront une influence mondiale. Leur travail et celui de leurs disciples métamorphosent les villes vénézuéliennes, Caracas en tête, considérée dans les années soixante-dix comme l'un des phares planétaires en matière d'innovation urbanistique. Belle revanche pour celle qui n'était un demi-siècle plus tôt qu'une aimable cité provinciale ! Désormais, l'audace de ses buildings, la qualité de ses complexes universitaires, musées, galeries d'art, bibliothèques et théâtres, attire les yeux du monde.

Bien entendu, ce dynamisme des arts et de la culture est loin de rayonner sur toute la population. Du fait des inégalités sociales et économiques, naturellement, mais aussi d'un matérialisme croissant – et mondial – qui pousse les classes moyennes ou supérieures vers des plaisirs plus faciles. Plus que tout autre pays du continent, le Venezuela de la seconde moitié du XXe siècle a les yeux tournés vers les

1. Les plus connus hors du monde hispanique sont le poète Andrés Bello (1781-1865) et les romanciers Rómulo Gallegos (1884-1969), éphémère président de la République en 1948, et Arturo Uslar Pietri (1906-2001), candidat malheureux à la présidentielle de 1963, avec dans son équipe de campagne José Antonio Abreu.

États-Unis, au point que le football, une religion pour ses voisins, y demeure quasi inconnu, quand le base-ball déplace les foules ! Les studios de télévision de Caracas nourrissent le monde hispanophone de leurs feuilletons sentimentaux, où le culte de la beauté physique confine à la névrose, tandis que fleurissent les académies de Miss, et les cliniques de chirurgie esthétique.

Le souci d'une éducation populaire, et en particulier de la formation culturelle des jeunes, apparaît cependant dès le début du boom pétrolier. Il allie, comme partout, des aspirations progressistes d'inspiration socialiste, et un fonds spirituel chrétien plus conservateur. L'un des musiciens vénézuéliens les plus importants du XXe siècle, Antonio Lauro (1917-1986), maître de la guitare classique à l'instar de Segovia, Brouwer ou son compatriote Alirio Díaz, regrettait que son maître Sojo se soit davantage attaché au prestige de l'orchestre et du conservatoire qu'à leur action sociale. Il soutient Angel Sauce dans la fondation d'une école de musique alternative, le Conservatoire national Juan José Landaeta, qui ouvre ses portes en 1971. C'est quatre ans plus tard le berceau de l'Orchestre national juvénile Juan José Landaeta, dont Sauce partage la direction du concert inaugural avec José Antonio Abreu. À Maracay, le directeur du conservatoire, José Vicente Torres et celui de l'École populaire de musique, Oswaldo Guevara, mènent au même moment une action exemplaire de formation des jeunes au répertoire symphonique aussi bien que choral et traditionnel. Un premier Orchestre national juvénile y voit même le jour avant celui de sa voisine Caracas, et les meilleurs éléments venus de Maracay représenteront un apport déterminant pour la grande aventure qui s'ouvre au milieu des années soixante-dix. Au sein de l'Institut national de la culture et des beaux-arts, fondé en 1965 et renommé dix ans plus tard Conseil national de la culture

(CONAC), l'enjeu de l'éducation artistique, et particulièrement musicale, fait donc son chemin durant la période de la grande prospérité.

Descente aux enfers

Mais le destin hors normes du projet le plus dynamique issu de cette mouvance, qui allait rencontrer au fil des ans un écho mondial sous le nom de Sistema, ne peut se comprendre si l'on ne prend pas la mesure de la descente aux enfers vécue par le Venezuela depuis un peu plus de trois décennies.

Il faut bien sûr se garder d'idéaliser le demi-siècle du boom pétrolier, comme le font les classes moyennes et supérieures vénézuéliennes – ou ce qu'il en reste. Les inégalités restaient extrêmes, la corruption courante à tous les échelons des administrations et grandes entreprises publiques, et la violence parfois tangible, dans les bidonvilles comme dans la vie politique, en dépit du cadre démocratique. Un consensus tacite unissait cependant le pays, des plus pauvres aux plus riches, et des communistes aux conservateurs. Il reposait sur l'optimisme, l'espoir que cette richesse jaillie du sous-sol profiterait finalement à toute la population, quels que soient les moyens politiques à mettre en œuvre pour la redistribuer.

Avec la chute des cours au début des années quatre-vingt, et le réveil brutal du « Vendredi noir » en 1983, ces rêves se sont effondrés. La dévaluation ruina nombre de petits épargnants qui n'avaient pas ouvert de comptes à l'étranger, mit un coup de frein à la consommation frénétique de produits importés, et fit exploser le coût de la vie. Les gouvernements successifs se montraient incapables de proposer des solutions efficaces à un pays qui s'était endetté au-delà du raisonnable durant les années fastes. Manifestations et émeutes se multiplièrent. Celles dites du *Caracazo*, qui secouèrent la capitale du 27 février au 8 mars 1989, marquèrent un tournant, par leur intensité, mais aussi par la brutalité de la répression policière, qui aurait fait au moins 300 morts (certaines estimations en comptent dix fois plus). La violence commençait à gangrener la société vénézuélienne, les taux de criminalité s'envolaient, reflétant le désespoir d'une partie de la jeunesse des quartiers populaires, proie facile des gangs, du trafic de drogue et d'armes, dont profitaient également les réseaux mafieux de l'armée et de la police. En 2015, le taux d'homicides à Caracas était le plus élevé du monde, avec 120 meurtres pour 100 000 habitants, loin devant Cape Town ou Cali.

Dans ce contexte, la démocratie elle-même commença à vaciller, à l'inverse du reste de l'Amérique latine, où les gouvernements autoritaires s'effaçaient l'un après l'autre dans des transitions pacifiques. Deux tentatives de coup d'État furent fomentées par les militaires au Venezuela en 1992, dont l'une commandée par le lieutenant-colonel Hugo Chávez. Elles échouèrent l'une comme l'autre, et les institutions prouvèrent encore leur bon fonctionnement en destituant en 1993 de façon légale le président de la République, Carlos Andrés Pérez, convaincu d'enrichissement personnel – une première dans l'histoire juridique mondiale[1] ! Mais, l'année suivante, la crise économique empira. Outre l'inflation, la hausse du chômage et celle de la criminalité, elle eut des conséquences plus sournoises, dans un pays vitrine de la modernité. À l'aube de l'an 2000, les infrastructures vieillissaient, certains des buildings les plus flamboyants de

1. Richard Nixon, aux États-Unis, ayant préféré démissionner en 1974, plutôt que d'affronter l'*impeachment*.

Caracas se délabraient, les systèmes d'éducation, de santé et de protection sociale marquaient le pas, et les grands établissements culturels réduisaient la voilure en gérant comme ils pouvaient les vaches maigres.

Ère de progrès ou d'imposture ?

L'arrivée au pouvoir de Hugo Chávez en 1999, suite à des élections qu'il remporta à l'écrasante majorité de 56,5 % des voix, ouvrit pour le Venezuela une ère nouvelle, sans rompre avec la spirale de la crise. Né en 1954 dans le centre rural des *llanos*, issu d'un milieu populaire mais éduqué (ses deux parents étaient instituteurs), il fit d'excellentes études, que son entrée, après le baccalauréat, à l'Académie militaire lui permit de poursuivre par intermittence jusqu'à 35 ans, et il obtint un doctorat de science politique. Il mena en parallèle une carrière honorable dans l'armée, jusqu'au grade de lieutenant-colonel, et s'engagea dans la politique locale au sein du mouvement « bolivarien révolutionnaire », qui tentait de concilier principes marxistes et « régio-nationalisme » se réclamant du *Libertador* – le paradoxe étant que Marx vouait à la figure de Bolívar une détestation qui frisait l'irrationnel[1]. Reprenant une stratégie qui avait fait ses preuves, Chávez se doutait probablement que la tentative de putsch de 1992 n'avait pas la moindre chance de succès, mais qu'elle le sortirait du jour au lendemain de l'anonymat. Il exigea, pour se rendre, la présence des caméras de télévision.

Après un court séjour en prison, sa carrière politique put véritablement commencer. Sa victoire révéla surtout

1. Voir en particulier l'article qu'écrit Marx sur Bolívar en janvier 1858 pour la *New American Cyclopedia.*

à quel point la crise avait radicalisé le débat, et combien deux Venezuelas se faisaient face. Celui des élites et des classes moyennes en voie de précarisation, et celui des plus pauvres, excédés par des décennies de négligence, de promesses non tenues et d'abandon, qui entendait dans la bouche de Chávez un discours simple, brutal, tranchant avec celui des partis traditionnels, l'invitant enfin à prendre le chemin des urnes.

L'Histoire peut à présent détailler la figure paradoxale et le bilan pour le moins contrasté de ce président pas comme les autres – mais ce n'est pas l'ambition de ce livre. Hugo Chávez a déchaîné des passions qu'on croyait appartenir au passé, dans son pays comme à l'étranger. Espoir du socialisme révolutionnaire pour les uns, étendard de la vague rose qui portait au pouvoir en Amérique latine des dirigeants nettement plus modérés, comme Lula au Brésil, Evo Morales en Bolivie, Michelle Bachelet au Chili, Néstor Kirchner en Argentine et Rafael Correa en Équateur. Résurgence anachronique, pour les autres, de ces cohortes de militaires avides de pouvoir politique, qui ont fait tant de mal au continent, s'emparant de l'idéologie la plus porteuse du moment pour arriver à leurs fins. Chávez avait cet archaïsme des dictateurs d'opérette, capables de déclarations totalement décalées et de discours fleuves, dont le vecteur de prédilection était l'émission télévisée *Aló Presidente*, où il répondait interminablement à ses interlocuteurs téléguidés – déluge surréaliste qui fait encore le bonheur, mi-fasciné, mi-effrayé, des internautes hispanophones.

Là où Chávez se montra, en revanche, d'une intelligence très moderne, c'est en comprenant qu'un pouvoir autoritaire ne pouvait plus, à l'heure de la mondialisation, d'Internet puis des réseaux sociaux, piétiner les processus électoraux ni la démocratie d'opinion, sauf à disposer de l'appareil répressif chinois ou nord-coréen. En revanche, comme Poutine ou Erdogan, il excella à créer les conditions de la victoire par la peur, la manipulation, le clientélisme et la corruption, tout en veillant à modifier par des voies régulières l'appareil constitutionnel et législatif sans l'enfreindre. La fin de la limitation du nombre des mandats, la création de lois punissant les offenses à l'État et l'instrumentalisation de la justice s'accompagnèrent de purges massives dans les entreprises publiques, et d'une prise de contrôle de la majorité des médias par l'intermédiaire des banques à la solde du pouvoir.

Sur le terrain économique, adversaires et partisans de Chávez se livrent depuis quinze ans à des batailles de chiffres aussi laborieuses qu'invérifiables. Les premiers mettent en avant les « missions bolivariennes », ces programmes sociaux destinés à relancer les politiques d'éducation, de santé, de protection sociale et de logement. Les seconds dénoncent des trompe-l'œil peu efficaces, si ce n'est afin de diffuser la propagande d'État et asseoir le clientélisme électoral auprès des plus pauvres. Celles vouées à l'alphabétisation semblent avoir rencontré le succès, le Venezuela ayant été déclaré par l'UNESCO territoire « libéré de l'illettrisme » en 2005[1]. Le bilan paraît plus mitigé pour les programmes de santé et de logement. Les premiers ont surtout mis à genoux une médecine vénézuélienne de haut niveau, en faisant massivement entrer dans le pays des personnels cubains dont l'allié castriste ne savait plus que faire sur son île – et au passage, ses services de renseignements, devenus les fidèles auxiliaires du pouvoir. Les seconds furent parfois un remède pire que les bidonvilles, blocs de béton rapidement délabrés

1. Même si le chiffre officiel d'un million d'analphabètes rescolarisés est contesté.

et insalubres devenus de nouvelles zones de non-droit aux mains des gangs.

De fait, la déliquescence des infrastructures et des bâtiments est ce qui frappe le plus le visiteur aujourd'hui. En 2000, ils paraissaient vieillissants, en 2015, ils tombent souvent en ruine. Au cœur de Caracas, des tours d'affaires inachevées ont été colonisées en bidonvilles façon Babel, avec des étages bouchés de parpaings, reliés entre eux par des rampes sur lesquelles circulent les motocyclettes ! Des bretelles d'autoroute s'effondrent à la saison des pluies. Nombre de musées sont fermés, notamment ceux d'art contemporain qui faisaient l'orgueil de la ville, et dont certaines pièces auraient été vendues à leur profit personnel par les officiels du régime. Le clientélisme a également conduit PDVSA, la société pétrolière nationale, à la paralysie. Les cadres nommés par le pouvoir ont transformé l'entreprise pétrolière en gigantesque pompe à blanchir l'argent des narcotrafiquants de tout le continent. La gabegie, l'incompétence et l'absence d'investissements condamnaient dès 2014 le dépositaire des plus grandes réserves mondiales à importer un pétrole qu'il n'était plus capable de raffiner !

L'actuelle faiblesse des cours n'explique donc pas la crise humanitaire qui sévit aujourd'hui. Elle découle du principal échec de Chávez : ne pas avoir rompu avec les vieux démons de l'économie de rente. Et de sa pire malhonnêteté : avoir poussé la corruption et le pillage à des niveaux jamais atteints. Dès 2007, la présidence a supprimé l'autonomie de la Banque centrale, s'accordant un droit d'accès direct aux réserves de change ! Durant la première décennie du siècle, la remontée des prix du baril a différé la catastrophe annoncée, permettant le financement des programmes sociaux. Le taux de pauvreté est temporairement passé de 42,8 % à 26,7 % de la population, celui d'extrême pauvreté de

16,6 % à 7 %[1]. Mais dès 2013, alors que Chávez mourait d'un cancer, officiellement le 5 mars, les ravages combinés de l'inflation, du chômage, de la désorganisation des circuits marchands, installaient le Venezuela à la première place de l'Indice mondial de la misère[2]. La faim, les maladies sont depuis devenues le lot quotidien d'une population privée des produits de première nécessité. Jeunes enfants et personnes âgées meurent aujourd'hui dans des hôpitaux à court de médicaments, et par centaines de milliers, ceux qui devraient être les plus riches du continent fuient vers les pays voisins des conditions de vie évoquant plutôt les crises africaines.

Devant les émeutes et les manifestations qui se multiplient, Nicolás Maduro a pour l'instant répondu par un durcissement du régime, et un jeu criminel sur l'approvisionnement comme moyen de contrôle sur les fidèles et les opposants. Son élection en 2013, d'une très courte majorité, reste entachée d'un soupçon de fraude, et si les législatives de 2015 ont donné le parlement à une alliance des partis d'opposition, le Président, qui ne possède ni le feu, ni le charisme de son prédécesseur, a tombé le masque en court-circuitant les députés et multipliant les arrestations arbitraires. Malgré les grandes manifestations du printemps 2017, qui ont fait plus de cent soixante morts, l'opposition n'a pas réussi à desserrer l'étau. À la fin du mois de juillet, des élections constituantes irrégulières, au scrutin trafiqué, ont permis au Président, malgré l'abstention massive[3], de mettre hors-jeu l'Assemblée nationale, et d'instaurer *de facto* la seule dictature d'Amérique du Sud.

1. Annoncées avec fracas par M. Weisbrot et J. Johnston dans un rapport du Center for Economic and Policy Research aux États-Unis, ces statistiques reprenaient cependant celles de l'Institut national vénézuélien…

2. Il mesure la dégradation du niveau de vie… selon des paramètres contestés par les partisans du régime.

3. 58 % selon le parti au pouvoir, 87 % selon l'opposition.

Au milieu du chaos vénézuélien, et sans présumer de ce qu'une situation toujours proche de l'insurrection réserve à l'avenir, une seule institution prospérait jusqu'à ces derniers mois, s'imposant même comme un pôle de stabilité social et culturel : le Système national des orchestres juvéniles.

Chapitre 3

Une audience auprès du général Abreu

José Antonio Abreu n'avait pas de bureau dans le Centre national d'action sociale par la musique (plutôt désigné comme *El Centro* que par son acronyme imprononçable de CNASPM), pourtant l'un des rares bâtiments neufs de Caracas. Lors des concerts, les hautes grilles s'entrouvraient pour laisser passer sa Mercedes noire aux vitres teintées. Le véhicule disparaissait dans les sous-sols de la forteresse et, quelques minutes plus tard, le fondateur du Sistema entrait discrètement par un côté de la salle, frêle silhouette voûtée appuyée au bras d'un des colosses qui lui servaient de gardes du corps. Souvent, le public le reconnaissait et l'applaudissait. Enfants et mamans venaient lui remettre une fleur ou un dessin, s'agenouillant parfois devant lui, alors qu'il leur prenait les mains. On n'aurait su dire si c'était de la bonté qui se lisait sur le visage souffrant d'Abreu, mais sans équivoque une profonde attention pour chacun.

Le *Maestro*, comme on l'appelle encore, n'a pas toujours été ainsi. Films et instantanés plus anciens révèlent un homme un peu rond, au sourire facile et au regard plein de malice. Mais, à soixante-quinze ans, ses traits hâves et son corps décharné évoquaient presque un centenaire. Quelques mois après notre rencontre (sa dernière avec un journaliste, sauf erreur), la maladie eut raison de son légendaire acharnement au travail. José Antonio Abreu est apparu pour la dernière fois en public, en fauteuil roulant, le 13 février 2015, à l'occasion du concert marquant les quarante ans du Sistema. Retiré chez sa sœur Beatriz et son beau-frère, l'altiste Frank di Polo, il a décliné, jusqu'à l'annonce de son décès le 24 mars 2018.

Ce 18 juillet 2014, c'est donc dans son bureau de toujours, au pied des tours du Parque Central, que me reçoit José Antonio Abreu. Lorsqu'ils furent édifiés à la fin des années soixante-dix, ces gratte-ciel jumeaux de 225 mètres étaient les plus hauts d'Amérique latine. Ils parachevaient le complexe du Parque Central, avec les salles du Teatro Teresa Carreño, le Musée d'art contemporain, divers hôtels, bureaux, logements et centres commerciaux luxueux, bordant l'un des plus beaux espaces verts de la ville. L'ensemble restait plaisant à vivre en 2000, même si les fils électriques commençaient à pendre dangereusement des galeries marchandes, et si le promeneur ne se risquait plus de nuit dans les allées du parc qu'au péril de sa vie. Près de quinze ans plus tard, c'est rester dans les rues lorsque celles-ci se sont vidées de la foule qui est devenu suicidaire. Trois incendies ont transformé les tours en épaves verticales, où les employés des bureaux peuvent faire une demi-heure de queue pour attendre les derniers ascenseurs qui desservent encore les étages habitables. Les meilleurs hôtels ont été transformés en logements sociaux, régulièrement la proie des flammes eux aussi, par vétusté ou malveillance.

Mais l'accès au bureau du Maestro se fait de plain-pied depuis le parvis, évitant l'aventure des ascenseurs. D'énormes grilles coulissent pour protéger un couloir monacal, uniformément peint et dallé de blanc. Les principaux cadres du Sistema y ont leur bureau, souvent aveugle, éclairé au néon et férocement climatisé. Celui de José Antonio Abreu est l'un des plus exigus et des plus glacés. Mais rempli d'images pieuses, aux côtés des portraits du pape Jean-Paul II et de mère Teresa. Lorsque j'entre, sa sœur Beatriz sort en maugréant, une barquette de riz à la main. Bien qu'elle cuisine tous les jours pour lui, afin que des saveurs familières lui rendent des forces, son frère n'a presque rien avalé. L'épaisse doudoune dans laquelle il s'emmitoufle pour se protéger du froid artificiel le fait paraître plus minuscule encore. Mais son regard d'oiseau se plante aussitôt dans le mien.

Voilà six jours que je suis revenu au Venezuela. Les équipes de Fundamusical pilotent d'un gant de velours mon parcours initiatique, et chaque soir, derrière les murailles de mon hôtel, je tente de mettre de l'ordre dans le tourbillon de sons, d'images, d'émotions qui se bousculent dans ma tête. Les enfants et adolescents rayonnants rencontrés dans les *núcleos* des bidonvilles ou les magnifiques studios de répétition du *Centro*. Leurs professeurs passionnés, qui évoquent des expériences pédagogiques si surprenantes que je crois parfois à une plaisanterie. La stupeur qui me saisit, en assistant aux concerts spéciaux pour les moins de cinq ans. Le respect qu'inspirent les maîtres luthiers qui forment à leur métier des jeunes arrachés à la délinquance, ou luttant contre leur handicap. Mais aussi le contraste entre ces fleurs et le fumier de la misère. L'immense gâchis vénézuélien, macéré dans la corruption et la manipulation politique. J'ai enfin devant moi l'homme à l'origine de ces miracles, au cœur de ces paradoxes, à la source de cette fabuleuse aventure mondiale. Celui pour lequel ses partisans réclament depuis des années le Prix Nobel de la paix, et dont les adversaires font un Machiavel obsédé par le pouvoir, qui aurait mis en coupe réglée la vie culturelle de tout un pays, en pactisant avec un régime infréquentable.

« Maestro, commencé-je, par-delà les objets rassemblés dans cette pièce, et vos références régulières à la foi chrétienne, c'est toute l'organisation du Sistema, avec son équilibre entre rigueur, efficacité, sens de la hiérarchie et valorisation de l'initiative individuelle, qui évoque les missions jésuites, dont l'influence fut déterminante dans la formation idéologique et politique de l'Amérique latine. S'agit-il pour vous d'un modèle et d'une référence assumée ? »

Le regard se fait plus intense encore ; Abreu ne s'attendait manifestement pas à commencer l'entretien sur ce terrain. Il réfléchit quelques secondes. Puis résonne une voix frêle et rocailleuse, au débit lent et à l'élocution coupante.

« J'ai étudié à l'université catholique du Venezuela, tenue par les jésuites. J'étais très proche d'un de mes maîtres, le père José María Vélaz, grand penseur, mais aussi apôtre de l'action sociale. Il m'a appris l'attention aux plus démunis, et m'a fait prendre conscience de la plus grande valeur d'un geste artistique, qui est de contribuer à les secourir. Oui, j'ai délibérément adhéré à cette philosophie de la Mission, et je l'ai appliquée. Chaque jour me rappelle combien nous dépendons à la fois du collectif et de l'individu. C'est pourquoi j'ai toujours entretenu une relation personnelle et directe avec le plus grand nombre d'élèves et de formateurs du Sistema. Parce que je m'intéresse profondément aux gens. Et parce que c'est le seul moyen pour moi de constater les progrès que nous faisons, les problèmes que nous rencontrons, les obstacles que nous devons surmonter chaque jour.

– Cette culture latino-américaine, également marquée par le sens de la communauté et de la responsabilité collective, n'est-elle pas l'une des clés de votre succès ? À l'exception du YOLA, l'Orchestre de jeunes de Los Angeles, qui intègre nombre d'immigrants hispaniques, les adaptations du Sistema en Europe et en Amérique du Nord demeurent de taille modeste. Les mentalités plus matérialistes, individualistes et sceptiques de nos pays ne constituent-elles pas un barrage ?

– Non. Dans chaque culture, vous trouverez un point d'accès qui fait d'une éducation artistique intensive le meilleur moyen de lutter contre les fléaux suscités par la pauvreté. Il importe de bien comprendre que la musique n'est pas un but en soi, mais un moyen ; d'autres disciplines pourraient convenir, de même que le sport. Néanmoins, l'expérience a prouvé qu'il était difficile de trouver armature plus complète, tant elle allie développement physique, intellectuel et émotionnel, valorisation de chacun, et nécessité de s'accorder tous en vue d'un but commun. En Écosse, le Sistema s'est avéré la bonne réponse pour des jeunes qui ne sont pas menacés, comme au Venezuela, par la grande délinquance, mais par le désœuvrement, l'alcoolisme et le racisme frappant les nouveaux venus. Au Japon, ce sont les familles disloquées par le désastre de Fukushima qui se sont soudées autour de la pratique musicale. La principale entrave à un développement comparable à celui atteint aujourd'hui dans les pays d'Amérique du Sud n'est pas sociale : elle est politique. Ce sont vos dirigeants qu'il s'agit d'éduquer !

– Mais en tant qu'économiste, vous ne pouvez ignorer combien les structures mêmes des pays du nord limitent les bonnes volontés. À chaque échelon, le coût du travail, comme sa réglementation renchérissent l'effort financier nécessaire à un résultat identique, et la tendance est massivement au repli des financements publics, non seulement pour la culture, mais pour les dépenses sociales. Vouloir dans un tel contexte sensibiliser nos élus n'est-il pas utopique ?

– Vous sous-estimez la capacité d'une communauté à impulser un changement global. Sans un fort investissement public, pas de développement massif, c'est entendu – même si les partenariats privés sont aussi un levier déterminant. Mais jamais les politiques ne prendront seuls l'initiative de dépenses nouvelles ! C'est un mouvement très difficile à enclencher, un véritable apostolat. Mais dès que les changements sur les populations concernées sont visibles, la force d'entraînement et de multiplication du processus devient irrésistible, et s'impose aux dirigeants. Bientôt, les différentes collectivités publiques rivalisent pour y prendre part, et en accélèrent encore la croissance. Ainsi, j'ai foi en une inéluctable dynamique vers le succès. Dans ce pays, c'est à force de volonté que nous avons fait la conquête de l'État, jusqu'au cœur des politiques d'éducation et de progrès social.

– Ce faisant, l'État n'a-t-il pas aussi conquis le Sistema ? Hier soir, dans l'État de Vargas, j'ai entendu la femme du gouverneur attribuer aux présidents Chávez et Maduro le mérite d'avoir donné des instruments aux enfants. »

Au nom de la Mère

Bref temps d'arrêt, quand les réponses précédentes avaient fusé du tac au tac, avec leurs arguments bien rodés. Plus habitué désormais aux allocutions formatées qu'aux interviews, Abreu parvient généralement à éviter le terrain glissant de la politique. Jouera-t-il le jeu ?

« Loin de moi l'idée d'empêcher cette dame de manifester son affection et son sens de l'appartenance à notre projet, reprend-il. Mais voilà près de quatre décennies que tous les partis, tous les régimes nous ont apporté un appui croissant. Nous sommes un département de l'État, pas du gouvernement ; la différence est capitale. Jamais le soutien qui nous est accordé n'a été conditionné à quoi que ce soit. Cela peut vous paraître difficile à croire, mais c'est la stricte vérité. Et de toute façon, je ne saurais accepter qu'il en aille autrement. Ni au Venezuela, ni dans les autres pays d'Amérique latine, où des initiatives de cet ordre sont devenues un moyen important de l'action publique, nous ne sommes l'objet de pressions.

– J'entends que vous avez travaillé à préserver votre marge de manœuvre, mais vous ne contesterez pas que l'interventionnisme de l'actuel régime vénézuélien est sans commune mesure avec celui de ses voisins, comme des gouvernements antérieurs.

– Au contraire, rien n'a jamais été aussi facile pour nous. La conscience du caractère indispensable de notre tâche s'est tellement consolidée, au sein de la société, qu'elle nous rend intouchables. Et puis, laissez-moi vous dire une chose : ici comme ailleurs, les gouvernants ne sont pas idiots. Ils ont parfaitement compris quel vecteur le Sistema représente pour eux : promotion sociale, promotion en termes d'image. Ils savent aussi que la clé de cette réussite, c'est l'autonomie de notre gestion. Donc, nous travaillons, tranquilles. »

Une lueur dans le regard laisse deviner une satisfaction joueuse. Si mon interlocuteur appuie sur le paradoxe de la tranquillité, dans un pays qui n'a guère coutume d'en laisser à ses institutions, c'est au prix d'arguments dont le pragmatisme, pour ne pas dire le cynisme, sonne avec une parfaite honnêteté et ne laisse plus prise à la contestation sous l'angle institutionnel. Inutile d'insister sur la récupération par le régime des concerts donnés lors d'occasions officielles. Abreu me répondrait, comme le font ses équipes, qu'une telle participation va de soi pour un département d'État, mais n'est pas liée au parti au pouvoir. Mieux vaut aborder la situation du pays et les contradictions apparentes au cœur du Sistema.

« Je suis évidemment impressionné par la maturité intellectuelle de tous les enfants et adolescents que je rencontre. Tous me disent également qu'ils rêvent de devenir musiciens professionnels. Ayant toujours souligné que ce n'est pas ce but irréaliste que poursuit le Sistema, ne craignez-vous pas de susciter une gigantesque frustration ? Et cette aspiration, qui devrait nous ravir, n'est-elle pas un symptôme alarmant du désespoir d'une jeunesse vénézuélienne condamnée à rêver d'une hypothétique carrière loin de ce pays ?

– Ces jeunes vous ont-ils à ce point paru désespérés ? Bien plus désespérante serait une jeunesse qui ne rêverait plus… Mais vos questions appellent plusieurs remarques. Tout d'abord, les familles savent parfaitement que le bénéfice principal de cet apprentissage de la musique est intellectuel, social et culturel – y compris, c'est vrai, par la possibilité de voyager, lors des tournées, pour des enfants qui n'en auraient jamais eu l'occasion. Ensuite, même si le fait de percevoir un salaire est l'exception, et non la règle, nous avons créé au fil des années un nombre auparavant inimaginable d'opportunités professionnelles dans ce pays, non seulement pour les instrumentistes, mais pour les enseignants et les gestionnaires. Enfin, l'infime minorité qui part travailler à l'étranger, aussi brillante et visible soit-elle, n'a pas vraiment un comportement d'évadé… Au contraire, les chefs et les solistes qui la composent reviennent constamment au Venezuela pour des périodes plus ou moins longues, et enrichissent ainsi notre travail de leurs nouvelles expériences.

– Mais le développement du Sistema et celui de la criminalité au Venezuela ont hélas suivi des trajectoires parallèles. Jamais l'idée d'une musique qui adoucirait les mœurs n'a semblé si éloignée…

– Vous imaginez combien de fois cette question m'a été posée… Ce pays compte 30 millions d'habitants, nous accueillons 500 000 enfants. Tous ceux qui se retrouvent ici sont des gens de paix. La seule chose que je puisse répondre, c'est que plus nous serons nombreux, plus nous contribuerons, tous ensemble, à faire reculer la violence.

– N'y a-t-il pas un triste paradoxe à imaginer que cette violence est en partie l'une des causes du succès du Sistema, comme l'état général de ce pays ? Précisément parce que les gens de paix, comme vous les appelez, se voient bien plus incités à se réunir autour d'un objectif commun, qu'ils ne le seraient dans des conditions normales ? »

Nouvelle pause. Abreu semble presque déstabilisé, percevant le danger d'une formulation qui, plus que les accusations de récupération politique, l'associe au grand désastre vénézuélien.

Il hoche la tête.

« Ce n'est hélas pas impossible. »

Ses yeux me fixent avec intensité. « Mais il faut se garder des simplifications. »

Après quelques secondes de silence, il poursuit :

« Notre succès n'est pas un pis-aller. Il procède d'une adhésion massive de la part du peuple. D'un brassage fécond des classes sociales autour d'un idéal. Je cite souvent cette phrase de mère Teresa : "La véritable misère, ce n'est pas de manquer de pain. La véritable misère, c'est de n'être personne." S'il y a dans ce projet une réussite majeure, c'est que… personne, ici, n'est personne. »

Le rétablissement rhétorique sonne d'un ton définitif, et l'heure tourne. Mieux vaut conclure sur une touche plus légère :

« Pour terminer sur les personnes, alors, lequel des grands artistes que vous avez accueillis ici au fil des années vous a laissé la plus grande impression ? »

Abreu répond : « Le Maestro Claudio Abbado. Il a pris le temps de découvrir en profondeur notre travail, et ceux qui le portent, et n'a jamais ménagé son appui pour en créer des ramifications en Italie. Dans son pays, l'idéal d'une émancipation de chacun par la culture s'était fracassé dans les années soixante-dix. Il était fasciné par l'impact social de notre action, et la façon dont elle permet aux gens de trouver le sens de leur vie. » Le Maestro me salue. Je laisse derrière moi la glacière monacale, les couloirs austères, et reprends la route vers l'auditorium pimpant du *Centro* où m'attendent les rires des enfants.

Une jeunesse vénézuelienne

José Antonio Abreu Anselmi est né le 7 mai 1939 à Valera, petite ville située au pied des Andes, dans l'État de Trujillo. Mais il grandit à Barquisimeto, capitale de l'État voisin de Lara, et métropole nettement plus vaste avec ses 50 000 habitants à l'époque – aujourd'hui 2,5 millions pour la zone urbaine, la quatrième du pays.

Il est l'aîné des six enfants d'un couple de notables. Melpomene Abreu Mendez dit « Don Pomo », fabricant de chaussures, brièvement gouverneur de l'État de Trujillo à la fin de sa vie. Et Aile Duilia de Las Mercedes Anselmi Garbatti, pianiste amateur passionnée, et fille d'immigrants italiens, venus de l'île d'Elbe au début du siècle. Antonio Garbatti, « Don Tonino », le grand-père maternel, mort un an avant la naissance de José Antonio, s'était embarqué avec des caisses d'instruments à vent. Il dirigera dans son village d'accueil de Monte Carmelo une fanfare juvénile, pour laquelle il transcrira les grands maîtres italiens, et dont l'activité continue à ce jour. La grand-mère, Duilia, apprenait à son petit-fils les opéras de Verdi et de Puccini, qu'elle connaissait par cœur, et le couple montait dans la cour de sa maison des classiques shakespeariens ou castillans, pour lesquels il réalisait décors et costumes !

Dans l'entretien le plus complet qu'il ait donné sur sa vie personnelle[1], Abreu souligne avec nostalgie et fierté la vitalité des arts dans sa région natale à cette époque, même dans des localités minuscules, stimulées à la fois par la tradition des séminaristes de Mérida, centre intellectuel le plus proche, et une véritable mentalité de pionniers. Il convient d'ailleurs de noter que cet homme, souvent tenu à l'étranger pour l'unique fondateur d'une vie musicale dans un pays prétendument inculte, n'a jamais rien affirmé de tel, et au contraire toujours rendu hommage à ses maîtres.

Ainsi insiste-t-il sur la qualité du conservatoire de l'État de Lara au début des années cinquante, comme sur la présence à Barquisimeto de musiciens étrangers, attirés par l'Eldorado vénézuélien. Il étudie le violon, et joue au sein d'associations orchestrales, mais son grand amour est le piano. C'est toujours avec émotion[2] qu'il évoque la figure de Doralisa de Medina, qui l'accueille à neuf ans dans sa petite école privée. Femme autoritaire, énergique et enthousiaste, qui semble avoir étudié à Paris entre les deux guerres, elle marquera des générations d'élèves jusqu'aux années soixante-dix[3]. Abreu retient d'abord sa générosité : ses leçons ne coûtaient que quelques bolivars, et il lui arrivait de les offrir à des enfants dont la famille était dans la gêne, alors qu'elle ne roulait pas sur l'or. Il se rappelle aussi l'originalité de ses méthodes d'enseignement, qui faisaient, chose rare pour son instrument, la part belle à l'enseignement collectif. La Señora

1. Chefi Borzacchini, *Venezuela en el cielo de los escenarios*, livre digital, Bancaribe, 2010, commandé pour la promotion de Fundamusical, accessible en anglais et espagnol : http://www.musicabancaribe.com/Publicaciones/Libro_digital/VenezuelaEnElCielo/.

2. Chefi Borzacchini, *op. cit.*, et Tricia Tunstall, *Changer des vies par la pratique de l'orchestre*, 2012 (paru en français chez Symétrie en 2015).

3. Comme en attestent encore les blogs sur Internet de plusieurs habitants de Barquisimeto !

Doralisa avait chez elle sept pianos (nombre d'entre eux passablement épuisés), et recevait donc plusieurs élèves à la fois, préparant des arrangements d'œuvres symphoniques à quatre, six, voire quatorze mains ! Elle imaginait sans cesse des occasions de concert en public pour ses élèves – anniversaires, fêtes... Un héritage qui ne sera pas perdu avec son disciple le plus célèbre.

À dix-huit ans, José Antonio Abreu part pour Caracas, où des proches l'accueillent, afin de poursuivre à la fois des études musicales et générales. C'est un adolescent de petite taille, au physique épais, affligé d'épaisses lunettes, et bientôt d'une calvitie précoce. Mais il brille en mathématiques, en philosophie, et au clavier. À l'École supérieure de musique José Angel Lamas, il ajoute au piano le clavecin, l'orgue, l'orchestration, la composition auprès de Vicente Emilio Sojo, et la direction d'orchestre auprès d'Angel Sauce. Parallèlement, il termine son baccalauréat au collège San Ignacio, puis étudie l'économie à l'université catholique Andrés-Bello, dont il sort diplômé en 1961. Sa piété, inculquée dès l'enfance, s'affirme au contact des intellectuels chrétiens de la capitale, en particulier des jésuites.

Le Nouveau Monde des hommes en noir

D'innombrables ouvrages ont été écrits sur la congrégation fondée en 1539 à Rome par Ignace de Loyola, rejeton de la noblesse basque, ayant découvert le mysticisme au feu des guerres d'Espagne, et l'humanisme dans les murs de la Sorbonne[1]. Bornons-nous à rappeler quelques moments où

1. Renvoyons en premier lieu les lecteurs francophones vers l'étude passionnante de Jean Lacouture, *Jésuites. Une multibiographie*, Points Histoire, qui se dévore comme un roman-fleuve.

se rencontrent l'histoire de l'Amérique latine et celle de la Compagnie de Jésus, si marquante pour le jeune Abreu.

Durant quatre siècles, les principes des pères fondateurs, fixés par les *Constitutions* de Loyola, furent souvent réorientés par la conjoncture. L'esprit de mission est cependant demeuré à la source d'un engagement dans les affaires du monde, dont les paradoxes ont toujours nourri la suspicion. La fin primant les moyens (« faire du fruit » disait Loyola au sujet de l'évangélisation), les jésuites furent souvent à la recherche de compromis et d'équilibres impossibles. Entre internationalisme, faisant de Rome le siège du pouvoir réel, et légalisme scrupuleux à l'égard des régimes locaux – fût-ce aujourd'hui le socialisme bolivarien de Chávez. Entre universalisme du message chrétien et respect, soif de connaître et de comprendre les cultures nouvelles révélées par les grandes découvertes. Entre discipline militaire (*perinde ac cadaver*, « [sans résistance] tel un cadavre », réclament les *Constitutions*) et humanisme, par lequel l'individu se transforme et transforme le monde à force d'étude, de réflexion et de travail. Le libre arbitre, éclairé par la connaissance, est la vertu cardinale qui brise les prédestinations sociales. Ces brigades aussi hiérarchisées qu'enthousiastes, humbles dans l'ouvrage collectif, mais sachant stimuler leur créativité personnelle, représentent un autre parallèle entre la Compagnie de Jésus et le Sistema – même s'il serait naïf, dans un cas comme dans l'autre, de nier que cet idéal parfois réalisé coexiste avec des réalités beaucoup plus médiocres.

La mission asiatique avait éveillé chez ses plus grands esprits, Saint François Xavier au Japon dès l'aube de la Compagnie, Matteo Ricci en Chine au demi-siècle suivant, la conscience d'un relativisme des cultures humaines, et suscité le débat quant à la prétention universelle des valeurs chrétiennes apportées par les Occidentaux. Une illusion plus subtile guettait leurs successeurs aux Indes occidentales, celle de l'apparente virginité.

La destruction des empires de Méso-Amérique et des Andes ne suscita pas plus d'émoi chez les jésuites que dans les autres ordres missionnaires. Leur luxe sanglant semblait un tableau de l'enfer, et le rôle marginal accordé à la culture écrite ne pouvait y impressionner, comme en Asie, des hommes formés dans les bibliothèques. L'ethnocide perpétré sur les Amérindiens et la servitude qui les attendait indignèrent en revanche les membres les plus éclairés du clergé. S'il appartiendra au dominicain Bartolomé de las Casas d'en dresser le réquisitoire, les seuls à proposer un véritable contre-modèle politique et social seront les jésuites.

On a évoqué au premier chapitre l'éducation par la musique au sein des « réductions » guaranies. À partir de 1604, et jusqu'en 1756, sur un territoire aujourd'hui partagé entre le Paraguay, le Brésil, l'Argentine et la Bolivie, on vit fleurir l'organisation politique, économique, sociale, culturelle et militaire la plus ambitieuse initiée par un ordre religieux. Toutes les réductions n'atteignaient pas la splendeur de San Ignacio Miní en Argentine ; les plus modestes ne dépassaient pas deux mille habitants, le confort y était rudimentaire, entre huttes, poussière et vermine, y compris pour les deux prêtres qui assuraient l'encadrement. Mais l'ordre y connut une ivresse pré-rousseauiste. Celle d'inventer l'humanité nouvelle. Ces « bons sauvages » valurent d'ailleurs à la « République jésuite des Guaranis » (expression abusive, car le pouvoir n'y était nullement centralisé, chaque mission vivait plutôt en autarcie) l'approbation des Lumières, pourtant hostiles au papisme des disciples de Loyola. Purgés du cannibalisme et de la polygamie par les pères, protégés des Portugais chasseurs d'esclaves par les chutes d'Iguazú, les Guaranis y servaient, en leur langue, un catholicisme métissé dans son architecture religieuse, sa musique liturgique et ses fêtes. Leurs maisons identiques s'ordonnaient autour de l'église, et la journée de travail, courte, se partageait entre la culture du lopin familial et celle des champs collectifs. Le maté extrait des seconds fit la prospérité des missions, les biens acquis par les pères grâce à ces bénéfices étant redistribués de façon strictement égalitaire. Seul défaut de ces réductions, assurent les visiteurs non jésuites : on pouvait y mourir d'ennui…

Mais l'aventure guaranie allait connaître un épilogue tragique, précipiter la Compagnie de Jésus dans cent ans de crise, et imprégner les mythologies politiques d'Amérique latine.

En 1750, Madrid et Lisbonne s'entendirent pour redistribuer les cartes d'un territoire riche et convoité. La résistance des Guaranis dura six ans, et s'ils infligèrent de lourdes pertes aux conquérants, la lutte inégale ne pouvait se solder que par le massacre ou la servitude pour ceux qui n'avaient pas réussi à fuir dans la forêt. Le châtiment allait aussi s'abattre sur les jésuites, coupables d'avoir montré la voie d'une indépendance indigène, quand les colons des Amériques commençaient à désirer la leur. En 1759, le Portugal interdisait la Compagnie de Jésus sur ses terres. Toutes les nations catholiques lui emboîtaient le pas, jusqu'à la suppression pure et simple de la Compagnie en 1773. Rétablie quarante ans plus tard, elle traverse le XIXe siècle sur la défensive, adoptant des positions conservatrices, et se mêlant plutôt des intrigues vaticanes que des missions planétaires. Son réveil intellectuel n'en est que plus retentissant, même si ses pionniers, le naturaliste et philosophe Pierre Teilhard de Chardin (1881-1955), et le père du catholicisme social, Henri de Lubac (1896-1991), s'attirent les foudres de leur confrérie autant qu'ils influencent les séminaires latino-américains.

Avec le boom économique de l'après-guerre, l'exode rural précipitait aux abords des villes une population misérable, dont les *favelas* ou *barrios* posaient des défis nouveaux aux consciences et au questionnement apostolique. Le révérend père José María Vélaz (1910-1985), qui devait si fortement marquer Abreu, fut parmi les pionniers de cette nouvelle mission. Né au Chili dans une famille modeste, formé par les pères en Espagne, il avait rêvé de servir la Compagnie en Chine, mais celle-ci l'avait envoyé en 1946 au Venezuela. Après avoir enseigné au collège et à l'université, il allait à partir de 1960 se consacrer à la scolarisation des enfants des bidonvilles, puis des campagnes reculées, au travers de son mouvement *Fé y Alegría*, qui déploie aujourd'hui près de mille religieux dans une vingtaine de pays à travers le monde. Dans le discours de Vélaz, la dimension politique est revendiquée. Il contribua pourtant assez peu aux débats qui allaient secouer l'église, presque jusqu'au schisme, autour de la Théologie de la Libération.

L'erreur fréquente consiste à supposer une doctrine uniforme à ce qui est plutôt, depuis la seconde Conférence générale de l'épiscopat latino-américain à Medellín en 1968, un forum d'idées né d'un cri de colère. Car autour de « l'option préférentielle pour les pauvres » se déclinent des visions parfois contradictoires. Les plus violemment combattues dans les années quatre-vingt par Jean-Paul II (et son préfet de la Congrégation pour la doctrine et la foi, le cardinal Joseph Ratzinger) furent évidemment celles qui recoupaient l'analyse marxiste. En revanche, l'école de pensée dite « Théologie du Peuple », principalement formulée par le jésuite argentin Juan Carlos Scannone (né en 1931), saura mieux zigzaguer entre les condamnations, s'attirant même la reconnaissance un peu forcée de Rome. Parce que la lutte des classes n'y était plus une cause première, mais la conséquence d'un état d'injustice, que l'apostolat social se devait de combattre. Et parce que l'objectif de celui-ci devenait l'harmonie de la communauté, par l'intégration des plus défavorisés, sans sacrifier ni le particularisme culturel, ni le message universel. De manière significative, Scannone remplace les termes d'« option préférentielle pour les pauvres » par ceux d'« option préférentielle pour les exclus ». Et le concept d'« inclusion » deviendra le pilier théorique du Sistema.

Le Vatican n'aura d'autre choix que d'admettre du bout des lèvres cette conformité au dogme, en reconnaissant la théologie du peuple. Ce qui ne l'empêchera pas de châtier durement les jésuites, tenus pour principaux responsables de l'ébullition latino-américaine et des dérives « gauchistes » de l'Église. En 1981, fait inédit, le pape Jean-Paul II plaçait la Compagnie de Jésus sous sa tutelle personnelle, en refusant le choix fait par le Supérieur Général Pedro Arrupe, devenu invalide, du révérend père Vincent O'Keefe pour lui succéder. Il faudrait attendre l'élection d'Adolfo Nicolás en 2008 pour voir les jésuites retrouver une réelle indépendance, manifestée par des prises de position vigoureuses en faveur du progrès social, et confirmée en 2016 par l'arrivée à la tête de la Congrégation du Vénézuélien Arturo Sosa, premier non-Européen à occuper ce poste[1]. Entre-temps, il est vrai, s'était produit un événement plus retentissant. L'Argentin Jorge Mario Bergoglio, élève de Scannone, profondément influencé par les principes de la théologie du peuple, est à la fois le premier non-Européen, et le premier jésuite à s'asseoir sur le trône de saint Pierre, sous le nom de François.

1. Né en 1948, le père Sosa est philosophe, politologue et journaliste. Il a dirigé de 1996 à 2004 la branche vénézuélienne de la congrégation. Soutien de Hugo Chávez à l'origine, il a rapidement pris ses distances avec le nouveau régime avant de partir pour Washington, puis pour Rome.

Un jeune homme
aux inépuisables talents

S'il ne fait mystère ni de sa profonde religiosité ni de son choix de mener comme laïc une vie « sainte » fondée sur l'austérité, la prière et le célibat, José Antonio Abreu choisit de s'engager dans le monde. Son appartenance à une autre congrégation beaucoup plus discrète, l'Opus Dei, n'a en revanche jamais été confirmée ni par l'intéressé ni par ses proches, mais revient obstinément chez ses adversaires. Au début des années soixante, à Caracas, ce jeune homme de vingt-cinq ans jongle d'une casquette à l'autre, selon les lieux et les heures. Économiste, au département d'Économie politique du ministère des Affaires étrangères, puis à celui de la Comptabilité nationale de la Banque centrale. Musicien : claveciniste, pianiste, chef d'orchestre et compositeur. Enseignant, à l'université catholique. Et député à l'Assemblée nationale !

Rétablie en 1958, la démocratie vit son âge d'or. Abreu se rallie (très tard, remarquent les esprits chagrins[1]) à Arturo Uslar Pietri (1906-2001), écrivain, politologue, journaliste et humaniste qui tente vainement d'éveiller les consciences à la nécessité de gérer la manne pétrolière, de dynamiser d'autres secteurs, de favoriser le développement social. Cette expérience politique, de 1961 à 1965, conduit Abreu à la présidence de la Commission des finances de la Chambre des députés, et lui donne, comme il le souligne lui-même[2], une connaissance précieuse des rouages de l'État. Il comprend ainsi très vite que la voie électorale ne lui permet pas de tirer le meilleur bénéfice de son charisme particulier, plus porté vers un sérieux hypnotique que vers la séduction

1. Notamment l'écrivain Eduardo Casanova, cité par G. Baker, *op. cit.*
2. Chefi Borzacchini, *op. cit.*

facile. Il privilégie donc celle de la technocratie, pour continuer à s'avancer au cœur du pouvoir. Secrétaire d'État au Conseil de l'économie nationale et directeur de la Planification générale, il s'implique particulièrement dans la mise sur pied des institutions visant à créer un marché commun latino-américain. Sa religiosité incite aussi les divers gouvernements à l'utiliser comme médiateur vis-à-vis des milieux les plus conservateurs – tels le cercle de l'ancien dictateur exilé Marcos Pérez Jiménez. En 1973, un premier grave accident de santé le contraint à une délicate opération de l'abdomen, suivie d'une convalescence d'un an, qu'il met à profit pour enseigner l'économie aux États-Unis. C'est à son retour qu'il va définitivement faire converger au sein d'un même projet ses activités jusqu'alors éclatées entre les domaines administratif, artistique, universitaire et social.

Quelle était jusqu'alors la place d'Abreu dans la vie musicale vénézuélienne ? Secondaire, et plus éclectique qu'éclatante. La solidité de sa formation, auprès de maîtres comme Sojo et Sauce[1], éloigne néanmoins tout soupçon d'amateurisme. On ne trouve, malheureusement, aucune trace sonore de l'excellent pianiste dont témoignent ses partenaires en musique de chambre, rencontrés à Caracas – futurs collaborateurs au sein du Sistema, gage d'amitié, plutôt que d'impartialité. Sa passion pour l'orgue et le clavecin en font un infatigable déchiffreur du répertoire baroque, curiosité rare dans les années soixante, surtout en Amérique latine[2] !

---

1. Ainsi que de Moisés Moleiro pour le piano, Evencio Castellanos pour l'orgue et le clavecin, Gonzalo Castellanos Yumar pour la direction.

2. En novembre 2016 encore, Lourdes Sanchez, directrice du Chœur national Bolívar, me confiait que, depuis sa retraite familiale, Abreu l'appelait pour lui enjoindre de monter des œuvres aussi inattendues dans cette région du monde que le motet *De Profundis* de Lully !

Et le compositeur ? Ses œuvres ne sont pas éditées, hormis quelques pièces chorales régulièrement données par les groupes du Sistema. Ce sont des madrigaux a cappella[1], sans la saveur populaire que pouvaient distiller un Sojo ou un Sauce.

Le chef d'orchestre éveille naturellement la plus vive curiosité, lui qui allait placer les grandes phalanges instrumentales au cœur de son projet, enseigner les premières bases à Gustavo Dudamel, et révéler dans son sillage une foule de jeunes baguettes. Dès le milieu des années soixante, Abreu est régulièrement invité à diriger les formations vénézuéliennes, y compris l'Orchestre national. Aucun disque, aucunes archives de radio ou de télévision de cette époque ne circulent aujourd'hui. Celles plus aisément accessibles des années quatre-vingt, avec les ensembles du Sistema, demeurent peu nombreuses. Ce sont essentiellement des concertos, où le rôle d'accompagnement ne présente pas pour le chef les mêmes défis que les grandes pages symphoniques. L'un des plus réussis est le *Concerto pour trompette en mi bémol majeur* de Haydn, porté par un Maurice André électrisant[2] – mais on connaît peu d'œuvres plus faciles au podium… L'impression qui en résulte déjà, à regarder Abreu, s'accentue pourtant avec le *Concerto pour piano n° 1* de Tchaïkovski[3]. L'élan du haut du corps se disperse dans une gesticulation des bras qui lance les phrases avec fermeté, mais ne les suit pas, tandis que les lois de la pesanteur se rappellent aux jambes dans leur sautillement disgracieux. C'est le *Concerto pour violon* de Bartok avec Rony Rogoff[4] qui trouve le Maestro Abreu le plus à son

1. À trouver sur Internet : *Madrigal*, https://www.youtube.com/watch?v=QkxrUi6aqko ; *Sol que da vida a los trigos*, https://www.youtube.com/watch?v=Omh2LBtPaIA

2. https://www.youtube.com/watch?v=Gv5prjBb9UE

3. https://www.youtube.com/watch?v=C1MW11DYecg dans une qualité visuelle et sonore extrêmement médiocre.

4. https://www.youtube.com/watch?v=k9qq42TT6f4

affaire : dans une partition qui ne repose ni sur le lyrisme ni sur l'élégance, mais exige une combinaison d'intensité dramatique et de clarté analytique, il instaure un climat tout à fait convaincant. Preuve supplémentaire que les grands pédagogues ne sont pas nécessairement des interprètes hors pair. Et que leur tâche est d'éveiller l'intelligence, façonner la technique, et enrichir la culture, de disciples touchés par la grâce. À ce titre, l'alliance chez Gustavo Dudamel de la tête et du bras, assortie de la chaleur et du charme, réalise ce dont Abreu, au pupitre, n'était que la promesse.

Anatomie d'un miracle

Les évangélistes du Sistema[1] mettent toujours en exergue la date dorée du 12 février 1975. Ce jour-là, s'étant fait prêter un garage, ayant emprunté cinquante pupitres, et hanté depuis plusieurs semaines les conservatoires de Caracas pour convaincre les élèves de se joindre à son projet d'orchestres de jeunes, José Antonio Abreu vit arriver onze adolescents, dont sa jeune sœur Beatriz. Sans se décourager, il leva la baguette, et commença à les faire répéter. Devant ce premier groupe d'apôtres, il aurait même délivré une de ses prophéties téméraires – de celles dont saint Antoine de Padoue disait qu'il faut la même grâce pour les comprendre que pour les énoncer. « Vous êtes l'Orchestre national juvénile du Venezuela. Aujourd'hui, c'est moi qui vous dirige, un jour, ce sera le directeur de la Philharmonie de Berlin. » Le lendemain, les onze étaient vingt-cinq. Le jour d'après, quarante-six. Et, au bout d'un mois, soixante-quinze jeunes composaient une véritable phalange symphonique, qui donnait son premier concert public le 30 avril, dans la cour du

1. Dont Chefi Borzacchini et Tricia Tunstall, *op. cit.*

ministère des Affaires étrangères, sous le nom d'Orchestre national juvénile du Venezuela Juan José Landaeta. Au programme : *Concerti grossi pour cordes* de Vivaldi ; la *Sérénade Nocturne* de Mozart ; le *Concerto en ré mineur pour deux violons* de Bach ; l'ouverture de *La Flûte enchantée* de Mozart ; une fanfare de Haendel ; et l'hymne national vénézuélien.

En un mois et demi, s'étaient également rassemblés autour d'Abreu de jeunes musiciens qui allaient jouer un rôle majeur : outre Beatriz, pianiste, il y avait son futur mari, l'altiste Frank DiPolo, le violon solo Jesús Hernández, les frères Ulyses et David Ascanio (respectivement violoniste et pianiste), les frères Alejandro et Richard Blanco Uribe (percussion et basse), la tromboniste Marlyn Bosque, la harpiste Annette León...

Au fil des ans, certaines voix[1] n'ont pas manqué de mettre en doute le tableau sulpicien. Lequel repose sur des faits largement documentés, mais isolés de leur contexte par une grande partie des médias et les services de communication de Fundamusical. Car si Abreu n'a jamais cautionné la légende, répandue à l'étranger, selon laquelle il aurait à lui seul tiré du néant une vie musicale vénézuélienne dont il ne cesse d'honorer l'histoire, il a souvent cédé à la tentation de minorer les initiatives concurrentes en ce milieu des années soixante-dix.

Le chapitre précédent soulignait la montée en puissance, dans l'euphorie du boom économique et culturel vénézuélien, de multiples questionnements portant à la fois sur l'académisme de l'enseignement musical et son manque de diversité sociale. Se détachant de l'École supérieure de musique José Angel Lamas verrouillée par son ami Sojo (s'y produisait évidemment un orchestre des étudiants, l'Orquesta

1. En particulier celle de Geoff Baker, *op. cit.*

Experimental), Angel Sauce fondait en 1971 le Conservatoire national de musique Juan José Landaeta, ouvert aux langages les plus actuels[1], aux apports du fonds traditionnel (avec le soutien des grands guitaristes Alirio Díaz et Antonio Lauro), et à une pédagogie déjà favorable à la pratique collective et aux concerts en public – la méthode Suzuki, évoquée au chapitre premier, trouvait alors ses premiers adeptes sur les continents américains.

Avec seulement deux orchestres professionnels dans le pays, commençait également à se poser la question des débouchés pour ces étudiants de plus en plus nombreux. L'anecdote d'un bassoniste aspergeant son instrument d'essence et y mettant le feu le jour de l'obtention de son prix de conservatoire est devenue l'un des mythes fondateurs du Sistema. « Qu'en ferais-je ? se serait écrié le jeune homme. Puisque je ne trouverai pas de travail dans ce pays ! » Comme un appel à développer de nouveaux moyens, un premier Orchestre national juvénile avait vu le jour à Maracay, quelques semaines avant celui de Caracas. Ses meilleurs éléments vinrent nourrir les rangs de celui de la capitale, dans les semaines qui précédèrent le concert du 30 avril. L'instinct de José Antonio Abreu fut de fédérer les énergies afin de rendre possible cet événement, durant lequel il partagea le podium avec Sauce.

L'insertion des étudiants, généralement issus de la classe moyenne, est à cette époque la priorité d'Abreu. L'inclusion des plus démunis ne s'imposera qu'avec la flambée de la crise économique.

Dès les premiers mois, José Antonio Abreu s'efforce de donner au nouvel orchestre l'écho international indispensable

1. Avec dès l'origine une classe de musique électroacoustique, alors qu'il n'en existait pas dans la plupart des grands conservatoires nord-américains et européens à la même époque.

pour conquérir au Venezuela les moyens nécessaires à son développement. Quelques semaines après le concert inaugural, il en organise un deuxième, toujours à la chancellerie, à l'occasion de la visite du président mexicain. Enthousiaste, ce dernier invite l'ensemble à se produire à Mexico au mois de juillet, et met à sa disposition un avion de l'armée. Lors de cette tournée de quatre concerts, Abreu inscrit au programme une œuvre du compositeur mexicain Carlos Chávez, alors la personnalité la plus importante dans la vie musicale latino-américaine, avec l'Argentin Alfredo Ginastera. Impressionné par les jeunes musiciens, le compositeur, qui est aussi chef d'orchestre, n'hésite pas à bousculer son agenda. Il les suit à Caracas pour les faire répéter, ne comptant pas ses heures malgré son âge avancé. L'année suivante, alors qu'Abreu a déjà organisé plusieurs tournées dans d'autres pays d'Amérique latine, Chávez dirige l'ensemble à l'occasion de sa première traversée de l'Atlantique, au prestigieux Festival international d'orchestres de jeunes d'Aberdeen, en Écosse. Jamais encore une formation latino-américaine ne s'y était produite. Les jeunes Vénézuéliens font sensation, et trustent même vingt postes (plus que toute autre nation) dans l'orchestre d'honneur du festival… Sans renoncer à ces nuits entières de fête et de danse, qui ne les empêchent nullement de se présenter dès huit heures du matin aux répétitions.

Soif de musique, soif de vie, soif de travail caractérisent les héros de cette première génération[1]. Comme on peut l'imaginer, José Antonio Abreu était quant à lui tout entier dévoué au travail. En répétitions, il fascinait ses jeunes disciples par sa culture, éclairant l'histoire, le contexte et la construction des œuvres, sans négliger le moindre détail de la sonorité ou de

1. [2] Relayés par Chefi Borzacchini et Tricia Tunstall, *op. cit.*

l'exécution. La longueur des séances, qui pouvaient dépasser douze heures par jour et finir à l'aube, devint une signature de l'orchestre. Pour des musiciens, et un chef, peu aguerris, le temps suppléait au manque d'efficacité ; la méthode restera celle de tous les orchestres juvéniles. Les premières anecdotes concernant des musiciens renvoyés du jour au lendemain à leurs foyers par Abreu, pour avoir demandé une pause lors d'une répétition, apparaissent dès cette époque. Elles se multiplieront au fil des ans[1].

Lorsqu'il ne dirige pas, Abreu déploie son inépuisable énergie à capitaliser, au Venezuela, sur le succès, pour unifier les initiatives. Il crée ainsi un véritable réseau national d'orchestres juvéniles, et de foyers musicaux : les *núcleos*, ou noyaux. Entre 1976 et 1983, porté par l'abondance de crédits publics et privés, il pose les bases de la structure que nous connaissons aujourd'hui sous le nom de Sistema : la Fundación del Estado para el Sistema Nacional de las Orquestas Juveniles e Infantiles de Venezuela (FESNOJIV). Instaurée le 20 février 1979 par décret du ministère de la Jeunesse, elle prend en 2011 le nom de Fundación Musical Simón-Bolívar (Fundamusical). Huit ans après le premier concert de l'Orchestre national juvénile, le Sistema compte déjà 10 000 enfants, et près d'une trentaine de *núcleos* répartis dans tout le pays, abritant chacun un ou plusieurs orchestres ou chœurs.

Fort de la discipline jésuite et rompu au jeu politique, Abreu est un combattant aussi subtil que farouche. Vertus essentielles, face à ses adversaires comme à ses concurrents.

Les premiers émanaient principalement des milieux académiques, représentés par l'École de musique José Angel Lamas. Par conservatisme, affirment les musiciens aujourd'hui cadres

1. Geoff Baker les recense, *op. cit.*

ou retraités du Sistema. Au nom d'une certaine éthique, soulignent d'autres. Le vieux Sojo se faisait du parcours de formation une vision à l'ancienne : hors de question, pour les étudiants participant à l'Orchestre expérimental, d'être rémunérés avant leur diplôme. Afin d'éviter leur fuite vers l'étranger, Abreu cherche tout de suite à élargir le champ professionnel au Venezuela. Les soutiens publics et privés sont ainsi mis à contribution, pour proposer aux jeunes musiciens les plus doués des *becas* (bourses), débouchant, pour les meilleurs instrumentistes, enseignants et administratifs, sur des salaires susceptibles de les retenir au pays. Les autres orchestres de jeunes qui ne proposaient pas les mêmes avantages se virent rapidement siphonnés de leurs bons éléments. « *Tocar y cobrar* » est l'un des détournements préférés, par les musiciens du Bolívar eux-mêmes, du fameux slogan « *Tocar y luchar*[1] ».

Les concurrents potentiels, moins habiles, ou disposant de réseaux moins prestigieux, ne se verraient généralement offrir par Abreu qu'une alternative : absorption ou marginalisation. Plusieurs se rallieront d'ailleurs avec enthousiasme, convaincus de sa capacité à porter sur une plus grande échelle un idéal commun. Tel semble avoir été le cas d'Oswaldo Guevara, directeur de l'École de musique Federico Villena à Maracay, dont l'orchestre juvénile avait pourtant précédé celui d'Abreu et Sauce. D'autres projets également lancés à Maracay, mais trop indépendants, connaîtraient une fin moins heureuse. Ainsi des chorales d'enfants créées au milieu des années quatre-vingt dans les quartiers défavorisés, ou de l'Harmonie des jeunes travailleurs en 1991, programme ambitieux d'inclusion sociale par la musique dont Abreu, alors ministre de la Culture, supprime les crédits d'État un an plus tard.

1. « Jouer et palper » au lieu de « Jouer et lutter ».

Car cette personnalité unanimement respectée à l'étranger, jusqu'à la parution de l'ouvrage à charge du chercheur anglais, a toujours suscité dans son pays les clivages caractéristiques du débat d'idées au Venezuela. Encensé jusque dans ses travers par ses équipes, il n'est pas moins vivement attaqué par ses opposants. Lesquels n'ont eu de cesse de l'éclabousser, via son entourage, sur le double terrain de l'argent et des mœurs, sans toutefois parvenir à le mettre directement en cause. L'une de ses sœurs fut mêlée dans les années quatre-vingt à une escroquerie où elle se retrouva ruinée, sans que soit établie si elle en fut seulement victime ou complice. Son frère Rafael, alors directeur de la Banco Latino, fut mis en examen, puis blanchi, lors de l'effondrement de l'établissement durant le krach de 1994. Quelques mois plus tôt, une jeune femme se donnait la mort, après avoir assassiné son époux. Ce dernier était le chauffeur et garde du corps d'Abreu, très proche de son patron. La presse à scandale ne se priva pas de faire des gorges chaudes sur la vie privée de ce pieux célibataire entouré de jeunes gens[1]. Repris en boucle depuis des années, ces trois scandales, auxquels Abreu n'eut, à notre connaissance, aucune part directe, représentent une moisson bien maigre, dans le contexte de corruption et de violence où se débattent tous les Vénézuéliens.

Apôtres et adversaires s'accordent cependant sur quelques aspects du caractère d'Abreu, durant toute la période où il fut en activité, dont ils ne donnent évidemment pas la

1. Ces anecdotes sont rapportées par le journaliste Rafael Rivero dans un article intitulé « L'Ogre philanthrope », paru dans la revue *Exceso* en mars 1994, repris par Geoff Baker, *op. cit.*, et accessible sur le blog anti-Sistema *La Otra Cara del Sistema* : http://laotracaradelsistema.blogspot.fr/2012/08/jose-antonio-abreu-entretelones-el-ogro.html.

même lecture. Son autoritarisme, sa manie du contrôle, son exigence sans limites envers lui-même et les autres, sa prodigieuse faculté de travail, l'ascendant qu'il exerce sur toute personne qu'il rencontre, et qui tient d'abord à sa capacité à se concentrer totalement sur elle pendant quelques minutes. Ses collaborateurs décrivent un chef paternaliste, que beaucoup sous nos latitudes jugeraient insupportable, mais qu'ils évoquent avec tendresse. « Le *Maestro* peut s'interrompre dans son travail, s'il perçoit que l'assistante qui lui apporte son café a l'air préoccupée, me racontait à l'été 2014 à Caracas l'une de ses proches. Il va lui demander ce qui ne va pas, s'il peut faire quelque chose pour elle, lui dire que le café qu'elle lui apporte est très important pour qu'il travaille bien l'après-midi ! Lors des fêtes traditionnelles, il fait le tour des bureaux, avec des figurines de saints, et nous donne sa bénédiction. Parfois aussi, avec l'âge, sa santé si fragile, il est comme un enfant, qu'il nous faut protéger ou gronder. Il saute les repas, par manque de temps, mais peut se goinfrer de bonbons l'après-midi, alors qu'il est diabétique… »

Travailler auprès de lui, c'était aussi se montrer d'une disponibilité totale, y compris la nuit – son faible besoin de sommeil était aussi légendaire que son manque de respect pour celui de ses collaborateurs, fréquemment réveillés par un coup de fil à deux heures du matin. Outre le traitement des dossiers, lui-même mettait à profit ces heures nocturnes pour l'écoute et la lecture.

Comme nombre de dirigeants exceptionnels, l'homme a aussi pu se montrer rancunier. Il se distingua longtemps, au Venezuela, par la pugnacité qu'il mettait à poursuivre les journalistes tant soit peu critiques. Même s'il apprit à le faire avec plus de discrétion qu'en 1979, après la passe d'armes qui l'opposa au metteur en scène et critique argentin Gustavo

Tambascio[1]. Dès le début de l'aventure du Sistema, il avait compris l'importance qu'aurait la communication dans le projet. Il veillerait donc à ce que FESNOJIV, puis Fundamusical soient toujours à la pointe des nouvelles technologies, et traiterait avec douceur les journalistes nationaux ou étrangers, notamment en leur offrant des voyages de presse.

Ces traits machiavéliens, son goût de la manipulation, se retrouvent dans son schéma de *management*. Abreu ferait même figure de modèle, réunissant les trois conditions qui assoient le pouvoir absolu sur une organisation. La capacité à concevoir des structures de projet aussi rigoureuses que complexes. Le sens du secret et du cloisonnement des informations. L'art de maintenir le chaos permanent, contre les règles qu'il a lui-même instaurées, restant ainsi, quoi qu'il advienne, au centre du jeu. Durant plus de trois décennies, José Antonio Abreu a de cette façon écarté tout rival ou dauphin trop pressé[2]. Ce n'est qu'au XXIe siècle qu'il a progressivement concédé plus d'autonomie à une nouvelle génération de cadres. Mais cette culture de l'opacité et de l'imprévisibilité a laissé des traces.

Un pacte faustien

S'il put exercer ses talents politiques, en créant le Sistema en plein boom économique, Abreu révéla un authentique génie en faisant de son organisation l'unique gagnante du jeu culturel lorsqu'il en fit l'unique gagnant de la récession.

1. Rapporté par Rafael Rivero et repris par Geoff Baker, *op. cit.*

2. Tel semble avoir été le sort de Gustavo Medina, rentré dans le Sistema comme violoniste en 1976, puis devenu l'un des principaux lieutenants d'Abreu et directeur musical de l'Orchestre national des enfants, dont il démissionnerait avec fracas en 1999, accusant dans la presse Abreu d'instrumentaliser le Sistema. Ni Abreu ni Fundamusical n'ont jamais présenté leur version de cet épisode et de ces accusations.

En 1989, il se fit nommer président du Conseil national pour la culture (CONAC) et ministre de la Culture, postes qu'il occupa jusqu'en 1993, sous la deuxième présidence de Carlos Andrés Pérez.

Fondé en 1975, la même année que l'Orchestre national juvénile, le CONAC avait été l'artisan efficace d'une redistribution des fonds publics aux grandes institutions culturelles qui s'édifiaient alors au Venezuela. Bien que les chiffres soient aujourd'hui difficiles à obtenir, les sources disponibles[1] indiquent que le budget du Conseil continua d'augmenter fortement durant le mandat d'Abreu, phénomène suffisamment rare dans un pays en crise pour être souligné, et mis au crédit de son président. Les journalistes dénoncèrent en revanche l'inflation des frais de fonctionnement et de représentation, le favoritisme dont bénéficia FESNOJIV, et l'affaiblissement des autres institutions musicales, en particulier les conservatoires.

Au tournant des années quatre-vingt-dix, Abreu imposa par ailleurs au Sistema une nouvelle orientation pédagogique et idéologique, qui allait s'avérer capitale pour son avenir. Né d'un souci d'insertion professionnelle, largement ouvert ensuite aux enfants de la classe moyenne, afin de promouvoir la pratique musicale comme pilier d'une éducation d'excellence, le programme allait désormais donner une place centrale à l'inclusion des plus démunis. Il est important de noter que cet infléchissement précède la révolution bolivarienne de Chávez, car le soupçon d'opportunisme est régulièrement soulevé par les opposants du Sistema. Qu'un homme aussi fin qu'Abreu ait senti tourner le vent n'aurait évidemment rien d'étonnant. À cela s'ajoutait à l'évidence la promesse de prêts importants de la part de la Banque interaméricaine

1. Rafael Rivero, *op. cit.*, ainsi que Roger Santodomingo et Joaquín López Mujica, repris par Geoff Baker, *op. cit.*

de développement (pour 150 millions de dollars en tout !), conditionnés par un renforcement de la dimension sociale du projet.

Mais rien n'interdit non plus de penser que ces opportunités aient accompagné une volonté sincère. Outre sa relation de longue date avec le mouvement *Fé y Alegría* du père Vélaz, Abreu avait soutenu, dès les premières années du Sistema, des expériences à forte composante sociale. L'une des plus remarquées fut, en 1979, le *núcleo* fondé au sein de la communauté Pemón, dans la jungle amazonienne. Deviner, à la fin des années quatre-vingt, que le marasme économique serait durable, et l'ascenseur social en panne pour longtemps, ne pouvait que conduire à une attention nouvelle à l'égard des populations les plus exposées au « décrochage ». Quoi qu'il en soit, le nombre de *núcleos* ouverts dans les quartiers défavorisés crût rapidement, tandis que le programme d'éducation spéciale pour les enfants handicapés, dont le Chœur des mains blanches est la formation emblématique, démarrait dès 1995.

Cependant, rien ne semblait moins garanti que l'avenir d'Abreu à l'avènement de Hugo Chávez. D'un côté, le militaire révolutionnaire, populiste, cultivant la truculence et la rustrerie, prompt à déceler l'empreinte postcoloniale, et celle des impérialistes nord-américains, dans toute culture d'origine étrangère. De l'autre, le haut-fonctionnaire dévot, au langage ciselé, à l'érudition sans limites, lié aux gouvernements de la démocratie libérale, au sein desquels il avait exercé les plus hautes fonctions politiques, pénétré d'un idéal de progrès fondé sur l'éducation aux valeurs universalistes nées en Europe. La première décennie de ce siècle, qui vit passer dans les mains de l'entourage présidentiel toutes les entreprises et banques publiques, les grands médias et les institutions éducatives, scientifiques et culturelles, n'aurait pas dû réserver un sort différent au Sistema. Certains proches de Chávez, tels Farruco Sesto, plusieurs fois ministre de la Culture, ou Jesse Chacón, abonné régulier au portefeuille de la communication, n'auraient pas dédaigné ce joyau sur leur couronne.

Rien n'a hélas ! filtré des rencontres qui eurent lieu au fil de ces années entre Abreu et Chávez, auxquelles Gustavo Dudamel se joignit ensuite de façon régulière ; sans doute appartiendra-t-il à un dramaturge doué de les imaginer pour la scène. La seconde épouse de Chávez, la journaliste et productrice Marisabel Rodríguez, semble avoir offert ses bons offices, afin de rapprocher deux êtres si dissemblables, avant de divorcer du président en 2004. Que ce dernier ait très vite compris l'intérêt en termes de communication du Sistema, avec ses orchestres et sa panoplie de plus en plus large de programmes sociaux, rien de surprenant. Peut-être même reconnut-il un animal politique de sa trempe en la personne d'Abreu. Le coup de maître de celui-ci fut en revanche de faire avaler au chef de l'État qu'aucun de ses lieutenants ne saurait garantir l'efficacité du Sistema aussi bien que lui et les jeunes cadres qu'il avait formés, et que l'écho à l'étranger d'une prise en main brutale par le pouvoir pourrait être plus négatif que celui donné à la mise au pas de la compagnie nationale des pétroles. À moins que Chávez, tout en ménageant les apparences, n'ait pas eu d'illusions sur l'allégeance qui lui serait due ? En 2007, il lançait une *Misión Música* au côté des autres missions bolivariennes. Deux ans plus tard, il officialisait l'indépendance de FESNOJIV (bientôt Fundamusical) à l'égard du ministère de la Culture, et le rattachait directement à la présidence de la République. Farruco Sesto, de nouveau aux affaires, était prié de s'en accommoder. Jesse Chacón serait mieux traité : un partenariat, lancé par Abreu et Dudamel en personne, avec son ministère de l'Énergie autour de nouveaux *núcleos* dans les usines, puis la présidence du conseil de direction de Fundamusical en 2013, qui lui donne aujourd'hui une influence très réelle sur l'institution.

Au prix d'un compromis fondé sur un subtil équilibre des forces, José Antonio Abreu aurait donc réussi, là où ont échoué tous les autres responsables institutionnels au Venezuela : préserver un large pouvoir personnel au sein de son organisation. Les moyens accordés à celle-ci ne cessaient de croître, contrepartie d'objectifs de plus en plus ambitieux – parfois au détriment du réalisme ?

Ce statut exceptionnel attise depuis cinq ans les critiques de la diaspora vénézuélienne à l'étranger, qui accuse l'organisme de collaborer avec un régime devenu dictatorial. On sait moins qu'Abreu comptait parmi les personnalités honnies de beaucoup de chavistes eux-mêmes, qui ne voyaient en lui qu'un renégat opportuniste, et se répandaient sur leurs blogs en propos dont la violence renvoie ceux de Gabriela Montero au rang de regrets attendris – ce qu'ils furent d'abord. Ces polémiques ont-elles coûté le Prix Nobel de la paix, pour lequel il entretenait, selon Geoff Baker, un lobbying actif, au récipiendaire du Prix international de la musique de l'UNESCO (1993), Ambassadeur de bonne volonté du même organisme (1998), Ambassadeur de bonne volonté de l'UNICEF (2004), Praemium Imperiale de l'Association des arts du Japon (2006), Ordre de l'Étoile de la solidarité de la présidence et Médaille d'or du Sénat en Italie (2007), Prix Prince des Asturies pour les arts en Espagne et Grand Cordon de l'Ordre du Soleil levant décerné par l'empereur du Japon (2008), chevalier de la Légion d'honneur en France, Prix Polar en Suède, Prix TED aux États-Unis (2009), Grand-Croix de l'Ordre national Croix du Sud au Brésil (2013) ?

Le Maestro Abreu fut astreint à trois années de ce repos qu'il avait refusé toute sa vie. « Pour le repos, il y aura le repos éternel », avait-il coutume de dire à ceux qui l'exhortaient à se ménager – mais aussi à ceux qui imploraient une pause. Cet homme hors du commun par son intelligence, sa force de travail, son autorité et son charisme, a littéralement consumé ses forces au service d'une vision, et certainement aussi d'une ambition. Qu'il fût un être complexe, manipulateur, recelant des abîmes auxquels lui-même tournait le dos[1], il faudrait être naïf pour le nier. Et, quel que soit le débat de chiffres autour des résultats du Sistema, les personnes dont il a changé la vie grâce à ce programme se comptent bien par milliers, à commencer par les musiciens qui ont fait, grâce à lui, une carrière qu'ils n'auraient pu envisager autrement, et par dizaines, voire par centaines de milliers, celles dont la pratique en amateur de cet art a fait des êtres différents.

Transforme-t-on le destin des autres avec de bonnes intentions, et une âme pure et simple ? L'icône dont Abreu gardait l'image dans son bureau, mère Teresa, s'est vue sérieusement ternie par des études récentes[2], qui dévoilent combien la contemplation fascinée de la souffrance et de la mort était un ressort profond, dans l'énergie qu'elle déployait à construire son œuvre de charité.

La dernière fois que je vis José Antonio Abreu, il assistait au concert donné au Centro par les enfants malades et le personnel soignant du centre de cancérologie de Caracas. L'un des petits participants attendus s'était, la veille, endormi pour toujours. Un autre avait sa perfusion au bras tout en

1. Chefi Borzacchini, *op. cit.*, il rappelait avec une certaine fierté s'être toujours tenu à l'écart de la psychanalyse, au profit de la seule prière.

2. En particulier celle de Serge Larivée, Carole Sénéchal et Geneviève Chénard dans *Sciences religieuses*, université de Montréal, 2013.

jouant. J'eus soudain le sentiment qu'un fluide de vie ténu circulait entre ces jeunes musiciens malades et le Maestro, frêle et recroquevillé dans son fauteuil et sa doudoune, une veine palpitante sur son crâne chauve. Et je ne pouvais dire en quel sens se propageait ce fluide, et qui prolongeait la vie de l'autre.

Chapitre 4

Voyage au cœur du Sistema

Ils s'appellent Victor, Lourdes, Leonardo, Gaudy, Pedro, Josbel, Gonzalo, Andrés, Greymar, Javier, Luis, Joy Eli, Eduardo... Ils ont huit ans, vingt, quarante, soixante ans. Professeurs ou élèves. Musiciens professionnels au sein du Bolívar ou menant leur carrière à l'étranger. Ils ne sont pas aussi célèbres que Gustavo, même si certains, déjà chefs d'orchestre ou aspirants, pourraient y parvenir un jour. Mais ils ont avec lui un point commun : le Sistema a changé leur vie, et la musique y a pris une place qu'elle n'aurait jamais tenue autrement.

Encore faudrait-il interroger les bébés. Car si le Sistema n'a pas découvert que l'apprentissage de la musique est d'autant plus efficace qu'il est précoce, il en repousse aujourd'hui les limites... avant la naissance. Fundamusical montre ainsi fièrement les images insolites de harpistes, vêtues de coiffes et de blouses chirurgicales, jouant dans une maternité au milieu des berceaux de nouveau-nés et des couveuses de prématurés !

Leonardo Mendez, jeune quadragénaire souriant, gère le programme « Nuevos Integrantes », les « Nouveaux Venus ». C'est un fervent avocat des vertus de la musique pour le développement cérébral du fœtus et du nourrisson. Mais, comme l'indique son titre de « coordinateur national des programmes d'intégration sociale », ce n'est pas l'unique dimension qui le motive. « Rien ne se fera dans la vie d'un enfant sans le soutien de sa famille, aussi humble soit-elle, souligne-t-il. Quand nous invitons les femmes enceintes des quartiers défavorisés dans nos *núcleos*, c'est d'abord une façon de leur dire que nous sommes là. Lors de sa naissance, nous accueillons l'enfant avec une musique douce et joyeuse, lui offrons un petit diplôme, des vêtements, et des disques à lui faire écouter les premières semaines. Nous suivons aujourd'hui 1 500 bébés, dont déjà un quart hors de Caracas. En cas de difficulté, le lien est établi. Au Venezuela comme ailleurs, il n'est hélas ! pas rare que les pères abandonnent le foyer, mais les mamans peuvent généralement compter sur le soutien des grands-parents, oncles et tantes, qui sont de puissants relais pour permettre aux enfants de fréquenter le *núcleo.* »

Je n'ai malheureusement pas eu l'occasion de voir de mes yeux opérer le miracle des maternités. Mais, ce samedi 19 juillet 2014, une scène tout aussi inimaginable pour un Européen m'attend au *Centro*, ce *núcleo* amiral voulu par Abreu au cœur de Caracas. À l'occasion de la Journée nationale de l'enfance, des centaines de familles roulent leurs poussettes le long des coursives de béton imaginées par l'architecte Tomás Lugo. Tous les dix mètres, des enfants de dix ou douze ans, déguisés comme des animateurs de parc d'attractions, instruments de musique à la main. « *Que toque, que toque !* », leur crient les parents. « Joue donc » ! Une joyeuse cacophonie de trompettes, violons, flûtes et guitares fait résonner les sculptures kinétiques du plasticien Jesús Soto. Puis les tout-petits tendent le bras, et caressent l'instrument que vient de présenter leur aîné.

Mais il est temps de gagner le cœur du bâtiment, et l'auditorium Simón-Bolívar, l'un des plus beaux d'Amérique latine, avec ses neuf cents places gradinées en boîte à chaussures, aux parois de bois clair et aux sièges multicolores. Quiconque a essuyé les foudres du voisin, en amenant un enfant de six ou sept ans, un peu trop turbulent, à son premier concert classique, éprouvera un sentiment d'envie. Car aujourd'hui, ce sont les plus de cinq ans qui ont l'air tolérés dans la salle ! Les bébés sautillent sur les genoux de papa, maman ou des grands-parents, les grands de quatre ans commencent à plier le programme pour faire des avions en papier. Mais voilà que la lumière baisse. Sur le plateau, une fanfare de cent vingt musiciens entonne de longues mesures d'une fondamentale grave. Magie d'un bourdonnement apaisant, succédant à celui du pépiement aigu ? En quelques secondes, plus un pleur, plus un chuchotement. « La musique se pratique, mais d'abord elle s'écoute, me rappelait quelques minutes plus tôt de sa voix douce Aileen Rodriguez, jeune doctorante en psychologie rattachée à Fundamusical. À chaque étape de leur apprentissage, nous essayons aussi de valoriser chez les enfants la position d'auditeur. Le développement psychomoteur, la structuration des comportements sociaux ne s'acquièrent pas qu'en jouant. Se concentrer sur le matériau musical en tant que tel, apprendre à l'analyser, partager ou non les réactions du spectateur tout en respectant son espace d'écoute sont aussi des atouts déterminants, pour le musicien comme pour le citoyen. Bien entendu, les programmes musicaux sont adaptés à l'âge de l'auditoire. Au stade pré-infantile, nous faisons largement appel aux ensembles de cuivres, dont la sonorité exerce un attrait immédiat. Et nous travaillons beaucoup sur les contrastes rythmiques, entre les plages hypnotiques qui focalisent l'attention, et les passages vifs, communiquant l'esprit de la danse. »

De fait, les seconds font délirer bambins et parents, et voilà bientôt le public emporté dans un tourbillon, tapant dans les mains, chantant avec l'orchestre, soulevant les nourrissons au-dessus des têtes !

Il faut dire qu'en scène, une comédienne déguisée en insecte vert met l'ambiance. Sur un arrangement du *Vol du bourdon* de Rimski-Korsakov, elle taquine les musiciens qui font mine de la chasser, avant de traverser la salle en courant au milieu des familles, enchantées. Mais je la reconnais ! C'est Aileen.

Philharmonie de papier

La plus grande erreur, en imaginant le Sistema, serait de se faire une idée déformée de sa vocation sociale. Laquelle reposerait sur une vision tiers-mondiste elle-même caricaturale. Celle de sociétés sous-éduquées, peuplant d'immenses bidonvilles sordides, dont se protégerait une minorité de possédants, claquemurée dans ses villas de luxe. Certes, les inégalités extrêmes et la persistance de la misère de masse demeurent des réalités de l'Amérique latine. Mais son extraordinaire créativité procède aussi de ses classes moyennes formées, dynamiques, industrieuses face à des lendemains qu'elles rêvent toujours meilleurs, mais savent gros de tempêtes brutales. Pour la petite bourgeoisie, menacée de perdre, lors de la prochaine secousse bancaire, le peu que lui laisse la précédente. Et pour les humbles, qui louent leur petit appartement ou maisonnette de banlieue, et craignent le retour à la case *favela*.

Il ne faut donc pas s'étonner de trouver, au Venezuela, une réflexion aussi aboutie sur les questions éducatives que dans des pays plus favorisés, et moins prisonnière de l'académisme ou de l'institution. S'il est ici une valeur partagée, c'est celle de la communauté, soudée contre les vents adverses, pour protéger ses enfants et leur assurer un avenir meilleur. Pas de temps à perdre en se demandant si une idée est conforme au canon de l'université. On l'essaie.

Josbel Puche est un hymne vivant au métissage vénézuélien, avec son visage qui irradie une chaleur communicative. Elle est aussi l'inventrice d'un outil pédagogique désormais connu dans le monde entier : l'orchestre de papier. « Certains parents auxquels nous ne pouvions pas fournir d'instruments adaptés à leurs plus jeunes enfants, âgés de 2 à 6 ans ont commencé, pour les faire patienter, à en fabriquer des faux avec du carton. En généralisant ce système D, nous en avons fait une étape de formation. Aujourd'hui, ce sont les enfants eux-mêmes, aidés des enseignants et des parents, qui dessinent, découpent et assemblent les instruments. La phase orchestre de papier ne dure que trois mois. Mais il fonctionne comme un vrai, avec de petits concerts donnés devant les familles. Sauf que les enfants chantent, tout en s'habituant à prendre en main des instruments dont ils ont tout loisir de changer afin de voir lequel leur convient le mieux. » Comme nombre d'enseignants, Josbel a fait partie de la première génération d'élèves du Sistema, où elle a appris le violon dès l'âge de huit ans. Comme la plupart de ses camarades, elle a aidé, à l'adolescence, les plus jeunes à démarrer l'instrument. Adulte, elle s'est spécialisée sur le travail avec les débutants, au sein du *núcleo* de La Rinconada, connu comme l'un des plus anciens et des plus vastes de Caracas, renommé à la fois pour sa mixité sociale et la qualité de ses équipes.

Un pays constellé d'orchestres ?

Mais à partir de six ans, fini de jouer ! Ou plutôt, jouons pour de vrai... Ici commence la grande aventure des orchestres et chœurs pré-infantiles, infantiles et juvéniles, qui accueillent la majorité des 900 000 enfants et adolescents, répartis entre 1 300 orchestres et 1 120 chœurs, et abrités par 440 *núcleos*, où officient 9 000 enseignants, selon les chiffres officiels – dont nous verrons au chapitre suivant les questions qu'ils soulèvent aujourd'hui.

Les trois orchestres qui m'avaient frappé de stupeur dans la ville populaire de Guarenas obéissaient à cette division. Mozart pour l'orchestre pré-infantile, de six à dix ans. Tchaïkovski pour l'orchestre infantile, de dix à quinze ans. Et Mahler pour l'orchestre juvénile, de quinze à vingt ans. Dans la pratique, l'âge ne représente pas une contrainte rigide, et j'avais remarqué quelques adolescents dans l'orchestre pré-infantile. Andrés González, le jeune directeur du *núcleo*, m'en avait expliqué la raison : « Tous les enfants ne commencent pas la musique au même moment. En soi, l'hétérogénéité des âges et des niveaux n'est pas un problème. Au contraire : elle participe de la socialisation, en obligeant le groupe à tenir compte des différences et des besoins de chacun. »

Tous vont donc se voir prêter gratuitement l'instrument de leur choix. Ou celui qu'on leur aura conseillé – les enseignants du Sistema reconnaissent que l'orientation combine selon les cas la volonté de l'enfant, l'avis des professeurs, et les besoins conjoncturels. Mais d'ailleurs, comment trouver plusieurs centaines de milliers d'instruments, dans un pays qui n'a aucune tradition de lutherie ? En la créant ! À la vénézuélienne, avec les moyens du bord.

Direction Caricuao, banlieue de Caracas, dont les immeubles d'habitation au flanc des collines verdoyantes furent un modèle d'urbanisation pour la petite classe moyenne dans les années soixante, et se délabrent aujourd'hui, tandis que la délinquance et le trafic de drogue gangrènent les rues. Au pied des tours, Fundamusical a investi de vastes hangars : le Centre académique de lutherie. Né en 1982, il reprenait en fait un projet amorcé par le père Vélaz, qui rêvait de développer de nouvelles compétences artisanales. Responsable des instruments à cordes, Guillermo Andrade, sexagénaire moustachu et bonhomme, me fait visiter les lieux. « Ici, c'était d'abord l'atelier de réparation du Sistema, se souvient-il. Durant les premières années, nous avons fait venir en masse des instruments bon marché d'Europe de l'Est, puis de Chine. Et développé un savoir-faire unique pour prolonger la vie des cas désespérés ! Petit à petit, nous avons appris à fabriquer nos propres instruments. Cette maîtrise s'est enrichie du travail sur notre patrimoine folklorique, avec nos guitares et nos harpes très spécifiques. »

Nelson, un garçon d'une vingtaine d'années, me montre l'instrument qu'il vient de régler. Ils sont aujourd'hui trois cents apprentis, dont près de la moitié à Caracas, et les autres répartis dans vingt-sept ateliers plus petits à travers le pays. Cent trente formateurs les accompagnent. Quelques-uns travaillent à temps plein pour Fundamusical, mais la majorité se partagent entre l'académie et leur échoppe personnelle. Le Sistema est ici parvenu à créer une niche d'opportunités économiques.

À mesure qu'il grandit, l'enfant échange son instrument devenu trop petit contre un nouveau, adapté à sa taille. Dans la majorité des cas, il l'emporte à la maison.

Jouer en groupe, par pupitres ou tout l'orchestre, est donc la base de l'enseignement du Sistema. On apprend par l'imitation du rang, à l'inverse du modèle individuel des conservatoires européens – celui qui prévaut à travers le monde, à l'exception des fanfares populaires, et malgré la contre-proposition de Suzuki. Il s'agit d'abord d'une école du geste, de l'oreille et de la production sonore. Comme le soulignait Gustavo Dudamel, le solfège n'est pas oublié, mais généralement abordé durant la deuxième année.

Cette pédagogie collective suscite depuis des décennies de nombreux débats parmi les spécialistes. Il n'est pas ici question de les épuiser, mais d'en exposer les termes, déclinés à travers les différents pays.

Le premier concerne la plus grande vitesse des progrès, revendiquée par chaque camp. Cette contradiction pourrait s'expliquer selon le nombre d'heures d'enseignement. Au rythme vénézuélien, c'est-à-dire avec vingt heures ou plus par semaine, les enfants du Sistema paraissent avancer plus vite chaque année que les élèves des conservatoires. En revanche, à nombre d'heures égal, c'est-à-dire quatre ou cinq par semaine pour des débutants, les progrès sont très lents par l'apprentissage collectif, comme on le verra avec les projets qui, ailleurs dans le monde, ont importé certains principes du Sistema, mais pas ses cadences de cours.

La question la plus débattue est cependant celle des mauvais réflexes que risque d'affermir le seul travail en groupe. Postures inadéquates, position des mains et tenue d'archet limitant la dextérité pour les instruments à cordes, faible attention à la qualité individuelle du son. Les défauts immédiatement corrigés en cours particulier passeraient inaperçus lorsque les enseignants ne peuvent accorder l'attention nécessaire à chaque élève, alertent les tenants du cursus traditionnel[1]. Peu handicapants pour une majorité de jeunes

1. Lire par exemple en France les tribunes de Marc-Olivier Dupin, ancien directeur du Conservatoire national supérieur de musique et de danse de Paris, notamment dans la revue *La Lettre du musicien.*

non destinés à faire de la musique à haut niveau, ces travers risqueraient de gâcher le potentiel des plus doués.

Il serait absurde de balayer ces arguments d'un revers de main. Car on verra, dans le cas des pays plus riches que le Venezuela, combien l'engouement récent pour le cours collectif peut cacher, sous couvert d'ouverture sociale, la simple recherche d'économies budgétaires, et traduire en fait un dédain préjudiciable à une éducation musicale de qualité.

Sans doute faut-il rappeler aussi que le Sistema n'a nullement banni l'enseignement individuel. Les deux méthodes ne sont pas opposées l'une à l'autre mais complémentaires, articulées selon des temporalités différentes.

La pratique collective est l'outil de départ. Elle permet de toucher les populations les plus larges, favorisant l'inclusion et la mixité sociale inhérentes au projet. Elle évite également, par son caractère ludique, l'effet de découragement qui guette les débutants d'abord confrontés au seul solfège, puis à une initiation purement technique. Mais, comme pour la théorie, le perfectionnement individuel va intervenir au bout d'une ou deux années, selon la motivation et le potentiel de l'enfant. Des défauts irrémédiables peuvent-ils apparaître dans ce laps de temps ? La pédagogie traditionnelle insiste sur l'importance des bonnes habitudes prises dès le début. Mais le succès à travers le monde des musiciens professionnels ayant commencé au sein du Sistema vénézuélien tendrait à apporter un démenti.

L'école des jeunes talents

C'est dans les *núcleos* de quartier que débute ce travail de perfectionnement, par très petits groupes ou individuellement. Mais très vite, les enfants les plus prometteurs sont repérés et envoyés, quelques heures par semaine ou lors de stages de quelques jours, dans les écoles avancées du Sistema. L'enseignement y est toujours gratuit, mais l'éloignement du quartier pose un problème économique autant que logistique, même si, officiellement, il y en a au moins une dans chacun des vingt-trois États vénézuéliens. Réunis, ceux d'Amazonas et Bolívar, au sud du pays, ont une superficie proche de celle de la Suède ! Les enfants ne pouvant utiliser de transports en commun pour se rendre dans la journée dans ces écoles supérieures sont clairement défavorisés, même si Fundamusical a mis en place des bourses de voyage, et recourt au système D pour l'hébergement.

Caracas, retour au *Centro*. Le bâtiment flambant neuf n'abrite pas seulement une salle de concerts, mais s'est aussi affirmé comme l'un des premiers lieux d'enseignement du pays, devant le Conservatoire Simón-Bolívar également géré par le Sistema[1]. Sur les couloirs de béton s'ouvrent les portes de petits studios insonorisés, où je retrouve Alan et Dina, les adolescents rencontrés dans le *núcleo* de Guarenas.

« C'est vrai, ce n'est pas toujours facile de venir ici une fois par semaine, reconnaît le garçon. Aujourd'hui, mon papa a pu nous amener, sinon il faut prendre le bus puis le métro, plus de deux heures à l'aller et au retour. Mais c'est ici que je peux avoir du temps pour moi seul avec les meilleurs enseignants, et réaliser mon rêve de devenir musicien professionnel. » Rêve partagé par tous les enfants et jeunes gens avec lesquels je discute. « Je veux être trompettiste au sein du Bolívar. Puis chef d'orchestre, pour diriger la *Neuvième* de Mahler ! s'enthousiasme Eduardo, douze ans. Toute ma famille est dans le Sistema, papa dirige le *núcleo*

1. La vieille École de musique supérieure José Angel Lamas, qui forma tous les grands musiciens vénézuéliens, dont Abreu, n'a pas disparu, mais n'occupe plus qu'une place marginale.

de La Rinconada. Parfois, j'aimerais avoir un peu plus de temps pour jouer au foot. Mais si je veux y arriver, je dois continuer à répéter tous les jours plusieurs heures, samedis et dimanches compris. La musique, c'est quand même ce qui me rend le plus heureux dans la vie. Ce que je préfère, c'est les tournées avec les copains. Quand nous sommes allés à Salzbourg avec l'Orchestre national infantile, tout le monde nous applaudissait, et nous avons visité la vieille ville ! Mais ce dont je me souviendrai toujours, c'est d'avoir pu parler avec les musiciens du Philharmonique de Vienne, qui nous ont encouragés. »

Pour Javier, vingt ans, qui étudie une partition avec son cadet, le chemin sera plus ardu. « Je viens de Manizales, en Colombie. Je jouais de la trompette dans une fanfare. À dix-sept ans, j'ai entendu des musiciens vénézuéliens jouer du cor, le plus difficile parmi les cuivres. J'ai pris ça comme un défi. J'avais un oncle au Venezuela, je suis venu passer une audition pour le Sistema. J'ai joué une cumbia, une danse traditionnelle, les mecs étaient morts de rire ! Je ne savais pas qui était Mozart, je n'avais jamais vu de concert classique. Mais ils ont compris que j'avais la volonté, et ils m'ont accepté. J'ai étudié, étudié et étudié, pour rattraper mon retard, parfois de huit heures du matin jusqu'au milieu de la nuit. J'ai pu rentrer à l'Orchestre juvénile de Carabobo, obtenir une bourse, être invité à étudier ici à Caracas. En retour, j'enseigne déjà aux petits, c'est ma façon de remercier le Sistema de m'accueillir gratuitement et de m'aider. Je veux faire de l'orchestre, mais j'adore aussi la musique de chambre. J'ai fondé un quatuor de cuivres avec des copains, nous faisons des arrangements de la BO de *Spiderman* ! Et plus sérieusement, j'ai des amis compositeurs, et je compte bien leur demander d'écrire des octuors. »

Deux chemins représentatifs au sein du Sistema. Eduardo, l'enfant choyé de la classe moyenne – le chercheur Geoff Baker n'hésiterait pas à parler de la petite nomenklatura musicale. Javier, le jeune homme issu du *barrio* colombien, qui s'est donné les armes d'un avenir meilleur. Les deux se rencontrent, s'éduquent, se mélangent. Dans quelles proportions ? Fundamusical donne le chiffre de 75 % d'élèves provenant de familles vivant sous le seuil de pauvreté[1]. Mais aucune étude statistique complète n'est disponible, et l'observation empirique oriente vers une proportion beaucoup plus faible. Ainsi, une étude de la Banque interaméricaine de développement[2], menée en 2016, n'en relève que 16,7 % sur un échantillon de 3 000 – mais celui-ci n'était pas forcément représentatif. Les visites dans les *núcleos* et les échanges avec les élèves renforcent l'impression d'une forte présence des enfants issus des classes moyennes et populaires, plutôt que des plus misérables. Toujours de façon empirique, on constate une présence importante d'enfants comme Eduardo, dont les parents ont eux-mêmes suivi le programme étant jeunes, et y ont inscrit toute leur fratrie – la famille n'est donc pas, ou plus, en situation de grande exclusion.

Les dynasties de musiciens paraissent également bien représentées au sommet de la pyramide que constituent les orchestres supérieurs, sans être toutefois en situation de monopole. Il ne s'agit pas uniquement de celles dont tous les membres ont suivi le programme. Les musiciens dont les parents, frères et sœurs exercent dans le domaine des musiques populaires sont également nombreux. À ce

1. Soit autour de 120 USD par mois pour le foyer, ce qui concernait près de 47 % des Vénézuéliens en 2013.

2. X. Alemán (sous la direction de) : *The Effects of Musical Training on Child Development : a Ranfomized Trial of El Sistema in Venezuela*, Banco Interamericano de Desarrollo, 2016. Consultable en ligne sur le site de l'organisation.

stade, une exploration s'impose dans la jungle des orchestres fondés par le Sistema, qui laisse souvent perplexe les observateurs étrangers.

Une symphonie pyramidale

Les meilleurs parmi les jeunes musiciens du pays peuvent, entre huit et treize ans, intégrer l'Orchestre symphonique national infantile du Venezuela. C'est celui qui a permis à Eduardo, le jeune trompettiste qui s'entraînait au *Centro*, de découvrir Salzbourg. Comme lui, deux cents enfants, sélectionnés à travers tout le pays, bénéficient de cours de perfectionnement au plus haut niveau, et participent régulièrement à des tournées internationales. Le niveau suivant constitue l'Orchestre national juvénile du Venezuela. Toutefois, durant près de quinze ans, cet orchestre n'a pas été massivement renouvelé. Après le triomphe des premières tournées internationales dirigées par Gustavo Dudamel, ses membres ont été réunis dans une formation professionnelle appelée *Orchesta Sinfónica Simón-Bolívar de Venezuela* (ou Bolívar B, en interne), doublonnant l'orchestre professionnel plus âgé déjà existant, la *Sinfónica Simón-Bolívar* (Bolívar A). La promotion des nouvelles générations de musiciens adolescents est donc devenue un sujet complexe. Fundamusical y a répondu par la création de nouveaux orchestres juvéniles, dont le plus remarqué est l'*Orchesta Sinfónica Teresa Carreño*, qui a effectué de nombreuses tournées à l'étranger avec son directeur musical Christian Vásquez[1].

En 2017, Gustavo Dudamel envoyait un signal fort en recréant un Orchestre national juvénile du Venezuela portant ce nom. Cent quatre-vingt-cinq adolescents, entre onze et

1. Également directeur musical de l'Orchestre de Stavanger en Norvège.

dix-huit ans, ont été choisis sur audition parmi plus de trois mille postulants à travers tout le pays. Ils se sont retrouvés bien malgré eux au cœur d'une tempête politique où s'affrontent désormais le président Maduro et le Maestro Dudamel...

Si elle se professionnalise ensuite, cette nouvelle génération pourrait devenir un Bolívar C, rejoignant l'élite des musiciens du pays, qui compte aujourd'hui un peu plus de 300 personnes[1]. L'équipe A est dominée par les premières générations du Sistema encore en activité. Son champ d'action est essentiellement national et latino-américain, mais ses membres occupent pour la plupart des postes importants d'enseignement et de management, en plus de leur travail à l'orchestre. L'équipe B regroupe donc les camarades de Gustavo Dudamel et quelques cadets. Ce sont eux qui assurent aujourd'hui les grandes tournées internationales, et ont imposé le Bolívar parmi les orchestres les plus recherchés. Tous ces musiciens perçoivent des salaires équivalents à ceux de leurs collègues des meilleurs orchestres occidentaux, en parité de pouvoir d'achat, si tant est que cette notion ait encore un sens avec les taux d'inflation délirants qui sévissent au Venezuela. Pour le dire autrement, leur revenu et leur statut social sont proches de ceux des professions libérales et cadres supérieurs. C'était le souhait d'Abreu, en ouvrant de nouvelles opportunités professionnelles aux jeunes musiciens du pays.

1. Rappelons également qu'avant l'avènement du Sistema, le pays comptait deux orchestres professionnels : le vénérable Orchestre symphonique du Venezuela, et l'Orchestre symphonique de Maracaibo. L'un et l'autre ont conservé leur indépendance et poursuivent leurs activités, mais celle-ci paraît désormais bien discrète comparée à leurs prestigieux cadets.

Pedro, Gaudy, Gonzalo et Greymar appartiennent à cette génération mythique du Bolívar B, qui a aujourd'hui entre vingt-cinq et quarante ans. Je les ai souvent croisés à Caracas, puis lors de tournées à Paris, Cologne ou Milan, avant de les voir accomplir à Vienne, en mars 2017, un rêve qui eût paru insensé vingt ans plus tôt : donner, sous la direction de Gustavo, l'intégrale des symphonies de Beethoven dans la légendaire salle dorée du Musikverein. On ne saurait imaginer profils plus contrastés que ce quatuor.

Pedro Carrero, trente-six ans, est trombone solo. Petit et trapu, de type européen avec sa peau claire et ses cheveux châtains, il incarne l'image d'un leader au sein des cuivres, avec sa gouaille souriante et ses tenues à la mode. « Je suis né à San Cristobal, à deux heures de Caracas. Le trombone, c'est une affaire de famille : nous sommes une vingtaine à en jouer, des arrière-grands-parents aux enfants ! Mais tous dans des fanfares ; seul un de mes oncles et moi-même avons intégré le Sistema. »

Gaudy José Sanchez Moreno a le même âge, lui aussi des traits européens, et s'il paraît moins extraverti de prime abord, son sourire dévoile un caractère déterminé et jovial. « Je viens d'un village de mille habitants, à la frontière colombienne. Mon père cultivait des tomates, ma mère était l'institutrice de la commune. Pas de musiciens dans la famille, sauf une cousine. Moi, j'adorais ça, et je jouais du piccolo dans la fanfare locale. Quand soudain, en 1991, un *núcleo* ouvre au village ! J'ai pu y réaliser mon rêve de gosse : jouer de la trompette ! »

Fin et élégant avec sa barbe impeccablement taillée, Gonzalo Hidalgo affiche le teint mat et le regard profond d'un métissage amérindien. Trente-quatre ans, il est basson solo. « Beaucoup de musiciens dans ma famille, dont des professionnels, mais aucun dans le classique. À la maison, on jouait de la guitare, de la harpe et du violon traditionnels, on chantait… Mon père a vu dans le journal une annonce du *núcleo* de Barinas, qui venait d'ouvrir là où nous vivions. Nous sommes allés le visiter, cela m'a plu, il m'y a inscrit. J'avais neuf ans, et j'ai commencé par le violon, avant de passer au basson à treize ans. »

Greymar Mendoza, dont les traits signent la rencontre de l'Afrique, de l'Amérique et de l'Europe, a la beauté resplendissante des miss qui ont rendu le Venezuela célèbre avant le Sistema. À vingt-huit ans, elle est chef de pupitre des altos. « Mes parents, qui ne sont plus là aujourd'hui, n'étaient pas musiciens. Mais ils avaient entendu dire que le Sistema était une école de discipline et de concentration, aussi nous ont-ils inscrits mon frère et moi dans le *núcleo* de notre ville natale de Puerto Cabello. Mon frère s'est orienté vers les musiques populaires, moi, je suis restée dans le classique. Pourtant, ce n'était pas gagné : j'ai commencé la musique à onze ans. Six ans plus tard, j'intégrais le Bolívar sur audition ! Je dis sans arrêt aux enfants que rien n'est impossible, que tout est affaire de persévérance, et qu'à leur âge j'en savais beaucoup moins qu'eux ! »

Au cœur du Bolívar

Quel regard portent-ils sur l'évolution de « leur » Bolívar, dans les dix à vingt ans qu'ils y ont passé ?

« Son développement a été soigneusement construit par le Maestro Abreu, répond Gonzalo. Dans les toutes premières années, il a demandé un travail intensif sur les symphonies de Tchaïkovski afin de renforcer les cuivres, sur Mozart et Verdi pour le phrasé des cordes. Les compositeurs latino-américains nous ont permis d'acquérir une aisance rythmique à toute épreuve, et sur ces bases, nous avons pu nous mesurer à Beethoven et à Mahler, qui pour des raisons différentes demandent toutes les qualités dont doit disposer un orchestre.

– Le Maestro Abreu ne dirigeait déjà plus lui-même, se souvient Gaudy, mais il était très souvent dans la salle. "Labres sangrantes !" criait-il aux cuivres, les lèvres en sang ! Et aux cordes "Chaquilla al talón[1] !" Le Bolívar, c'est d'abord cette puissance du son, qui s'est progressivement nuancée. Surtout quand Gustavo est devenu directeur musical, et qu'il a gagné en maturité. L'énergie des attaques demeure, mais elles varient jusqu'à l'immatériel, du coup les lèvres sont moins sanglantes !

– La violence de la phrase lancée à des adolescents fait un peu froid dans le dos, vous ne trouvez pas, m'étonnais-je ?

Elle va bien avec cette autre formule que le Maestro affectionne et que tu connais sûrement, s'amuse Gaudy : "Pour se reposer, il y aura le repos éternel !"

– Dans le même temps, le Maestro a toujours été d'une incroyable disponibilité pour chacun de nous, souligne Pedro. Et toujours sur le mode de l'encouragement, jamais du reproche. Le but est de s'améliorer sans cesse, en mettant en avant ce qui va bien ! Cet esprit de famille joyeuse et bienveillante imprègne d'ailleurs le Bolívar. Quand j'y ai été invité pour la première fois, avant d'y être admis comme permanent, j'avais quatorze ans. Les plus grands prenaient soin de moi en tournée, comme mes professeurs, que j'y retrouvais. C'est aussi cela le secret de notre son : nous avons grandi ensemble, veillés par une génération d'enseignants et de grandes figures qui nous ont guidés patiemment. Avec toutes les disputes et les petits drames, mais aussi tout l'amour qu'on peut trouver

1. Intraduisible, l'expression est un encouragement à remonter l'archet aussi loin que possible au talon afin de donner plus de force au jeu.

dans une famille. Et Gustavo a grandi avec nous, ça aussi, c'est une relation unique. Quand il revient nous diriger, il retrouve toutes les habitudes de camaraderie informelle, et cela n'entrave en rien le respect que nous avons pour lui.

– Il faut dire que, lorsqu'il était violoniste, il était à la fois complètement dans la vie collective, et déjà un peu à part, rappelle Gaudy. En tournée, il plaisantait avec nous dès neuf heures du matin au petit déjeuner, mais lui s'était levé à sept heures pour travailler ses partitions !

– La passion partagée avec le groupe, c'est la seule clé pour pouvoir travailler autant, relève Greymar. Parce que, depuis l'entrée au *núcleo*, nous prenions plus de plaisir à nous retrouver et à faire de la musique ensemble qu'à n'importe quoi d'autre. Et qu'en rentrant dans les orchestres avancés, jusqu'au Bolívar, toute notre éducation nous a entraînés à nous dépasser. Parce que les moments que nous vivons ensemble en concert sont plus intenses que n'importe quoi d'autre. Vous vous souvenez de cette *Deuxième Symphonie* de Mahler dirigée par Gustavo aux Proms de Londres, en 2011 ? On était tous en larmes ! On se regardait les uns les autres, et on se disait : "Mais toi aussi, tu pleures ?" D'où notre capacité à faire des répétitions à rallonge. Les chefs étrangers qui viennent nous diriger n'en reviennent pas ! Mais c'est une réalité : je peux être aussi fraîche à la dixième heure sur ma chaise qu'à la première, si on a su me faire oublier que le temps passait. »

Justement, à quoi ressemble une semaine type d'un musicien du Bolívar ? « A une vie de fou, s'esclaffe Gaudy ! Sauf événement exceptionnel, comme l'invitation d'un grand maestro étranger ou un projet à monter avec Gustavo dans un temps très serré, les répétitions ont lieu de dix heures à quatorze heures du lundi au vendredi. L'après-midi, nous enseignons au *Centro*, ou au Conservatoire Simón-Bolívar à Caracas. D'autre part, je suis membre du conseil académique de Fundamusical, qui travaille au niveau national sur les programmes pédagogiques ; nous nous réunissons deux fois par semaine au Centro, de sept à dix heures du matin. Et comme je suis également responsable de la coordination régionale des *núcleos* pour mon état natal de Táchira, je m'y rends tous les vendredis soir et j'en reviens le dimanche soir, afin de régler autant que je peux tous les problèmes qui se présentent là-bas. »

Nous n'avons pas tous des responsabilités aussi variées, me rassure Greymar. Mais tous, nous enseignons au sein du Sistema. C'est une grande différence avec nos collègues étrangers, dont l'activité de professeur est complètement distincte du travail à l'orchestre. Nous donnons des cours à Caracas aux meilleurs élèves, mais revenons aussi régulièrement dans notre région d'origine pour apporter notre expérience dans les *núcleos* et y repérer les meilleurs éléments. En moyenne, je rentre tous les quinze jours à Puerto Cabello. C'est à la fois une façon de rendre au Sistema ce qu'il nous a apporté, et une responsabilité au sein de notre communauté : nos familles et amis d'enfance ne comprendraient pas que nous les négligions alors qu'une telle chance nous a été donnée.

« Le génie du Maestro Abreu, c'est une pensée globale, qui va toujours plus loin que l'individu, sans le brimer, ajoute Gonzalo. Dès que tu as appris quelque chose, tu es apte à l'enseigner, tout en continuant à apprendre toi-même. Le Sistema s'alimente constamment de l'expérience acquise et des innovations menées aux deux bouts de la chaîne.

– Et la conscience que nous devrons céder la place renforce cette logique, conclut Pedro. Il serait moralement indéfendable de barrer la route à la nouvelle génération, alors que nos aînés nous ont laissés représenter le Sistema à travers le monde. Alors que nous étions une bande de gamins pour lesquels il fallait tout décider, nous avons pris en main notre destin et celui des autres. Nous avons appris à réfléchir au sein de l'orchestre, par exemple au sein de la commission artistique qui participe au choix des programmes, chefs et solistes invités. Assumé des responsabilités de plus en plus lourdes dans l'enseignement de notre instrument et l'organisation régionale. Les besoins dans ce pays sont infinis, et absorberont aisément jusqu'à nos dernières forces ! »

Une institution gigantesque

Cette dimension organique d'un gigantesque projet social et pédagogique, produisant également un enseignement d'excellence et des formations professionnelles d'élite, reste la singularité absolue du Sistema. Ceux qui le vivent en ont à la fois la conscience et la fierté. La génération des aînés, celle du Bolívar A, qui a fondé l'orchestre du milieu des années soixante-dix, est le témoin privilégié de ces transformations – et se dit elle-même transformée par ce qui s'est produit ces quarante dernières années au Venezuela.

À bientôt soixante ans, le masque indien buriné de Victor Rojas s'illumine de ses yeux clairs et d'un large sourire. Entré en 1979 comme flûtiste au Bolívar, il en est devenu l'administrateur général[1]. « Je ne comprenais pas du tout pourquoi le Maestro Abreu me faisait cette proposition, se souvient-il. Même s'il nous a toujours répété que cet orchestre, c'est nous, j'estimais qu'il serait plus en sûreté dans les mains d'un professionnel de la gestion ! Ce n'est qu'au fil du temps

1. À l'automne 2017, Victor a choisi l'exil, en direction des États-Unis. Près du tiers des musiciens du Bolívar seraient aujourd'hui dans ce cas. En attendant un hypothétique redressement du pays et une transition démocratique, ce portrait de l'orchestre datant de moins d'un an prend donc une valeur historique.

que j'ai compris qu'il y a des choses que seul un musicien perçoit. L'enfant qui a brisé son archet est aussi important que le contrat du soliste. »

Comme Victor, nombre de cadres administratifs de Fundamusical ont commencé par apprendre un instrument dans un *núcleo*. Jusqu'à Eduardo Méndez, le jeune directeur exécutif de la fondation, qui a succédé en 2013, à l'âge de trente-quatre ans, au vétéran Igor Lanz, compagnon de la première heure d'Abreu. « J'ai tout de même une double formation, sourit-il. J'ai commencé le violon à cinq ans dans la province de Mérida. Adolescent, j'étais violon solo de l'Orchestre symphonique juvénile de Chacao[1], et j'ai également fait partie du Bolívar B quand il était encore un orchestre juvénile. Mais, à partir de dix-huit ans, je me suis consacré à des études de droit et de gestion des institutions publiques, sur la recommandation du Maestro Abreu. »

Étonnante administration, où la volonté du père tutélaire semble avoir décidé du destin de chacun ! Quelques jours passés dans les bureaux de Fundamusical ne laissent pourtant pas le sentiment qu'on pourrait redouter, celui d'une servilité craintive. La liberté de ton y paraît aussi entière que l'enthousiasme. « Alors, tu ne nous prends pas pour une espèce de secte ? » s'amuse l'une des responsables du service communication. Elle fait partie de ceux qui n'ont pas appris la musique dans leur enfance. « Mais travailler ici a changé le sens de ma vie. Je suis avec passion le travail des directeurs des *núcleos*, qui reçoivent en général pour moitié leur budget de l'État via Fundamusical, et pour l'autre des collectivités locales – donc, avec des situations très contrastées. Il y a des enfants dont j'accompagne le parcours comme s'ils étaient

1. Banlieue éloignée de Caracas, dans l'État de Miranda, et l'une des municipalités les plus riches du Venezuela, lieu de résidence recherché de la bourgeoisie d'affaires.

les miens, les voyant grandir d'un orchestre à l'autre. » Par ailleurs, elle se passionne pour les philosophies bouddhistes, et suit des ateliers d'écriture de nouvelles érotiques, preuve que la dévotion austère d'Abreu ne s'impose pas à tous ses collaborateurs.

D'ailleurs, de quels budgets parle-t-on ? Voilà bien une question épineuse, autant que polémique. Durant de nombreuses années, Fundamusical s'est abstenu de communiquer sur ce point. En décembre 2017, j'ai obtenu de la part d'Eduardo Méndez les chiffres suivants, qui doivent faire l'objet d'une communication publique dans le courant de l'année 2018.

Pour l'année 2016, le budget annoncé dépasserait les 742 millions de dollars américains, soit deux fois et demie celui d'une institution comme le Metropolitan Opera de New York. Les frais de fonctionnement s'élèveraient à 140 millions de dollars (soit à peu près le budget annuel d'un théâtre comme la Scala de Milan), ceux consacrés aux orchestres juvéniles, aux *núcleos* et à leur personnel enseignant à travers le pays approcheraient les 545 millions de dollars. Rapportés à un nombre d'élèves qui dépasserait les 826 000 au 31 décembre 2016, et pour une institution employant plus de 9 000 personnes, ils paraissent moins démesurés. Un ratio grossier permettrait de déduire qu'un élève du Sistema coûte un peu moins de 900 dollars par an.

Il convient cependant de les prendre avec la plus grande prudence. D'abord, parce qu'ils cumulent des dépenses de nature extrêmement différentes. Les coûts salariaux du Bolívar, ses dépenses de tournée, les investissements immobiliers pour construire un nouvel auditorium au *Centro* à Caracas n'ont évidemment pas vocation à se voir répartis avec les rémunérations des enseignants ou les frais d'électricité des *núcleos* !

D'autre part, ces chiffres en dollars procèdent d'une conversion avec la monnaie vénézuélienne, le bolívar dit *fuerte*. Avec un taux d'inflation de 800 % pour l'année 2016, donner une lecture pertinente de l'activité économique sur douze mois devient virtuellement impossible, puisqu'un bolívar reçu le 31 décembre vaut huit cent fois moins que le même versé le 1er janvier ! En corrigeant très arbitrairement cet effondrement, on peut supposer que si la monnaie nationale était restée à sa valeur de début d'année, le budget 2016 se rapprocherait plutôt d'une centaine de millions de dollars. Soit un coût tournant autour de 120 dollars par élève et par an, toujours sans mettre à part les budgets concernant l'enseignement *stricto sensu*… et si le nombre d'élèves est exact ! Car tous ces chiffres, y compris les effectifs, restent ceux que l'organisation a bien voulu communiquer, dans un contexte de crise économique et politique aiguë.

Violon, guitare ou chant ?

Mais revenons aux grands adolescents et jeunes adultes qui ont suivi la formation au sein des *núcleos*, ont progressé au cœur des formations juvéniles, mais n'ont pas été retenus par le Bolívar. Pour eux, fini l'orchestre ? Non, car en plus de ses mille trois cents ensembles amateurs, pré-infantiles, infantiles et juvéniles, des deux orchestres amateurs d'élite (infantile et juvénile) et des deux phalanges professionnelles du Bolívar, le Sistema a mis sur pied des formations semi-professionnelles, où se retrouvent étudiants et enseignants. Jusqu'à l'aggravation récente de la crise économique, l'*Orchesta Sinfónica Teresa Carreño* semblait évoluer vers ce modèle mixte, au fur et à mesure que ses membres entraient dans l'âge adulte, de même que les orchestres symphoniques de Caracas, Francisco de Miranda et de Carabobo. Des ensembles spécialisés se sont également développés, souvent à l'initiative des artistes eux-mêmes, et certains d'entre eux attirent les musiciens du Bolívar. Celui qui a le plus frappé les esprits à l'étranger est l'Orchestre baroque Simón-Bolívar : né en 2013 seulement, il s'est d'emblée imposé comme l'un des meilleurs des deux Amériques jouant sur instruments d'époque. Mais on ne saurait oublier l'Orchestre afro-vénézuélien Simón-Bolívar, l'Orchestre latino-caribéen Simón-Bolívar, l'Orchestre de rock symphonique Simón-Bolívar, le Simón-Bolívar Big Band Jazz... Dans ces ensembles, les situations individuelles sont extrêmement diverses : rémunération au cachet pour chaque concert, couvertes par les *becas* (bourses) pour ceux qui sont étudiants, ou encore intégrées à un salaire global perçu comme enseignant. De même pour les groupes de musique de chambre fondés par les musiciens : quatuors à cordes, ensembles de cuivres, de guitares, de percussions... Sans compter tous ceux auxquels les musiciens participent sans lien institutionnel avec le Sistema.

L'ouverture aux répertoires traditionnels et populaires est manifeste depuis quelques années, notamment avec le programme *Alma Llanera*, qui a suscité dans de nombreux *núcleos* du pays la naissance d'ensembles servant la musique des *llanos*, ces plaines d'élevage célèbres pour la richesse de leur folklore, avec ses chants mélancoliques, et la sonorité envoûtante des harpes et guitares locales. Geoff Baker, dans son livre à charge contre le Sistema[1], y voit une réponse tactique aux critiques adressées par une partie du pouvoir bolivarien au bourgeois Abreu, jusque-là surtout attaché à promouvoir l'orchestre classique issu de l'impérialisme européen... On imagine mal en effet que cette orientation soit dénuée de toute visée stratégique, mais elle procède

1. *El Sistema. Orchestrating Venezuela's Youth*, *op. cit.*

aussi de l'expérience dont les conversations, avec les enfants comme avec les adultes, témoignent avec évidence. Dans un pays comme le Venezuela, l'importance des pratiques populaires s'est avérée un fantastique levier pour le Sistema. Faire grandir ce dernier aujourd'hui suppose de multiplier les passerelles.

Dans l'ombre des orchestres, le Sistema a également favorisé l'expansion d'un formidable mouvement choral. Le Venezuela, on l'a vu, ne partait pas de zéro là non plus. Mais ce seraient aujourd'hui 1 200 chœurs d'enfants, d'adolescents et de jeunes adultes que Fundamusical porterait à travers le pays, soit presque la moitié des neuf cent mille participants que le mouvement revendique.

Ronde et souriante, Lourdes Sanchez est une femme d'une cinquantaine d'années, dont la douceur et l'enthousiasme semblent inépuisables. Elle est à la fois chef du Chœur national Simón-Bolívar, et responsable académique des programmes choraux pour l'ensemble du pays.

« Le chant fait de toute manière partie de la formation musicale de tous les enfants du Sistema, souligne-t-elle. Mais jusqu'à ces dernières années, il n'y avait que quelques chorales de haut niveau. Je dirai qu'aujourd'hui nous avons une dizaine de chœurs stables à même de couvrir un très large répertoire, symphonique et a cappella. L'objectif est d'en compter bientôt un dans chacun de nos vingt-trois États, capable de travailler avec l'orchestre et d'assurer une programmation autonome.

« Mais nous avons aujourd'hui à relever deux grands défis. Le premier : développer les opportunités professionnelles dans le chant choral. Le second : faire émerger de ce réseau choral une génération de chanteurs solistes, comparable à celle des chefs et instrumentistes vénézuéliens qui font aujourd'hui de grandes carrières internationales. Des partenariats de coopération sont en cours de montage avec l'université de Cologne, le conservatoire de Vienne, l'académie de la Scala, qui accueillent nos meilleurs élèves et nous envoient des professeurs pour des masterclasses. »

Cette conversation avec Lourdes avait lieu à l'été 2014, dans un petit studio de répétition du *Centro*, qui est en train de devenir ce conservatoire nouvelle génération. Nous nous retrouverons un an plus tard à Milan, où le Chœur national Simón-Bolívar au grand complet s'emparait du plateau de la Scala pour *La Bohème*. Et encore un peu plus d'un an après, dans un camp de réfugiés des faubourgs d'Athènes, où elle donna leur première leçon de chant à des enfants syriens et kurdes. Y a-t-il meilleure illustration de cette fusion entre apostolat social et promotion de l'excellence, au cœur de la mission du Sistema ?

La musique comme un droit pour tous

Parallèlement au travail suivi avec les enfants et les adolescents dans tout le pays et la professionnalisation de quelques milliers d'entre eux, cette mission s'exprime également dans les programmes destinés à ces populations dites « empêchées », dans le jargon des politiques culturelles occidentales : jeunes détenus, handicapés ou malades. Partout à travers le monde, des institutions artistiques s'efforcent d'ouvrir de nouveaux horizons en proposant des spectacles *à ceux* qui se retrouvent, temporairement ou de façon définitive, dans ces situations difficiles et « excluantes ». Le Sistema a inversé la perspective en montant des concerts *avec eux*.

Le Programme académique pénitentiaire fut lancé en 2007 par Kleiberth Lenin Mora, pur produit du Sistema – il est à la fois musicien et avocat. Implanté dans 8 des prisons du pays, il aurait concerné depuis ses débuts près de

8 000 personnes incarcérées, et implique plus de 130 enseignants, en lien avec des travailleurs sociaux et le personnel pénitentiaire. Chœurs, fanfares, et orchestres symphoniques complets se réunissent plusieurs après-midi par semaine, et donnent en moyenne une centaine de concerts par an – certains à l'extérieur des prisons, notamment au Théâtre Teresa Carreño. Pour les hommes et les femmes qui intègrent le projet, aucun prérequis musical, bien qu'ils soient adultes. Guère de limites non plus regardant leur passé : les auteurs d'homicides sont acceptés, seuls sont écartés les détenus qui présentent un danger dans la prison même – agressions sur le personnel ou les codétenus… Les nombreuses vidéos des concerts et répétitions disponibles ne manifestent pas un niveau musical virtuose, mais on comprend, bien entendu, que l'objectif est ailleurs. Dans un travail sur la discipline, le respect de l'autre et du groupe, qui aidera à se réinsérer ceux qui recouvrent rapidement la liberté[1], et à mieux vivre leur détention ceux qui sont là pour longtemps. Dans un accomplissement personnel, aussi, qui donne un sens à l'existence lorsqu'elle en paraît le moins pourvue.

Mieux connu à l'étranger, le Programme d'éducation spéciale, fondé en 1995, propose une pratique musicale aux enfants sujets à différents types de déficiences : motrice, intellectuelle, visuelle… et même auditive. « Faire chanter les sourds ? On m'a d'abord pris pour un fou ! » se souvient Johnny Gómez. En 1999, il commence à faire travailler le Chœur des mains blanches, ainsi nommé à cause des gants qu'arborent les enfants et adolescents. La méthode pédagogique s'improvise en associant la mémorisation de

1. Marie-Pierre Lassus et son groupe de chercheurs de l'université Lille-III ont tiré de cette expérience l'ouvrage collectif *Le Jeu d'orchestre. Recherche – action en art dans les lieux de privation de liberté*, Presses universitaires du Septentrion, 2015.

gestes à des hauteurs sonores, les participants étant guidés de manière intuitive et sensorielle vers le résultat par les éducateurs qui les aident à contourner leur handicap. Les résultats se sont révélés si spectaculaires que le Chœur n'a pas tardé à devenir un emblème du Sistema, se produisant dans le répertoire classique et populaire au pays comme à l'étranger – en octobre 2017, il a même effectué seul une tournée au Japon, alors que le président Maduro interdisait aux orchestres du Sistema de sortir du territoire. Claudio Abbado, assistant à une prestation du Chœur lors d'une visite au Venezuela, en a été ému aux larmes[1].

Né comme José Antonio Abreu et Gustavo Dudamel à Barquisimeto, le Chœur des mains blanches a suscité des vocations à travers tout le pays. Près de 2 000 enfants et adolescents seraient aujourd'hui pris en charge dans une trentaine de *núcleos*. Certains jeunes constituent d'ailleurs des groupes musicaux, tel l'ensemble a cappella Lara Somos réuni autour des chanteurs aveugles Gustavo Flores et José Coronado.

Retour au *Centro*. La salle de musique de chambre accueille cet après-midi un concert singulier. Sur le plateau, vingt enfants et jeunes gens de huit à vingt ans, en jeans, tee-shirts et casquettes. Et une dizaine d'adultes en blouse blanche ou costume de ville. Les premiers sont les patients du département de Cancérologie de l'hôpital José Manuel de los Ríos. Les seconds, des médecins et infirmiers du même établissement, avec quelques parents. Plusieurs adolescents ont perdu leurs cheveux du fait du traitement. Un petit garçon, guitare à la main, joue sous perfusion. Un autre est en fauteuil roulant. Un jeune homme amputé d'un bras s'installe derrière les percussions.

1. Comme on peut le voir dans le film *Tocar y Luchar*, d'Alberto Arvelo, documentaire de promotion produit par Fundamusical en 2006.

Les enfants commencent à jouer un air populaire. Pour le morceau suivant, ils sont rejoints par le chœur des adultes. Les voix ne sont pas travaillées, mais très douces. Les musiques mélancoliques alternent avec des morceaux gais et enlevés. Le public, familles, amis, tape dans les mains et donne de la voix dans les chansons qu'il connaît. L'émotion est palpable, mais n'a rien de morbide. Une joie lumineuse domine.

Apparu seulement en 2012, le programme de suivi hospitalier touche déjà plus de 500 participants dans divers lieux de soins du pays. Leonardo Méndez en a la responsabilité, et cette nouvelle aventure lui est particulièrement chère. « Tout a démarré, comme souvent dans le Sistema, un peu par hasard, en essayant. Nous nous demandions comment permettre aux jeunes du Sistema qui seraient hospitalisés de continuer leur pratique artistique. Forts de l'expérience de cet autre milieu fermé qu'est la prison, nous avons pris conscience qu'il était tout à fait possible de travailler aussi avec des débutants. Les enfants qui passent toute la journée à l'hôpital ont une disponibilité, une volonté d'échapper au quotidien, qui les aident à apprendre très rapidement. La temporalité est différente, car l'effectif des groupes varie beaucoup en fonction des besoins du traitement, mais je dirai qu'en une semaine on fait le même travail qu'en un mois avec des jeunes hors de l'hôpital. Bien sûr, les professeurs qui interviennent doivent avoir beaucoup d'enthousiasme, mais aussi de la persévérance, et une solidité nerveuse qui leur permette de résister à la dureté de certaines situations. Mais la récompense est extraordinaire. »

Celian, dix-sept ans, a perdu un bras, Très grand et maigre, il semble transfiguré de bonheur après le concert. « La musique peut changer le monde. Elle sort du cœur ! J'en avais un peu fait avant l'hôpital, mais ici elle a pris un nouveau sens. Je veux lui vouer ma vie. Cela peut paraître fou, en étant amputé, mais je sais que je peux m'exprimer comme percussionniste. Et pas seulement jouer. J'aime aussi réfléchir sur la musique, comprendre comment elle est écrite, qu'est-ce qu'elle veut nous dire. Essayer de déchiffrer cette harmonie qu'elle amène aux hommes. »

Je regarde Celian sans savoir que répondre. Si j'étais croyant, sans doute m'agenouillerais-je devant lui pour le remercier de continuer à donner un sens au destin aveugle.

Chapitre 5

L'idole renversée ?

7 février 2015. L'auditorium du *Centro* est trop petit pour accueillir les 1 600 musiciens et choristes de toutes générations, entassés sur le plateau, et les 2 400 invités serrés en face d'eux ! C'est donc la salle Ríos Reyna, la plus grande du Théâtre Teresa Carreño, symbole de la Caracas ultramoderne des années soixante-dix, qui héberge ces concerts exceptionnels (le programme sera repris le lendemain).

Le Sistema fête ses quarante ans. Artistes et spectateurs se lèvent d'un seul mouvement quand s'ouvre une petite porte à l'avant du proscenium. José Antonio Abreu apparaît sur une chaise roulante poussée par Gustavo Dudamel, accompagné du président de la République, Nicolás Maduro. Le Maestro salue d'une main tremblante. Son visage est si décharné que paraissent n'y rester qu'un large sourire et deux yeux brillants d'émotion. Celle de l'assistance est à son comble. Longues minutes d'applaudissements, le nom d'Abreu et les « Bravo, Maestro ! » scandés à pleins poumons, violons brandis au-dessus des têtes.

Gustavo lève la baguette, et l'orchestre attaque l'hymne national, chanté par quatre mille voix. Ceux qui ont un jour entendu les Anglais entonner *God Save the Queen* au Royal Albert Hall auront l'idée de l'impact physique produit par tant de souffles. Très peu de discours, dans une soirée de deux heures trente. Seul Gustavo prendra longuement la parole, pour remercier le père fondateur. Celui-ci ne parlera pas. Le président non plus. Mais les ovations destinées à Abreu ruissellent sur le chef de l'État, la chemise ouverte sortie du pantalon. Et le commentaire de la télévision publique insiste sur tout ce que le développement du Sistema lui doit, ainsi qu'au « commandant en chef éternel » Hugo Chávez. Le gouvernement pourvoit aux besoins du Sistema, afin d'atteindre en 2019 l'objectif du million d'élèves. Les enfants musiciens sont le symbole international de la révolution bolivarienne. Jamais la lune de miel n'a semblé plus parfaite[1].

8 mai 2017. Aucun embouteillage sur les grandes avenues de Caracas. À leur place, une armée de policiers en gilets pare-balles et casques de combat fait face aux manifestants. Parmi ces derniers, les militants des partis d'opposition, mais aussi nombre d'adolescents et de mères de famille, exaspérés par les privations matérielles, autant que par l'autoritarisme qui grandit dans le pays. Sous les grenades lacrymogènes, un jeune homme torse nu, métis afro-américain au corps de liane. Il a un violon dans les mains. Lui aussi joue l'hymne national, seul face aux policiers.

Wuilly Arteaga a grandi au sein du Sistema. S'il n'a pas réussi, comme il en rêvait, à intégrer le Bolívar, il a joué au sein de l'Orchestre juvénile de Caracas, et participé à des

1. La retransmission intégrale du concert est facilement accessible sur Internet, par exemple sous le lien suivant : https://www.youtube.com/watch?v=qvijSk9-Nt4

tournées internationales. Durant les manifestations, qui rassemblent des centaines de milliers de personnes, il électrise ses compagnons, au rythme de danses latines rageuses, ou suspend leur colère le temps d'une douce mélopée. Les téléphones portables filment, et leurs images font le tour du monde sur les réseaux sociaux[1]. Les télévisions montreront les pleurs de Wuilly, lorsque les matraques de la garde civile arracheront les cordes de son violon. Elles relaieront le message de résistance du musicien au visage tuméfié, lorsqu'il se retrouvera à l'hôpital à la fin du mois de juillet, blessé par les forces de l'ordre. La presse internationale dénoncera la mise en détention de Wuilly, accusé de recel d'armes incendiaires – peut-être la musique…

Le 16 août, le violoniste est remis en liberté conditionnelle, après plus de trois semaines de réclusion. La presse évoque l'intervention, auprès de la présidence, du chef sous la direction duquel il avait joué à plusieurs reprises : Gustavo Dudamel. J'ai retrouvé Wuilly quatre mois plus tard, à New York, où il s'est réfugié. « J'attends de pouvoir rentrer au Venezuela, dès que les conditions le permettront ! me répond-il lorsque je lui demande comment il va. Je n'ai pas demandé l'asile politique aux États-Unis. En jouant dans le métro et dans la rue, je récolte un peu d'argent qui m'aide à vivre ici, et j'envoie le reste à mes camarades de lutte à Caracas.

– À ta sortie de prison, le gouvernement vénézuélien a montré une interview filmée, durant laquelle tu nies avoir été torturé, mais tu as de nouveau évoqué des sévices par la suite…

---

1. Quelques images de Wuilly Arteaga durant les manifestations sous les liens suivants : https://www.youtube.com/watch?v=s3nHD9rLJjk et https://www.youtube.com/watch?v=Quh3_7NUnNw

– Le gouvernement a diffusé un montage, où je dis ne pas avoir été torturé dans l'un des sites précis où j'ai été détenu ! Mais j'ai reçu des coups sur la tête, qui ont provoqué une hémorragie dans l'oreille droite, et suis resté sourd pendant deux semaines. On m'a brûlé les cheveux au briquet. Durant un transfert, les gardes nationaux m'ont forcé à les regarder tandis qu'ils violaient une jeune fille. Si on n'appelle pas cela des tortures...

– As-tu parlé à Gustavo Dudamel, lors de ta libération ?

– Brièvement, au téléphone. Je dois à Dieu d'avoir rassemblé tant de soutiens autour de moi. J'étais condamné à trente ans de prison ! Jamais je n'aurais imaginé quelle pression la mobilisation internationale, emmenée par la Maestra Gabriela Montero, allait faire peser sur le gouvernement.

– Quel est ton parcours ?

– Je viens de la rue. J'ai grandi dans une église de Valencia, dont ma mère était gardienne. Grâce à Dieu, il y avait toujours quelqu'un pour nous donner un petit quelque chose à manger, et nous éviter de nous coucher le ventre vide. À huit ans, j'ai vu le DVD du dessin animé *Barbie Casse-noisette*. Je me suis mis à chercher des vidéos de musique classique dans les cybercafés, et suis tombé sur celles du Bolívar. Je suis entré dans un *núcleo*, et à vingt ans j'ai été admis dans l'Orchestre juvénile de Caracas, dirigé par le Maestro Dietrich Paredes. Mais je n'ai jamais arrêté de jouer dans la rue. Trop de musiciens du Sistema se contentent de se produire dans les salles de concert. Ce n'est pas là que nous toucherons des jeunes qui n'entendent jamais de musique ! Et nous ne devons pas nous limiter au classique, mais leur ouvrir tous les répertoires.

– Étiez-vous nombreux à soutenir les manifestations, au sein de l'orchestre ?

– Tous ! Mais très peu d'entre nous ont eu le courage de s'y rendre. Un jour, on nous a demandé de signer un document de soutien au gouvernement. Devant tout l'orchestre, le Maestro Paredes a dit : "Je signe, car je n'ai pas envie de perdre mon travail." Et il a signé[1]. Comme presque tous les musiciens. Pas moi. Mais ensuite a commencé une pression de plus en plus insidieuse. Tu ne pars pas sur telle tournée. On te retire ta bourse. Telle amie qui t'a accompagné à une manifestation se fait intimider, on lui montre une photo sur laquelle elle apparaît.

– Qui ça "on", l'administration de Fundamusical ?

– Tous ceux qui ont peur, d'abord ! La plupart préféreraient se tenir à distance mais, par crainte, beaucoup deviennent des délateurs. Mais c'est ça, tu sais, le Venezuela d'aujourd'hui. Un pays dont toutes les institutions sont pourries jusqu'à la moelle, par la corruption ou par la peur du voisin, la peur de perdre le peu qui reste. Et le Sistema ne fait pas exception. Nous devons continuer la lutte, comme nous devrons un jour tendre la main aux ennemis d'hier, car sans cela, jamais nous ne connaîtrons la paix. Mais nous aurons aussi besoin d'une véritable renaissance morale pour que le Sistema, cette merveilleuse œuvre de Dieu, revienne à ses vraies valeurs[2]. »

Du sang sur les violons

Wuilly a commencé à jouer lors des manifestations en réaction au sort tragique d'un camarade plus jeune. Armando Cañizales venait de fêter ses dix-huit ans. Issu de la classe moyenne, il voulait devenir médecin. C'était un

1. Dietrich Paredes s'est également réfugié depuis aux États-Unis.

2. Les médias proches du pouvoir ont tenté de décrédibiliser Wuilly Arteaga, l'attaquant sur ses mœurs, dénonçant un élément marginal et instable au sein du Sistema, que le mouvement aurait été contraint d'exclure. Dietrich Paredes a démenti ce dernier point.

grand garçon souriant, au fin visage amérindien. Comme pour Wuilly, le type physique n'est pas innocent. Une certaine propagande, en Europe, se plaît à dénoncer une opposition « blanche » face à des chavistes « colorés », ce qui ne correspond en rien à la réalité métisse du Venezuela[1]. Armando jouait de l'alto au sein de l'Orchestre juvénile José Francisco del Castillo, même s'il ne comptait pas en faire son métier. Une balle dans le cou, tirée par les forces de l'ordre, l'a fauché lors d'une manifestation, le 3 mai 2017.

Le lendemain, le site Internet de Fundamusical se contente d'un communiqué sobre, faisant part de sa consternation et dénonçant « tout type de violence ». Mais sur leurs pages Facebook, les artistes vénézuéliens du monde entier, et nombre de leurs collègues, déclarent une journée sans musique. Contraste total le 5 mai : à l'occasion des obsèques d'Armando, des dizaines de concerts accompagnent les messes à travers tout le pays. Les camarades de l'adolescent, devant son cercueil, jouent la marche de la *Septième Symphonie* de Beethoven. Et l'hymne national, encore. Le père d'Armando remet l'alto de son fils à son professeur. Eduardo Méndez, le directeur de Fundamusical, étreint les parents. José Antonio Abreu, désormais cloîtré chez sa sœur Beatriz, n'a pas eu la force de sortir[2].

---

1. Jean-Luc Mélenchon accusait encore, le 30 août 2017, les opposants au pouvoir de « brûler vifs des militants chavistes, de préférence à la peau noire ». Rappelons que sur les 163 morts officiellement dénombrés durant les manifestations du printemps et de l'été à travers le pays, figuraient 9 policiers. Il n'est pas toujours aisé d'attribuer à un camp ou à l'autre les victimes civiles (toutes ne manifestaient pas), mais le chiffre le plus consensuel est autour de 130 parmi les opposants.

2. À des images trop intrusives dans la douleur de la famille, nous préférons renvoyer à celles-ci, très belles, de l'orchestre auquel appartenait Armando jouant l'hymne national : https://www.youtube.com/watch?v=-uJvwFWeVvA

Et Gustavo ? Il n'est pas là, car il dirigeait la veille au soir le Los Angeles Philharmonic au Walt Disney Concert Hall. Mais il a dédié le concert à la mémoire d'Armando.

Le 25 avril, sur son compte Facebook, il avait, pour la première fois de sa vie, adressé au gouvernement vénézuélien un message légèrement critique. Devant les manifestations qui bloquaient le pays depuis plusieurs semaines, il lui enjoignait de chercher un règlement pacifique. Avec la mort d'Armando, son indignation grandit. « J'élève ma voix contre la violence et la répression, déclare-t-il, de nouveau sur son compte Facebook. Rien ne peut justifier que le sang soit versé. Nous devons cesser d'ignorer le juste cri d'un peuple suffoqué par une crise intolérable [...] La démocratie ne peut être adaptée à la mesure d'un gouvernement particulier sans se perdre. Il est temps d'écouter le peuple : assez, c'est assez. »

Au cœur de l'été, le chef choisit une tribune plus officielle. Le président Maduro a convoqué, pour le 30 juillet, l'élection d'une assemblée constituante. Il s'agit en fait d'un coup d'État institutionnel. Le but de la manœuvre est clairement de mettre hors-jeu l'Assemblée nationale, passée à l'opposition en 2015, mais progressivement privée de ses prérogatives par la présidence. Dudamel publie alors un communiqué dans le plus grand quotidien hispanophone, *El País*. « Ma foi en la justice, et dans le respect de la diversité des opinions, m'oblige, comme citoyen vénézuélien, à dénoncer la décision illégale, de la part du gouvernement, de faire élire une assemblée constituante qui aurait le pouvoir non seulement de réécrire la constitution, mais aussi de dissoudre les institutions nationales. [...] J'enjoins au gouvernement vénézuélien de suspendre la convocation de cette constituante. J'appelle tous les leaders politiques sans exception à assumer leurs responsabilités en tant que représentants du peuple vénézuélien, afin de créer un nouveau cadre de coexistence. Notre pays doit urgemment poser les bases d'un ordre démocratique qui garantisse la paix sociale, la sécurité et un futur prospère à tous ses enfants. »

Aucune réaction officielle dans l'immédiat. L'opposition avait appelé au boycott du scrutin, le parti au pouvoir et ses alliés remportent donc la totalité des sièges de la nouvelle assemblée[1]. Deux semaines plus tard, le crédit de Dudamel auprès de la présidence reste suffisant pour entraîner la libération de Wuilly. Mais, deux jours après, presque à l'improviste, Nicolás Maduro tacle le chef d'orchestre lors d'une conférence télévisée. « Tu as voulu entrer en politique… Bienvenue en politique, Gustavo Dudamel ! Mais ne te laisse pas berner. N'attaque pas celui qui a été l'artisan de ce merveilleux mouvement d'enfants et de jeunes. Nous, nous travaillons au Venezuela, nous ne vivons pas à l'étranger, à Madrid ou Los Angeles[2]. » Encore trois jours. Un communiqué officiel de la présidence annonce l'annulation de la tournée aux États-Unis, prévue début septembre, du nouvel Orchestre national juvénile du Venezuela. Promesse d'une troisième génération pour le Bolívar, il devait en quelque sorte instituer Dudamel en tant que successeur d'Abreu pour la transmission du message musical aux plus jeunes.

Le coup est rude, et sans précédent. Il est suivi d'un second quelques semaines plus tard : la tournée asiatique du Bolívar adulte, avec l'intégrale des symphonies de Beethoven, est également annulée par le pouvoir. Depuis le printemps 2017, Gustavo Dudamel n'a plus dirigé l'orchestre phare de son pays natal, dont il est toujours directeur musical, et n'est pas retourné au Venezuela.

---

1. Avec un taux de participation, rappelons-le, estimé à 42 % par la majorité, et 13 % par l'opposition.

2. Ici la séquence complète : https://www.youtube.com/watch?v=OMspG-8CHOUg&t = 195s

Pourquoi ce divorce, en l'espace de deux ans, entre le pouvoir et ceux qu'on prenait pour ses archets complaisants, sinon toujours enthousiastes ?

Le pacte avec le diable

Du vivant de Hugo Chávez, et alors qu'Abreu tient fermement les commandes, le mariage entre la carpe jésuite et le lapin bolivarien suscite des critiques régulières au Venezuela. Mais elles sont le fait des minorités marxistes et ultralibérales. D'autres admirent l'habileté des protagonistes. La plupart se réjouissent de voir dans le Sistema, soit un emblème international du chavisme, soit la dernière réussite du Venezuela d'autrefois qu'il n'ait pas laminée. À l'étranger, ces subtilités échappent aux commentateurs émerveillés par les concerts des Orchestres juvéniles sur les plus grandes scènes du monde, ou bouleversés par les images des leçons de musique dans les bidonvilles.

D'autres images vont déchaîner l'ire de la diaspora vénézuélienne à travers le monde. Le 8 mars 2013, après avoir dirigé le Bolívar lors des obsèques du président colonel, Gustavo Dudamel tombe en larmes dans les bras de Nicolás Maduro. À trente ans, le chef voit disparaître le héros de sa jeunesse, qui a marqué l'éveil de sa conscience politique. Celui grâce auquel Abreu, son père spirituel, lui a également enseigné une leçon capitale : votre ennemi en apparence le plus redoutable peut devenir votre allié le plus efficace si vous savez le convaincre qu'il y va de son intérêt. Mais ce que voient les Vénézuéliens de l'étranger, dont la plupart n'ont pas fui le péril rouge mais la récession économique et les atteintes aux libertés, c'est leur compatriote le plus célèbre pleurant leur responsable.

Et comme si le destin leur octroyait, au Venezuela, un rôle politique ailleurs inconnu, voici à la tête de la contestation internationale... une musicienne. À son corps défendant ? Gabriela Montero fut souvent accusée d'opportunisme. Attaques basses, et sans fondement. Elle est l'artiste vénézuélienne la plus connue à l'étranger après Gustavo. La critique voit en elle la meilleure pianiste latino-américaine de sa génération, elle joue dans le monde entier, avec des partenaires prestigieux et les orchestres les plus importants. En attaquant le Sistema, elle a plus de concerts à perdre qu'à gagner, et beaucoup de coups à prendre. C'est le cas. Pas seulement de la part des équipes d'Abreu, mais aussi de ceux qui croient leur complaire.

Gabriela n'a pas étudié au sein du Sistema, mais, enfant prodige, la pianiste donne son premier concert avec orchestre à huit ans sous la direction d'Abreu, devant l'ensemble de jeunes qui s'appellera bientôt Simón-Bolívar. Très critique face aux évolutions de la première décennie du siècle, elle commence dès 2009 à s'exprimer publiquement sur le sujet, attirant lors de ses concerts l'attention du public sur les pénuries et les atteintes aux droits de l'homme. Deux ans plus tard, une de ses premières compositions, *Ex Patria*, poème symphonique avec piano donné en Angleterre et en Allemagne, sonne comme un cri de douleur face aux souffrances du pays natal où elle est désormais *persona non grata*, et ne reçoit plus d'invitations du Sistema. Mais elle ne brisera le silence au sujet de celui-ci que le 13 février 2014, par une lettre ouverte à José Antonio Abreu et Gustavo Dudamel. Le ton est encore celui de l'amitié affectueuse envers un maître et un collègue. Et c'est précisément au nom de l'exemplarité du Sistema qu'elle exhorte ses responsables à condamner la violence et les abus du pouvoir. « Le moment est venu, pour les artistes qui jouissent de positions éminentes et d'un écho public, de ne plus accepter tranquillement le pillage et la destruction de notre pays dus à la corruption d'une idéologie politique, de peur de renoncer à leurs avantages et à leurs soutiens financiers. […] Gustavo, quand tu voyages à l'étranger, tu vois ce que sont vraiment des sociétés fonctionnelles, respectueuses des lois et de la dignité humaine. Jusqu'à quand demeureras-tu aveugle devant la triste réalité de ton pays ? Jusqu'à quand refuseras-tu de voir que nous sommes l'antithèse d'une société en paix et juste pour tous ? »

Dudamel se fend d'une réponse convenue. « Avec notre musique et nos instruments à la main, nous disons un non sans équivoque à la violence et un oui énergique à la paix. » Tout en relevant combien il serait difficile de parler sans mettre en danger ses collègues du Sistema, les observateurs étrangers commencent à interroger la caution politique offerte par le Sistema à un régime de moins en moins fréquentable.

Quand Gustavo se décide à franchir le Rubicon, à l'été 2017, s'attirant les foudres de la Présidence, beaucoup s'attendent à voir la pianiste lui tendre la main sur l'autre rive. Tel ne sera pas le cas. Le 22 août, elle le bombarde au contraire de tweets assassins : « Pour beaucoup de Vénézuéliens, ce message n'est que le mouvement de la girouette, le signal cynique que les coffres sont vides, la fin du régime vraiment proche, et qu'il est temps de parier sur l'avenir. […] Dans ce Monopoly mortel, Gustavo a simplement joué sa carte "Rédemption". »

J'ai eu avec Gabriela de longs entretiens par Skype. La voix, d'une grande douceur, contraste avec la dureté du combat.

« Gabriela, chacun reconnaît aujourd'hui que tu fus la première à alerter l'opinion publique internationale sur le désastre politique, économique et humanitaire qui a depuis éclaté au grand jour. Mais n'étais-tu pas en position de le faire précisément du fait de ta carrière de soliste, qui ne supposait pas les mêmes responsabilités que José Antonio Abreu ou Gustavo Dudamel à l'égard de milliers de personnes ?

– Il y a une grande différence entre la neutralité et la collaboration. Je n'ai jamais cru à l'apolitisme revendiqué par le Sistema, tout simplement parce que ce régime ne permet pas l'apolitisme. Les orchestres, sous la direction de Gustavo, ont régulièrement participé à des événements qui n'étaient pas de simples cérémonies nationales, mais une célébration personnelle de Chávez ou Maduro. En acceptant que des millions soient investis sur des tournées de prestige, ils se sont rendus complices d'une politique de propagande qui visait, à travers eux, à donner une image positive de l'immense narco-mafia qui a pris le contrôle de chaque rouage d'un des pays les plus riches du monde, réduisant sa population à la famine et à la terreur.

– Mais si l'opposition veut l'emporter, ne doit-elle pas s'unir avec les ralliés de la dernière heure, comme Gustavo ?

– La question est aussi de savoir ce que nous voulons, si ce régime finit par tomber. Changer une tête, et poursuivre la même politique de pillage et de répression ? Le camp chaviste se fracture, mais ses objectifs restent les mêmes. Lors du concert de Noël 2017 du Bolívar, la présidente de la nouvelle constituante, Delcy Rodríguez, a envoyé un message d'amitié à Gustavo, se démarquant ainsi de la présidence. Quelle alliance construirait-on avec une femme qui est notoirement l'une des personnes les plus gravement corrompues du Venezuela ?

– L'Europe a connu beaucoup de dictatures, durant lesquelles nombre d'artistes ont fait profil bas, tout simplement pour continuer à vivre. Ne faut-il pas admettre aussi que tout le monde n'a pas l'étoffe d'un héros ?

– La peur, c'est justement l'oxygène des dictatures. Naturellement, je ne mets pas sur le même plan José Antonio ou Gustavo qui ont retiré des avantages immenses de leurs compromissions, et les simples musiciens ou employés du Sistema qui cherchaient juste à survivre. Mais laisse-moi te raconter une histoire. En 2004, j'étais retournée au Venezuela. C'était une période difficile de ma vie, j'étais seule avec deux fillettes en bas âge, et une carrière beaucoup moins établie qu'aujourd'hui. José Antonio m'appelle et me demande de jouer sous la direction de Gustavo lors d'un concert pour le gouvernement suivi d'une grande tournée internationale. Il connaissait mon engagement politique, mais je le lui ai rappelé en expliquant pourquoi je ne pouvais accepter. À ce moment, il abat sa carte : "Gabriela, si tu acceptes de jouer, ils prendront soin de toi, et plus jamais de ta vie tu n'auras de souci financier." Pas une seconde, pourtant, je n'ai pensé dire oui. Je savais trop bien qui, derrière lui, essayait de m'acheter.

– Lorsque j'ai rencontré José Antonio Abreu, il se félicitait que le Sistema ait conquis l'État, et je lui ai demandé si ce n'était pas plutôt le contraire. Il m'a répondu que la notoriété du projet garantissait son indépendance. Ne crois-tu pas qu'il était sincère et que, tant qu'il a lui-même tenu les rênes, son autorité a protégé le Sistema, dernière bulle de normalité et d'indépendance dans le pays, où l'on rencontre d'ailleurs des gens de toutes tendances politiques ?

– José Antonio est, ou était, beaucoup trop intelligent pour ne pas comprendre ce qui allait advenir au Venezuela, et à quel point la politisation du Sistema était inévitable. L'ambition aveugle certaines personnes ; elle ouvre trop bien les yeux à d'autres. Les millions du chavisme, c'était d'abord le moyen pour lui de porter à un niveau inégalé le mythe de José Antonio Abreu. Je suis tous les jours en contact avec des musiciens vénézuéliens, que j'aide à quitter le pays, parfois à trouver des postes dans des conservatoires étrangers. Les *núcleos* de région se délabrent, leur personnel est payé une misère, quand il est payé. Pendant ce temps, une petite minorité, à Caracas, a longtemps profité de cette manne financière qui s'épuise aujourd'hui. Tout ça pour quoi ? Pas pour le développement personnel des jeunes, abrutis par des heures de répétitions dans des conditions proches de l'esclavage, au détriment de toute autre éducation. Le Sistema a produit des musiciens comme des pièces d'usine. Ils n'ont plus de débouchés intérieurs, et même l'exportation sature. Certains trouvent des postes à l'étranger, mais combien devront essayer de faire autre chose, après avoir quitté un pays ruiné ? »

Un ver dans le fruit depuis longtemps ?

Le revirement de Gustavo fut-il dicté par son mentor ? Il semblerait que non, la lucidité d'Abreu n'était, selon ses proches, déjà plus assez constante pour lui permettre de fixer une stratégie. Le chef semble plutôt avoir fondé son choix sur les avis de son entourage américain. Et, bien que rien ne le prouve, il ne serait pas si surprenant d'y retrouver d'autres caciques du régime qui ne portent pas Maduro dans leur cœur – par exemple Jesse Chacón, toujours président du comité directeur de Fundamusical. En concertation avec le directeur exécutif du Sistema ? Difficile de l'affirmer. S'il y a répartition des rôles, Eduardo Méndez hériterait de la tâche redoutable de préserver le lien avec sa tutelle, c'est-à-dire avec le bureau de la présidence. « À la fin du mois d'août, quand Maduro a attaqué Gustavo à la télévision et annulé les tournées, Eduardo était convoqué là-bas tous les jours, rapporte un cadre. Notre hantise, c'était de le voir limogé. »

Rempart de la pluralité des opinions politiques au sein de Fundamusical contre les intrusions du pouvoir, Eduardo Méndez ? Il semble avoir un moment joué ce rôle, comme Abreu avant lui. Pourtant, Wuilly Arteaga dénonce les pressions politiques au sein des orchestres. Il n'est pas le seul. Tous les musiciens vénézuéliens s'exprimant sous couvert d'anonymat les confirment. Le phénomène semble toutefois récent, et amplifié depuis 2017. Signe d'un pouvoir aux abois, exigeant la servilité de ceux qu'il salarie ? La nature de ces pressions diffère également selon la place de chacun dans la hiérarchie. Brutales pour les simples musiciens, comme le décrivait Wuilly. Plus sournoises au sommet. « Mi-juillet, à l'approche des élections de la constituante, Eduardo nous a convoqués, raconte un autre cadre. Il nous a dit qu'il nous appartenait de nous déterminer en notre âme et conscience, mais qu'il était de son devoir de nous rappeler les risques. Nous abstenir à la constituante, en tant que fonctionnaires, c'était risquer le licenciement par l'État. Néanmoins, nous avons été nombreux à opter pour l'abstention. Un courrier de la présidence est alors arrivé, nous informant de l'infraction, et de la sanction. Personne ne l'a appliquée à ce jour, mais nous pouvons désormais être exclus à tout moment. »

Tout le monde n'a pas l'étoffe d'un héros, rappelais-je à Gabriela. Ces derniers mois, j'ai pourtant échangé avec bien des héros anonymes, qui risquent de perdre le peu qu'il leur reste, là-bas à Caracas.

Mais la pianiste dénonce aussi d'autres inégalités de traitement. Dans le domaine économique. Et dans celui relatif à la dignité des individus. Dans cette analyse, Gabriela

Montero rejoint un chercheur anglais, Geoff Baker. Son livre *El Sistema. Orchestrating Venezuela's Youth*[1] fait l'effet d'une bombe dans le monde anglo-saxon, à sa parution en 2014. Pour la première fois, un auteur étranger met en cause Abreu et Dudamel. La soliste et l'universitaire ne se connaissaient pas auparavant, disent-ils. Mais ils échangent depuis régulièrement, et sont devenus les figures clés de la réflexion critique sur le Sistema.

Celui par qui le scandale arrive

Geoff Baker se décrit lui-même comme un amoureux déçu. Il dit sortir émerveillé du concert du Bolívar aux Proms de Londres, auquel il assiste en 2007. Ce spécialiste des musiques d'Amérique latine a deux domaines de prédilection : l'histoire du répertoire colonial, et les pratiques populaires urbaines. La force normative de la première et le pouvoir libérateur des secondes s'articulent, dans son discours, selon un schéma fortement politique. Approche qui va largement colorer son analyse du Sistema. L'enthousiasme déclaré du début sera de courte durée.

Baker va cependant mener un travail de fond, et déclare avoir passé plusieurs mois au Venezuela, souvent loin de Caracas, dans une ville qu'il refuse de nommer. Son mode opératoire se réclame de l'ethnographie, recueillant les propos de musiciens, d'enseignants et d'élèves, dont il préserve l'anonymat. Choix qui répond selon lui à la nécessité de protéger ses témoins d'éventuelles représailles, et à l'impossibilité qu'ils acceptent de s'exprimer dans d'autres conditions.

1. Oxford University Press, *op. cit.*

En conséquence, son livre est à la fois critiquable, frustrant et nécessaire.

Critiquable dans sa méthode – mais pas sur le terrain où on l'a beaucoup attaqué, celui de l'anonymat des personnes interrogées. Tout employeur exigeant de ses salariés la discrétion professionnelle, on voit mal Fundamusical se montrer laxiste. Baker n'avait d'autre choix que de protéger ses sources – ce que je fais également lorsque les intéressés le demandent. Le lecteur est donc libre d'accorder ou de refuser sa confiance à l'auteur, ou aux personnes qu'il dit avoir rencontrées dans ces conditions. Baker ne garantit d'ailleurs pas la véracité de tous les témoignages. Leur seule existence, dans la mesure où ils sont suffisamment nombreux et réitérés, atteste pour lui de l'existence d'un malaise dont il faut rendre compte. Position qui interdit souvent de départager les faits et les rumeurs.

Critiquable, plutôt, l'absence d'éléments factuels ou chiffrés. Prendre avec des pincettes les données officielles n'interdisait pas de rencontrer Abreu et ses équipes. Geoff admet son parti pris avec franchise : « Au bout de quelques semaines, je n'ai plus cherché à écrire un livre équilibré. L'ampleur des scandales que je soulevais exigeait cet ouvrage coup de poing. Il fallait interpeller le monde, dénoncer cette entreprise préjudiciable à l'ensemble des projets sociaux d'éducation musicale. »

Frustrant aussi, par ses postures idéologiques et morales. Baker semble en permanence accuser le Sistema de publicité mensongère, de ne pas lui offrir le rêve qu'il lui avait vendu. Pouvait-il imaginer qu'une entreprise aussi vaste et complexe ne comporte ni imperfections, ni contradictions, ni effets pervers ? Que sa stratégie de communication ne soit ni idéalisée ni simplificatrice ? Si le Sistema a servi au monde un conte de fées, c'est aussi parce que les médias étrangers en préféraient la simplicité au labyrinthe du réel.

« Je suis d'accord avec cet argument, répond-il. Mais il y a une grande différence entre une présentation avantageuse et une falsification complète de l'histoire, sans arrêt réécrite selon les impératifs du moment. C'est de cette malhonnêteté que j'accuse le Sistema. »

De même, la vision politique de Baker influe sur sa rigueur. Nés en Europe, le répertoire classique et l'orchestre symphoniques resteraient donc des armes de domination post-coloniales. La structure pyramidale, avec le chef tout-puissant au sommet, véhicule une vision de la société où chacun doit se contenter de la place qui lui est assignée, réprimer son individualité au nom d'un bien commun dont la hiérarchie a décidé pour lui. Bref, si l'on veut émanciper les Latino-Américains grâce à la musique, enseignons la salsa.

« Ce serait une vision caricaturale de mon travail, s'insurge-t-il. Je ne suis pas du tout anti-orchestre ! L'eurocentrisme de l'éducation demeure un sujet délicat en Amérique latine. Évidemment, ce patrimoine a une place dans la formation des jeunes musiciens. Mais l'y réduire, c'est perdre la richesse de modèles alternatifs nés dans la rue, fondés à la fois sur l'oralité, les traditions populaires et des formes très spontanées de créativité. »

Nécessaire, pourtant, par l'approche critique qu'il est le premier à adopter à cette échelle, et par les questions qu'il pose. Et nous ne pourrions pas tenter aujourd'hui une analyse équilibrée sans ce travail pionnier.

Chiffres : le grand mensonge ?

Parmi les thèmes longtemps éludés, Baker pointe celui des effectifs. Fundamusical est seule à communiquer leurs chiffres. Or leur croissance exponentielle invite au scepticisme. Il y a dix ans, José Antonio Abreu promettait à Hugo Chávez le nombre d'or avant 2020 : 1 million d'élèves. Depuis, le site Internet et les rapports de gestion de Fundamusical ajoutent tranquillement quelques dizaines de milliers de têtes tous les mois. Fin 2013, le Sistema concernait officiellement un peu plus de 390 000 élèves. Un an plus tard, ils dépassaient 578 000, et 787 000 fin 2015 ! Effet de la crise ? Cette folle envolée se ralentit un peu en 2016 : 826 000 élèves « seulement » à la fin de l'année[1]. En septembre 2017, en pleine crise de l'annulation des tournées par le président Maduro, le Sistema se fend d'un communiqué pour fêter la bienvenue à son neuf cent millième étudiant. Pourtant, les enseignants et élèves avec lesquels je suis en contact au même moment font état des difficultés dramatiques rencontrées par les *núcleos* en région.

« Je viens d'une petite ville à la frontière colombienne, me dit notamment un musicien travaillant en Europe. Je suis rentré chez moi pour quelques semaines, c'était une pitié. Les transports publics sont paralysés, et les professeurs ne peuvent plus se rendre au *núcleo*. De toute façon, ils ne sont plus payés. Certains font le maximum afin de venir, pour les élèves, mais progressivement, ils se découragent. Dans une salle de cours, j'ai trouvé un petit garçon, tout seul et tout triste, qui pratiquait sa flûte. Je lui ai donné un cours, évidemment. Moi qui suis tromboniste ! »

1. Ébauche du rapport de gestion 2017 de Fundamusical, communiqué par la direction fin décembre.

Le déséquilibre entre capitale et provinces interroge aussi. Les réalisations du Sistema à Caracas et dans son aire urbaine (un quart de la population du pays) sont évidentes pour les nombreux visiteurs. Mais peu s'en éloignent – principalement des enseignants étrangers venus se former à la méthodologie du Sistema afin de l'appliquer dans leur pays. Il n'y a pas lieu de mettre leurs témoignages en doute, ni celui des musiciens et étudiants vénézuéliens en exil, ni d'imaginer que les innombrables vidéos mises en ligne sur les réseaux sociaux par les *núcleos* et par leurs membres sont de pures manipulations.

Dans la majorité des grandes villes vénézuéliennes, le Sistema paraissait bien présent jusqu'à l'aggravation de la crise, et son travail intensif. En dépit des questions qu'ils soulèvent, les chiffres communiqués par Fundamusical[1] reflètent les équilibres démographiques du pays. Les élèves du Sistema seraient 212 000 dans le grand Caracas (comprenant les États de Miranda, Vargas et Aragua), et 427 00 dans le reste des États du nord-ouest, qui abritent plus de la moitié de la population du pays. Les trois États du sud, qui représentent plus de la moitié de sa superficie mais ne comptent que 7 % de sa population, annoncent à peu près 45 000 élèves, dont les trois quarts dans la métropole de Ciudad Bolívar.

Que les banlieues mal desservies et les zones rurales soulèvent des difficultés spécifiques ne saurait surprendre. Fundamusical fait-elle tout pour servir les populations les plus défavorisées, conformément à sa mission ? Les plaintes recueillies par Baker trahissent le manque de moyens, l'insuffisante diversité des disciplines dispensées, parfois la maigre compétence des personnels enseignants et administratifs. Négligence de la part de Caracas ? Ou rançon du succès ?

1. Rapport de gestion 2017, *op. cit.*

Fundamusical ne pourra lever le doute qu'en autorisant une mission indépendante sur une durée longue – ce que le contexte politique ne favorise guère.

Une mixité sociale en trompe l'œil ?

Selon Geoff Baker, le Sistema aurait forgé de toutes pièces, à la fin du siècle dernier, le mythe d'un projet d'inclusion sociale, et ne cesserait depuis d'en gonfler les statistiques.

À l'origine, nous le savons, la préoccupation d'Abreu était bien l'insertion professionnelle des jeunes musiciens et la rupture d'un cadre d'enseignement qu'il estimait sclérosé, et les adolescents concernés étaient ceux de la classe moyenne et de la bourgeoisie. Mais dès sa deuxième décennie, le Sistema attirait largement les couches populaires du pays – le profil social de la génération Dudamel au sein du Bolívar en atteste. Et quelques projets auprès des jeunes en situation d'exclusion et d'extrême pauvreté existaient déjà.

Quelle part des étudiants du Sistema représentait les jeunes en situation d'exclusion il y a vingt ans ? Et aujourd'hui ? La discordance entre la communication institutionnelle de Fundamusical et les rares études extérieures ne peut qu'entretenir le soupçon. 75 % d'élèves vivant sous le seuil de pauvreté selon le site Internet du Sistema, moins de 17 % sur les trois mille suivis dans sa dernière enquête par la Banque interaméricaine de développement[1] !

En quatre années de recherches, et même si les conversations ne peuvent uniquement porter sur les origines sociales, j'ai identifié une très petite minorité issue des

1. *Op. cit.*, Cf. Chapitre 4.

classes supérieures, et un peu plus de rejetons de familles très pauvres. La majorité des enfants et des adultes avec lesquels j'ai échangé se décrivent comme issus de la classe moyenne, « plutôt simple » ajoutent certains. Qu'ils se mélangent avec les enfants de milieux plus aisés ne saurait être une mauvaise nouvelle, et devrait plutôt servir d'exemple dans nos pays où l'enseignement artistique reste un marqueur très fort de distinction sociale. Baker en convient ; mais, pour lui, d'autres raisons expliquent cette communication appuyée sur les enfants en grande difficulté…

Une entreprise lucrative ?

Abreu lui-même a toujours affiché un train de vie monacal. Mais avant comme après Chávez, le Sistema a drainé des financements colossaux. Le chercheur britannique pointe en particulier le fameux prêt non remboursable de 150 millions de dollars (de vrais dollars, pas des bolivars…), accordé au milieu des années quatre-vingt-dix par la Banque interaméricaine de développement. Sous prétexte d'inclusion des plus pauvres, les fonds auraient surtout servi aux orchestres d'excellence, aux tournées internationales, et à la construction du pharaonique *Centro* de Caracas. Le sous-équipement des régions (qui auraient dû voir s'édifier sept *Centros* secondaires) et les énormes disparités de salaire entre une petite élite internationale et une masse de travailleurs précaires ne seraient donc pas les conséquences d'une pénurie structurelle. Il s'agirait d'un choix.

Afin de mettre en perspective ces graves soupçons, soulignons que ces financements de la BID représentaient des sommes beaucoup plus significatives pour le Sistema d'il y a vingt ans que pour Fundamusical aujourd'hui. Ils ne valent en effet « plus que » l'équivalent d'une année d'activité[1]. La vraie fortune du Sistema, ce sont les pétrodollars de la présidence. Et sa malédiction aussi, maintenant que les coffres sont vides et que le payeur exige une soumission aveugle.

Cependant, l'aide extérieure a joué un rôle de levier certain au moment où le projet commençait à prendre une dimension nouvelle. Là encore, une évaluation externe fouillée crédibiliserait Fundamusical lorsqu'elle affirme que les objectifs ont été atteints. Celles menées par la BID elle-même en 2011 et 2016 n'ont porté que sur des échantillons limités. Et l'interprétation de leurs résultats est ambiguë. Outre la proportion des élèves pauvres, les bénéfices comportementaux et cognitifs de l'éducation musicale reçue par les enfants font aussi débat. Les auteurs notent des effets positifs sur la discipline et l'estime de soi, surtout pour les garçons ; mais rien de notable sur les vingt-trois autres critères qu'ils avaient retenus ! Et un point inquiétant apparaît aussi dans l'étude : près de la moitié des enfants qui ont commencé le programme d'initiation ne sont pas allés au bout de l'année. Tendance générale ou hasard de l'échantillon ?

Reste la question du rapport moral à l'argent. Le fondateur du Sistema n'a jamais nié que la musique est aussi une activité économique. Il souhaitait que les meilleurs musiciens, pédagogues et cadres vivent bien de leur activité. C'était le cas jusqu'à l'aggravation récente de la crise économique. Si nombre d'enfants vénézuéliens rêvaient de devenir musiciens professionnels, comme on rêve ailleurs d'être footballeur, ce n'était pas seulement par amour de l'art, mais parce qu'ils

1. Si l'on en croit le budget communiqué dans le rapport de gestion 2017, et si nos calculs sur l'effet de l'hyperinflation sont exacts ; cf. chapitre 4.

y voyaient aussi une promotion sociale. Faut-il s'attrister de cela, ou de ce qu'il n'en aille pas de même dans la plupart des pays ? De même du marketing international dont bénéficient les orchestres « d'en haut », ou des tournées à travers le monde dont Baker dénonce le coût et les à-côtés – notamment les hôtels de luxe.

Là encore, Abreu a revendiqué la chance offerte à des enfants qui n'auraient jamais quitté leur quartier de découvrir le monde tout en faisant reconnaître leur talent, sans être traités comme les petits sauvages de service. On ne fera pas une bible des citations du Maestro, mais celle-ci est particulièrement pertinente : « L'art pour les pauvres ne doit pas être un art de pauvres ! » Une fois de plus, c'est l'opacité de Fundamusical sur les questions budgétaires qui nourrit rancœurs et soupçons. Durant des décennies, Abreu a joué en virtuose de la mauvaise gouvernance de l'État, puis de sa soif de propagande, pour financer le développement de ses projets. Qui blâmer ? Lui, ou ceux qui n'ont pas imposé la transparence ? En revanche, si le Venezuela renoue avec la démocratie et ses systèmes de contrôle, Fundamusical n'aura d'autre choix que celui d'une révolution.

L'école des mauvaises mœurs ?

Le soupçon non étayé que laisse planer Geoff Baker sur une morale sexuelle peu en accord avec l'austérité professée par Abreu a forcément ému la presse anglo-saxonne. Il a aussi profondément blessé les personnels de Fundamusical, qui se sentaient calomniés. Le célibat du laïc jésuite a toujours paru suspect à ses adversaires au Venezuela, soit. Mais sur un sujet aussi délicat, il sera utile de remplacer les insinuations par des mots.

Les enfants du Sistema sont-ils plus vulnérables que d'autres face aux crimes pédophiles ? La nature humaine étant ce qu'elle est, on voit mal comment Fundamusical serait la seule institution éducative à ne pas compter de moutons noirs. Mais le Venezuela, à l'instar de bien des pays latino-américains, est connu pour sa presse à scandale. Avec toute la prudence qui s'impose, il serait très surprenant, si le phénomène y était plus marqué qu'ailleurs, qu'aucune affaire d'envergure n'ait éclaté en plus de quatre décennies, sous des régimes politiques différents, et avec des adversaires aussi déterminés.

La question des relations licites entre enseignants et grands élèves est probablement plus complexe. Elle existe dans tous les conservatoires du monde, et aucun n'éprouve l'envie de faire de la publicité à ce sujet. Peut-être se pose-t-elle plus fréquemment en Amérique latine, du fait d'une plus grande tolérance à l'égard des liaisons entre un homme mûr et une jeune fille – les autres cas de figure appelant plus de discrétion. La différence de statut social et économique favorise de telles relations, partout sur le continent. On peut le déplorer, ou considérer que ces choix relèvent de la sphère privée. Mais peut-on soutenir que le Sistema les encouragerait ?

Baker affirme enfin avoir recueilli les témoignages de femmes victimes de comportements machistes et même de harcèlement. De nouveau, il convient de faire la part des perceptions propres à chaque culture, et de ce qui relève de sanctions pénales. On ne peut attendre du Sistema qu'il s'abstraie totalement de son environnement pour se conformer aux visions éthiques européennes ou nord-américaines. En revanche, il doit se montrer irréprochable dans son application du droit et dans la sécurité offerte à ses personnels et à ses élèves pour dénoncer toute forme d'abus. Il entrerait aussi dans les compétences d'une mission d'évaluation de s'en assurer.

Un culte de la personnalité ?

Gustavo Dudamel, les musiciens du Bolívar, les enseignants, les élèves mais aussi, nous le verrons, de nombreux relais à travers le monde, partagent un discours commun et des formules récurrentes. Eric Booth, militant du Sistema en Amérique du Nord, s'en émerveille. Baker s'en alarme. Quant à moi, je reste perplexe.

L'esprit européen qui a fait, sans en avoir toujours conscience, une valeur suprême de l'hyper-individualisme, se trouve confronté à un paradoxe. J'étais extrêmement troublé, lorsque j'ai commencé à dialoguer avec les adultes et les enfants du Sistema, par le caractère souvent interchangeable du discours, tenu par chacun dans des termes distincts, et porté par des personnalités singulières. Avais-je affaire à une forme subtile d'endoctrinement ? Et cette énergie positive dont brûlent les petits de sept ans comme les vétérans de soixante-dix était-elle la même que celle que des fidèles de la scientologie ou de la dianétique ?

Au fil des mois, les rencontres répétées, le contact régulier avec des musiciens vénézuéliens qui vivent aujourd'hui à l'étranger, m'ont donné une image plus précise. La grille de lecture de la mission jésuite reste indispensable pour comprendre la vision du Sistema selon Abreu – il appartiendra peut-être à d'autres de la dépasser.

Dans ce qu'il a lui-même baptisé son « apostolat », le père fondateur s'est montré fidèle à l'articulation entre discipline et liberté défendues par les généraux de l'ordre. Chacun est tenu d'accepter le poste qui lui est assigné, d'obéir aux ordres avec ferveur. La contestation syndicale n'est pas le principe actif de Fundamusical ! Dans ce cadre de fer, tous restent cependant libres de leur conscience et de leurs opinions. Celles-ci s'expriment sur les sujets non professionnels ; c'était d'ailleurs le cas pour la politique jusqu'à la prise en main amorcée par le régime. Comme dans toute entreprise, les désaccords ne sont pas débattus sur la place publique, mais dans les instances et réunions prévues à cet effet. Selon les intéressés, ces discussions sont âpres, mais l'arbitrage rendu par la hiérarchie est sans appel. Les initiatives individuelles, si elles doivent être validées, sont fortement encouragées : on a vu que nombre de programmes et d'innovations pédagogiques en procèdent.

Mais « le Sistema n'est pas une pédagogie, c'est une philosophie », comme me l'ont répété plusieurs interlocuteurs vénézuéliens et étrangers – formule qui doit trouver sa source chez Abreu. Plutôt une forme d'humanisme, qui verrait dans l'éducation musicale l'outil privilégié d'un développement individuel construit en harmonie avec le groupe ? Un idéal de hiérarchie fondé sur le mérite et la solidarité, où chacun s'estimerait équitablement loti ? La base doit se sentir représentée par les échelons plus élevés. Chef d'orchestre, solistes et chefs de pupitre ont l'obligation d'agir pour le bien commun. Et la génération suivante est éduquée dans le même esprit d'équité. Rien de nouveau, en somme, sous le soleil chrétien et néoplatonicien. Mais dans un monde où beaucoup rejettent les modèles d'organisation collective, minés par le scepticisme et les faillites répétées de la société de masse, le Sistema selon Abreu propose une réalisation pratique de cet idéal. Par la musique. Naïveté ? Folle présomption ? Duplicité ?

Le gouffre paraît béant entre l'intelligence machiavélienne d'Abreu et la simplicité sulpicienne du projet. La puissance intellectuelle, le charisme du Maestro entraînent avec sincérité nombre de ceux qui mènent grâce à lui une vie passionnante et riche (bien qu'épuisante), quand leur naissance les destinait à l'obscurité. Si leur ambition personnelle va de pair avec le but commun, tant mieux ! Mais la propension d'Abreu à rebattre sans cesse les cartes a aussi favorisé les phénomènes de courtisanerie, et la crainte de la disgrâce. Fundamusical est un labyrinthe pensé par son créateur pour en empêcher toute vision globale. Le statu-quo qui prévalut pendant le déclin d'Abreu doit cesser, maintenant qu'il n'est plus.

Vacuité pédagogique ?

On a évoqué en quelques mots le débat sur les mérites et les dangers des pédagogies collectives, et souligné que le Sistema ne saurait y être réduit. Notre seconde partie montrera combien l'apport vénézuélien au reste du monde pour l'apprentissage en groupe est un sujet débattu. Quoi de neuf, au fond, depuis la méthode Suzuki ? Depuis la transmission « pair à pair » des orphéons et des fanfares ? La variété des programmes surprend le visiteur, de même que la subtilité de leur articulation pyramidale. Mais, dans l'acte d'enseigner, assistons-nous à une révolution ?

Oui, pour nombre de musiciens du monde entier qui ont étudié là, avant de retourner dans leur pays monter des projets inspirés du Sistema. Réponse plus circonspecte dans les milieux académiques que l'absence d'une méthodologie écrite trouble autant que le caractère d'improvisation, si créatif aux yeux des autres. Les longues heures de répétitions, l'accent mis sur l'imitation leur paraissent préjudiciables à d'autres aspects de l'éducation musicale ou générale. Tandis que ce rapport au temps et la capacité de chacun à devenir très vite enseignant représentent pour les autres un changement miraculeux.

De même, la méfiance un peu dogmatique de Baker envers les orchestres symphoniques ne doit pas occulter une réflexion importante. Le Sistema s'est structuré autour de grands ensembles pour des raisons tenant à la fois aux circonstances et à la personnalité d'Abreu. Or les bienfaits individuels et collectifs d'une éducation musicale dès le plus jeune âge ne supposent pas forcément des armées de cordes, vents et cuivres. Le chant choral permet d'atteindre des résultats comparables, à moindre coût. Et la musique instrumentale en petit effectif est tout aussi motivante que l'orchestre, afin d'éviter le découragement qui guette l'étudiant solitaire. Elle permet en outre des interactions plus variées. Avec des professeurs, mais sans chef, les jeunes musiciens doivent apprendre à se contrôler, arbitrer, instaurer des hiérarchies plus souples où chacun peut tour à tour donner l'impulsion. Fundamusical en a d'ailleurs pris conscience et développé les chœurs comme la musique de chambre. Mais il est utile de rappeler que l'orchestre n'est pas l'alpha et l'oméga de tout apprentissage.

La fin du Sistema vénézuélien ?

Quittons à présent le Venezuela. Car c'est ailleurs que nous obtiendrons quelques réponses aux questions que le Sistema originel, père de tous les autres, pose en cascade à ce moment clé pour son pays natal.

Ne faudrait-il pas finir cette partie sur une synthèse ferme et une opinion tranchée ? Comme tous ceux qui se sont penchés sur le sujet, je m'avoue fasciné par l'homme à l'origine de cette prodigieuse aventure, José Antonio Abreu. Jamais je n'ai imaginé rencontrer un saint. Mais je n'ai pas le sentiment d'avoir discuté avec le diable. Sa vision du monde reposait sur des valeurs spirituelles et politiques à la fois réactionnaires et engagées dans le progrès social. L'un n'a jamais exclu l'autre, et explique la séduction du projet dans des pays écartelés entre globalisation aveugle et déclinisme acariâtre. Au prix, cependant, d'une communication biaisée afin de complaire à l'esprit politiquement correct. Le Sistema répugne à montrer franchement ce qu'il est. Le conte de fées tiers-mondiste, qui arrange autant les médias étrangers que les mages locaux, dissimule-t-il alors de vraies turpitudes, ou la petite boue de tout travail humain ?

Il est en tout cas indéniable que le Sistema vénézuélien s'est obstiné au fil des ans dans une ornière dont nul ne sait quand ni comment il sortira. La première raison tient à la culture du fondateur, celle du Venezuela affairiste et dévot du boom d'après guerre. La transparence des financements, du pouvoir, des résultats, est aujourd'hui le moins que nous puissions exiger d'organisations qui prétendent œuvrer pour le bien collectif. Le Sistema ne renaîtra que s'il joue le jeu – et ce ne sera sans doute pas sous le nom de Fundamusical.

Mais comment imaginer une telle renaissance dans le bourbier vénézuélien ? Là est évidemment l'autre raison de l'impasse actuelle. Abreu a-t-il cru de bonne foi sauver sa créature, ou cédé au mirage de la puissance offerte par un régime autoritaire, comme le pense Gabriela Montero ? Une fuite en avant vers des objectifs qu'on peine à croire réels s'est ensuivie – et probablement le mensonge pour les justifier. Malgré cela, un président aux abois a fini par dévorer une organisation dans laquelle avait longtemps prévalu une indépendance supérieure à tous les autres services publics. Et la faillite financière l'a mise à genoux comme le reste du pays. En décembre 2017, près d'un tiers des musiciens du Bolívar ont fui à l'étranger. Les étudiants qui le peuvent font de même, et l'Orchestre Teresa Carreño a dû fusionner avec une autre formation juvénile par manque d'effectifs de qualité. Nombre de *núcleos* en région tombent en ruine.

Le 24 mars 2018, à l'annonce de la disparition d'Abreu, Nicolás Maduro a annoncé trois jours de deuil national. Sont-ils celui d'un Sistema qui appartiendrait au passé ? Ce serait mal connaître les musiciens, les enseignants et les cadres administratifs qui le composent. Ce même 24 mars, Gustavo rendait sur sa page Facebook un hommage affectueux, et cependant prudent à son maître, s'abstenant d'évoquer tout sujet politique. Dans la foulée, il annonçait que la nationalité espagnole venait de lui être accordée ! Désertion ? Ou début de la Reconquista… Citoyen vénézuélien immigré, il ne serait pas à l'abri d'une confiscation de son passeport s'il posait le pied sur le sol de son pays natal. Un sujet du roi d'Espagne n'a pas besoin de visa pour entrer au Venezuela en touriste, et, sans motif pénal, l'y retenir entraînerait immédiatement une réaction de son ambassade… Voir prochainement Gustavo à Caracas négocier avec le pouvoir et resouder autour de lui les équipes de Fundamusical ne serait guère surprenant. Quand le régime changera, quand le pays sortira de la crise, les mêmes personnes dont nous jugeons sévèrement certaines compromissions sauront mettre leurs qualités et leur expérience au service d'une bonne gouvernance. Ce n'est peut-être pas très moral…

« Je rêve de jouer dehors, dans un grand orchestre de mille musiciens, dirigé par Gustavo, avec Gabriela en soliste, imagine Wuilly Arteaga. Lorsqu'on saura tout du Sistema vénézuélien, ce sera l'un des plus grands scandales du XXIe siècle », prophétise la pianiste. José Antonio Abreu paraît lui répondre avec un rien de malice : « Si j'ai mal construit le Sistema, il s'effondrera. Si je l'ai bien fait, il me survivra. »

Chapitre 6

L'Amérique latine, laboratoire du monde

3 décembre 2017. La grande rue piétonne menant à la place Bolívar de Bogotá grouille de monde. Ce dimanche après-midi marque, en Colombie comme partout, le début des courses de Noël. Les groupes de musiciens rivalisent pour attirer les badauds. Parmi eux, les fausses notes d'un mauvais violon attirent mon oreille. Je reconnais l'hymne national vénézuélien. Casquette ornée d'un « V » aux trois couleurs jaune, bleue et rouge étoilées, un grand gaillard costaud d'une vingtaine d'années, visage noir et poupin. Le public applaudit timidement cet émule de Wuilly Arteaga, échoué dans la capitale du pays voisin pour gagner quelques pesos en jouant dans la rue.

Bogotá et Caracas furent toujours sœurs ennemies. Question de climat ? La seconde se prélasse dans l'éternel printemps tropical de ses 1 000 mètres quand la première, à plus de 2 500 mètres, se protège du froid andin comme du soleil équatorial. Question de sensibilité ? Les *Caraqueños* de tous milieux détestent le formalisme et traitent les inconnus en membres de la famille. Les *Bogotános* sont plus réservés, cultivent les manières de l'ancien temps, avec une touche de mélancolie et une délicate prévenance. Poids de l'histoire, sans doute. L'une semble pâlir dès que l'autre resplendit.

Aujourd'hui, face aux guérilleros comme aux narcotrafiquants, le pouvoir central de Bogotá a compris que seule une démocratie renforcée ramènerait durablement la paix. Depuis le début du siècle, la Colombie s'éveille lentement du cauchemar, tandis que les cartels trouvent à Caracas des intermédiaires plus complaisants. L'extrême misère continue de peser sur les zones pacifiées, mais le développement économique, la modernisation, l'essor de la classe moyenne sont manifestes. Cette prospérité croissante attire en masse les réfugiés vénézuéliens dont le pays fait naufrage.

Conquistadors de la baguette

En 1991, un visiteur de marque avait déjà emprunté la ligne Caracas-Bogotá. José Antonio Abreu répondait à l'invitation de la Première dame colombienne de l'époque, Ana Milena Muňoz de Gaviria. Économiste et architecte, celle qui fut souvent décrite comme la Hillary Clinton colombienne soutenait les réformes entreprises par son époux, le président libéral César Gaviria. L'histoire oublie injustement cet artisan majeur du renouveau actuel. Sa réforme constitutionnelle sauva les droits de l'homme et la démocratie dans un pays ravagé par le narcoterrorisme, les enlèvements et assassinats quotidiens, auxquels la famille du chef de l'État paya d'ailleurs un lourd tribut. Ana Milena déployait, quant à elle, une activité infatigable dans les domaines de l'éducation, de la santé et de la culture. S'il ne comptait encore, du haut de ses quinze ans d'existence, qu'une trentaine de milliers d'élèves, le Sistema vénézuélien avait déjà attiré l'attention de nombreux autres pays latino-américains, grâce aux tournées régulières des orchestres juvéniles. Abreu et ses équipes apportèrent leur expérience au double colombien, qui prit le nom de Batuta, mot espagnol désignant la baguette du chef d'orchestre. Le 22 septembre 1991, sur le parvis de la cathédrale de Bogotá, lieu emblématique de la culture coloniale sud-américaine, son concert inaugural réunissait plus de trois cent cinquante jeunes interprètes venus de tout le pays. Ils sont aujourd'hui cent fois plus nombreux à bénéficier de ce programme, que tous les gouvernements ont continué à soutenir, et qui s'est profondément transformé au fil du temps.

La Colombie est, avec le Mexique, le pays où a commencé l'expansion internationale du Sistema. L'Amérique latine fleurit aujourd'hui de dizaines d'organisations, sans lien institutionnel avec le modèle vénézuélien, mais se réclamant avec plus ou moins de force de ses principes. En additionnant les chiffres qu'elles communiquent, plus de 160 000 enfants et adolescents semblent en bénéficier[1], très inégalement répartis entre 16 pays. En tête : le Brésil, avec plus d'un tiers des effectifs (sans doute autour de 60 000), suivi de la Colombie (autour de 50 000), puis du Mexique (près de 30 000). Chili, Pérou et Argentine abritent des associations de taille significative (plus de 5 000 élèves chacune) ; les autres pays, de modestes initiatives, ne regroupant parfois que quelques centaines de jeunes gens. Petite minorité, parmi les plus de 150 millions de Latino-Américains qui ont entre cinq et vingt ans[2], un peu plus d'un sur mille.

---

1. Compte évidemment non tenu des 900 000 annoncés au Venezuela, qui ne doivent pas être moins de 400 000 selon l'estimation la plus sceptique.

2. Hors Venezuela encore, selon les recoupements 2015 de la Commission économique pour l'Amérique latine et les Caraïbes auprès des Nations-Unies, présentés par Paulo M. Saad.

Mais non quantité négligeable. L'amorce d'un mouvement plus global ?

Le Sistema vénézuélien n'a pas manqué, pour sa part, de cueillir les fruits de son *soft power* musical. La première vague de diffusion au Mexique et en Colombie au début des années quatre-vingt-dix a permis au fondateur Abreu de conforter des réseaux utiles afin d'obtenir le prêt de la Banque interaméricaine de développement, dont ses adversaires font un sujet de polémique. La seconde, entre 2005 et 2010, correspond à l'âge d'or de la propagande chaviste : l'explosion de Gustavo Dudamel sur la scène mondiale, les premières tournées triomphales du Bolívar sous sa direction dans des salles majeures hors d'Amérique latine, les visites à Caracas des plus illustres baguettes européennes, Claudio Abbado et Simon Rattle.

Caruso in the jungle

Au printemps 2000, quelques semaines avant mon premier voyage au Venezuela, je me trouvais à Manaus durant les répétitions du Festival d'opéra d'Amazonie, qui a pour siège le légendaire Teatro Amazonas construit cent ans plus tôt par les barons du caoutchouc, et célébré notamment par cet amoureux des mythes sud-américains qu'est Werner Herzog[1]. On raconte que Caruso l'inaugura – fable ou histoire, les experts débattent toujours. Peu importe. L'odeur des bois de la jungle qui firent l'aller-retour pour Paris afin d'y être sculptés, ses peintures et son rideau de scène illustrant le folklore indien façon Belle Époque, enivrent le voyageur. Il n'en resta pas moins vide durant presque tout le XXe siècle.

1. Dans son film *Fitzcarraldo* en 1982, interprété par Klaus Kinski comme *Aguirre, la colère de Dieu*, où celui-ci joue un bourreau de la conquête du Venezuela et du Brésil.

Vingt années de faste, avant que la production de latex asiatique ruine Manaus. Puis la reconversion en cinéma, halle de tournois sportifs ou hangar à bidons d'essence ! Jusqu'en 1997. Alors, la création d'un Orchestre philharmonique d'Amazonie et du festival lyrique sortit de son sommeil la belle salle au bois dormant.

Le soir de la générale du *Guarany*, opéra (en italien) de Carlos Gomes, qui est l'une des rares œuvres brésiliennes du genre, je fus reçu par la directrice, Ines Daou. Cette jeune femme simple et discrète, formée à l'université locale et gestionnaire accomplie, passionna le journaliste débutant que j'étais en détaillant le quotidien de cette aventure insensée.

« Le principal investissement public porte sur l'orchestre. Nous n'avions aucun instrumentiste de niveau professionnel sur place. Nous en avons engagé les deux tiers en Europe de l'Est, les autres sont venus du reste du pays ou du continent. Un choc climatique, pour eux comme pour les instruments, qu'il a fallu traiter contre l'humidité ! Par contrat, ils sont tenus d'enseigner au conservatoire tout en animant la saison symphonique. Le but est, évidemment, de former une génération de musiciens amazoniens. Nous pratiquons aussi une politique de quasi-gratuité pour attirer les jeunes au concert. »

Certaines réalités sont décidément plus surprenantes que les rêves ! Derrière celle-ci, un politicien pittoresque, Amazonino Mendes, tour à tour gouverneur de l'État et préfet de la ville depuis trente-cinq ans. Social-démocrate portant haut les couleurs des arts et de la redistribution, mais dont les adversaires ont pu dénoncer les accointances avec les trafiquants de drogue, voire la gâchette facile de son entourage…

Manaus résume nombre de projets culturels en Amérique latine. Un passé fantasmé, de sublimes images qui fascinent les visiteurs, des hommes publics qui se voient bienfaiteurs de l'humanité – s'il en est sous toutes les latitudes, préférons ceux qui ouvrent les orchestres aux enfants à ceux dont le but dernier est de donner leur nom à un aéroport. Des moyens qu'il n'est pas sans risque d'examiner de près. Des objectifs où nos altermondialistes ne manqueront pas de sentir un vague parfum néocolonial. Et des professionnels investis, pragmatiques, qui font au mieux pour servir leur communauté dans un contexte économique et politique suspendu au prochain coup du sort.

La samba du challenger

Montreux, 7 septembre 2014. Cris et *standing ovation* d'un public réputé collet monté. Sur scène, une centaine d'adolescents et de jeunes adultes harmonieusement métissés, costumes noirs sous lesquels on devine les tatouages. La grande Martha Argerich joue en soliste. Mon collègue Rémy Louis, M. Symphonie du mensuel *Diapason*, ne s'y trompe pas : « Ce chaloupé au millimètre, effronté, complice et sexy, n'a pas d'exemple au sein d'un orchestre symphonique "traditionnel"... même chez les Bolívar de Dudamel. » Pardon ? Ce n'est donc pas d'eux qu'il est question ? Gustavo n'est pas au pupitre ? On nous aurait vendu des imposteurs ?

Non ! Des émules. L'Orchestre des jeunes de l'État de Bahia, émanation du programme Neojiba, créé à Salvador, au Brésil. Berlin, Londres et Paris les applaudissent aujourd'hui. L'orage qui s'abat sur les orchestres vénézuéliens leur ouvre des horizons plus radieux encore. Sur place, rien ne manque de la panoplie de l'action sociale, dans cette ville où les rouleaux de l'Atlantique brassent les rêves des étrangers, avec son centre historique colonial sauvé de la décrépitude, sa double culture latine et africaine, la lumière de ses sourires et l'ombre de son immense misère. L'histoire se répète-t-elle ? Pas tout à fait.

Car le Brésil, si folklorique et corrompue qu'apparaisse une bonne partie de sa classe politique, n'est pas le Venezuela. Les mécanismes de contrôle démocratique n'ont cessé de s'y affermir, comme l'a montré la destitution en mai 2016 de sa présidente Dilma Rousseff. La presse, longtemps engluée dans la collusion avec les milieux d'affaires et le pouvoir, sort de sa longue tradition d'autocensure, aiguillonnée par les réseaux sociaux. Et Ricardo Castro, le fondateur de Neojiba, n'est pas José Antonio Abreu. Pianiste reconnu, il a joué en soliste avec des orchestres internationaux de haut niveau, tout en s'imposant en musique de chambre comme un partenaire apprécié des stars Martha Argerich ou Maria João Pires. Depuis quelques années, cependant, ses engagements diminuent à mesure que croît son implication dans Neojiba.

« Le Sistema vénézuélien a donné le la à toute l'Amérique latine, tient-il à rappeler. J'ai bénéficié de leurs conseils, je me suis régulièrement rendu à Caracas, Abreu et ses équipes ont souvent fait le voyage vers Salvador. Personne ne peut se réjouir des difficultés qui paralysent aujourd'hui Fundamusical, ni de l'hémorragie des talents que connaît le pays. Rien n'est plus triste que de perdre la richesse humaine.

– Cet effondrement n'est-il pas la conséquence directe de la compromission du Sistema avec le régime ?

– Abreu avait-il un autre choix ? C'était collaborer, ou céder la place, voire fermer. Des années durant, le Sistema est resté l'unique espace de normalité et d'efficacité au Venezuela. Sans doute était-il inéluctable que le cancer qui a dévoré peu à peu le pays finisse par l'atteindre.

– Ne s'est-il pas déréglé beaucoup plus tôt ? Par l'opacité de sa gestion, son autoritarisme, cette croissance folle vers l'objectif du million d'élèves ?

– Malheureusement, je suis assez d'accord. Grandir trop vite génère des fragilités, des dysfonctionnements. Ce cap du million, dicté par des impératifs politiques, a fait peser sur l'édifice une pression intenable. Quand nous avons lancé Neojiba, en 2007[1], et dans les années qui ont suivi, les experts vénézuéliens venaient très facilement. Abreu était beaucoup plus réticent, lors des derniers échanges : « J'ai besoin de tout le monde sur le pont », me répondait-il. Récemment, des collègues de Fundamusical m'ont même alerté : leur passeport était confisqué pour les empêcher de quitter le pays.

– Le fait serait gravissime de la part d'une organisation censée promouvoir des valeurs humanistes !

– Ces leçons négatives seront aussi précieuses, pour nous qui propageons le Sistema en Amérique latine, que sa philosophie et ses méthodes pédagogiques. Je suis très vigilant, à Bahia, quant à la maîtrise de notre développement. L'Institut d'action sociale pour la musique, l'association qui gère le projet Neojiba, répond à une triple obligation de pragmatisme, de transparence et de pluralisme. Nous sommes présents auprès de 4 600 jeunes, avec un budget annuel de 3,5 millions d'euros. Les fonds publics issus du contrat de gestion passé avec l'État de Bahia représentent 73 % de nos recettes. Les dons privés et le mécénat sont importants, mais en aucun cas je ne voudrais qu'ils deviennent majoritaires : une action comme la nôtre ne peut durer et grandir sainement que si elle participe d'une politique publique.

1. La même année, le Parti des travailleurs, à la tête de l'État fédéral depuis 2002 avec Lula, remportait les élections dans l'État de Bahia, où il a été réélu depuis à deux reprises.

– La transparence en découle : les citoyens doivent savoir précisément ce que nous faisons de leur argent[1]. Le pluralisme permet cette transparence, et garantit une organisation efficace et réactive aux besoins du terrain. Nous ne gérons en direct qu'un millier d'élèves dans nos *núcleos*[2], la plupart à Salvador, et généralement en partenariat avec des institutions sociales ou des écoles. Dans le reste de l'État, nous apportons un soutien académique, matériel, financier à des associations qui ont leur autonomie de gestion, et avec lesquelles nous constituons un réseau.

– Les tentations viennent aussi de l'étranger. Entre la débandade du Bolívar et la qualité de votre orchestre de jeunes, elles ne vont pas manquer.

– Oui. Il faut savoir leur résister. Le marché international des concerts, je le connais pour le pratiquer comme soliste depuis l'âge de vingt-trois ans. Je ne cherche pas à prouver quoi que ce soit.

– Abreu, si, parce qu'il n'a eu de reconnaissance extérieure que grâce au Sistema ?

– Je préfère dire que l'orchestre doit rester à sa place. Très importante, car je ne crois pas à des projets qui n'offrent pas l'excellence artistique comme horizon à leurs élèves. Nous avons plusieurs formations, que les jeunes intègrent sur auditions, ouvertes également à ceux qui n'ont pas suivi l'enseignement dans les *núcleos*. Mais ceux-ci restent notre raison d'être, et nous devons la même attention aux enfants pour lesquels la musique demeurera un loisir qu'à ceux qui vont affirmer une volonté de carrière. Ce n'est pas non plus pour nous produire à l'étranger que nous sommes subventionnés.

---

1. Outre la publication de ses rapports de gestion, l'IASPM – Neojiba met ses comptes à la disposition du public. Cette bonne pratique se généralise d'ailleurs en Amérique latine : Batuta en Colombie, Sinfonía au Pérou, Foji au Chili et les deux fondations Guri au Brésil font de même.

2. Ni le mot ni l'accent ne changent de l'espagnol au portugais.

Les Vénézuéliens ont sans doute commis l'erreur d'autofinancer leurs tournées, question de prestige. Si nos coûts sont pris en charge par les organisateurs, nous sommes ravis de venir. Sinon, tant pis. Ces déplacements ont aussi une valeur éducative. Malgré la pression budgétaire, je ne tiens pas à ce que les jeunes enchaînent les concerts et les villes sans découvrir des cultures qu'ils n'auraient pas connues autrement.

– Le Sistema revendique également ces préoccupations éthiques.

– Je suis persuadé qu'elles ont longtemps été réelles. Il faut donc renouer avec ces fondamentaux. La mission d'enseignement des musiciens d'orchestre, par exemple, est au cœur de notre relation avec les *núcleos*. Nous les appelons les « multiplicateurs » : ceux qui vont revenir vers leur quartier et transmettre leur expérience dans les termes adéquats. Bien entendu, nous les préparons à ce rôle dans le centre de gestion et de formation professionnelle que nous avons ouvert à Salvador.

– Ne craignez-vous pas, malgré tout, comme au Venezuela, que le fantasme d'une réussite professionnelle par la musique entraîne une suroffre qu'il serait impossible d'absorber ?

– Honnêtement, nous n'en sommes pas encore là ! Certains jeunes qui ont un fort potentiel comme solistes devront poursuivre leurs études dans d'autres villes ou à l'étranger, et c'est notre devoir de les aider au mieux, en démêlant les fils de l'administration et en accédant aux bourses. Nous-mêmes en proposons à ceux qui participent à l'orchestre d'État, la limite d'âge étant de vingt-neuf ans. Les montants sont fixés de façon que la famille ne les pousse pas plutôt à choisir un petit métier, sans être non plus trop incitatifs, et risquer de les détourner d'autres études qui offriraient d'heureux débouchés. Ceux qui restent avec nous sont naturellement inclinés à préparer leur avenir comme enseignant, mais aussi dans les fonctions d'encadrement et de gestion. Et à monter des ensembles de musique de chambre, ce dont je suis particulièrement fier ! »

Symphonie en pays inca

Sautons d'une côte à l'autre, un vol d'oiseau de quatre mille kilomètres par-dessus les savanes et les Andes. Juan Diego Flórez est péruvien. Il est au chant lyrique ce que sont Gustavo Dudamel à la direction et Martha Argerich au piano : plus qu'une star mondiale, l'orgueil de tout un continent. Sa voix de ténor haute et lumineuse, d'une exceptionnelle virtuosité, va de pair avec le physique d'un prince de contes de fées, au sourire éclatant et à la grâce hors modes. Son mariage, en la cathédrale de Lima, fut célébré comme tel, les caméras de télévision qui transmettaient la cérémonie en direct survolant l'immense foule massée sur la place ! C'est grâce à Gustavo, au podium à ses côtés lors de récitals mémorables à Caracas en 2009 puis à Los Angeles l'année suivante[1], qu'il a pris conscience de ce qu'il pouvait accomplir dans son pays natal.

« Avant dix-sept ans, je n'avais presque pas entendu une note de musique classique. Mais je suis latino-américain, la musique populaire coule dans mes veines. Ma famille travaillait dans le milieu des cabarets à Lima, mon père était un merveilleux guitariste, accompagnateur des plus grands dans le répertoire créole. Je me suis tourné vers l'opéra par le hasard des bonnes rencontres, qui m'ont fait travailler mes

1. Ne surtout pas résister au plaisir de voir la captation de ce dernier filmée par Brian Large, disponible en DVD chez Deutsche Grammophon, en téléchargement sur les plateformes habituelles et en streaming sur Medici TV. Les téléphones portables ont piraté quelques instants du concert de Caracas, qui font la joie des aficionados sur Youtube !

dispositions. J'ai eu cette chance, adolescent, en intégrant le Chœur national du Pérou. Je ne venais pas d'un milieu social défavorisé, mais il ne m'orientait pas non plus dans cette direction. Donner cette même chance à des enfants qui sont de surcroît tenus à l'écart de la musique par leur situation économique est soudain devenu une mission évidente. »

Je poursuis l'échange avec Miguel Molinari, directeur exécutif de Sinfonía por el Perú. La carrière de soliste ne prépare pas à des positions de pouvoir comme celle de chef d'orchestre, et, contrairement à Gustavo, Juan Diego Flórez n'a pas grandi au sein du Sistema, même s'il a pris le temps de visiter les *núcleos* de Caracas. Sagement, il préside l'association qu'il a fondée en 2011, et en assure la promotion, atout précieux pour la levée de fonds privés et publics. Le Pérou reste un État fortement centralisé[1], et s'il fut plutôt gouverné au centre et à gauche jusqu'à l'alternance libérale de 2016, sa politique économique et sociale est demeurée plus austère que son grand voisin lusophone. Sur un budget annuel de 2,4 millions d'euros, Sinfonía ne reçoit que 15 % de fonds publics. Mais sa croissance est impressionnante : en sept ans d'existence, il atteint déjà sept mille élèves ! L'effet Juan Diego, qui est aussi une idole à Vienne, agit sur les mécènes, notamment la Fondation Hilti[2], également soutien de Superar, le Sistema autrichien. L'équipe menée par Miguel a surtout trouvé les arguments pour convaincre les banques latino-américaines de développement comme la

1. Assez proche de la France pour le degré d'autonomie de ses régions, depuis la réforme administrative de 2002.

2. Représentant paradoxal d'une certaine philanthropie européenne, la Fondation Hilti est basée au Lichtenstein. Le fondateur de l'entreprise dont elle procède, Martin Hilti, fut un nazi et antisémite militant, qui fit fortune grâce au commerce avec son voisin allemand. La fondation créée un an avant sa mort est placée sous la direction de son fils Michael, et accomplit un travail exemplaire dans le domaine patrimonial et éducatif.

CAF ou la BID, dont les prêts non remboursables, sur de tout autres montants il est vrai, avaient accompagné l'essor du Sistema vénézuélien.

La BID a d'ailleurs commandité sur Sinfonía une étude d'impact social[1], dont les résultats sont plus valorisants que ceux relevés avec le Sistema vénézuélien. Outre les mêmes effets positifs sur le contrôle de l'agressivité et l'estime de soi, elle souligne le goût plus prononcé pour les études, la plus grande persévérance, et les capacités créatives plus vives des enfants du groupe test suivant le programme que de ceux n'y participant pas. L'effet retour sur le foyer est quant à lui illustré par une diminution de la violence familiale et du travail précoce exigé de l'enfant. Naturellement, la méthodologie de toutes ces études et la pertinence des échantillons feront toujours débat parmi les spécialistes. Mais avec ce développement rapide et ces résultats encourageants, Sinfonía peut regarder l'avenir avec optimisme et ambition. Miguel Molinari prend le contre-pied de Ricardo Castro sur les vertus comparées des soutiens publics ou privés, mais le rejoint sur la plupart des autres considérations.

« J'espère évidemment voir augmenter les subventions d'État, mais en aucun cas je ne voudrais que nous en devenions trop dépendants, ou que nous y soyons soumis du point de vue institutionnel, déclare-t-il. Ce qui est arrivé à Fundamusical au Venezuela est un bon sujet de réflexion. [...] Malgré notre succès, je reste aussi prudent à l'égard d'une croissance trop rapide. En aucun cas nous ne devons sacrifier un objectif artistique élevé, même pour une œuvre sociale. »

Après l'Orchestre des jeunes de l'État de Bahia, découvrirons-nous bientôt, sur les scènes étrangères, un nouveau challenger

1. Remise en mai 2014 par l'Institut GRADE de Lima.

du Bolívar, dans l'Orchestre symphonique et le Chœur préjuvénile de Sinfonía por el Perú ?

Les deux projets incarnent en tout cas l'héritage le plus direct du Sistema vénézuélien. Ils en conservent le modèle d'enseignement collectif, la présence au plus près des populations desservies par les *núcleos*, une structure pyramidale qui oriente le projet social vers des perspectives professionnelles, et l'ambition d'un orchestre d'excellence. Avertis quant aux dérives de gouvernance et de gestion de l'original, se développant dans un cadre politique souvent imprévisible, mais au moins démocratique, ils ne devraient connaître ni les mêmes accélérations ni les mêmes impasses, mais rencontreront tôt ou tard des questionnements identiques. Peu importe, à ce stade, qu'ils soient majoritairement financés par des fonds publics ou privés – même si, comme le rappelait José Antonio Abreu, une grande échelle d'action est difficilement envisageable si les États ne finissent pas par s'impliquer.

Zapata ou Citizen Kane ?

Un pays voit aujourd'hui coexister les deux modèles. Au Mexique, le secrétariat à la Culture soutient le Sistema nacional de Fomento (développement en français) musical et ses près de 10 000 élèves, tandis qu'Esperanza Azteca, portée le groupe Salinas, du milliardaire Ricardo Salinas Pliego, en revendique 17 000. L'absence d'une formation juvénile visant les scènes internationales, ou d'une star médiatique comme porte-parole (bien que Plácido Domingo figure au conseil artistique d'Esperanza Azteca), les tient éloignés des regards extérieurs. Ils n'en témoignent pas moins des deux facettes de la puissance latino-américaine du Nord.

Le Fomento rassemble des initiatives qui ont débuté dès 1989, dans un pays dont le compositeur national, Carlos Chávez, fut le premier soutien d'Abreu hors du Venezuela[1]. Ses trente et un orchestres et trente-trois chœurs communautaires, auxquels s'ajoutent des fanfares, des ensembles et deux orchestres avancés (le Symphonique infantile et juvénile, et l'Orchestre-école Carlos Chávez), accomplissent un travail énorme et discret, avec le sérieux un rien austère qui a toujours caractérisé les politiques publiques mexicaines, nées de la première révolution sociale des deux continents américains. Esperanza Azteca affiche le volontarisme flamboyant des grands entrepreneurs philanthropes que le pays génère régulièrement, pétris de contradictions mais capables de soulever des montagnes. Ricardo Salinas Pliego prend régulièrement position sur les sujets politiques et sociaux sur son blog ; et sa Fondation Azteca, née en 1997, soutient des programmes dans les domaines de l'environnement, de la santé et de l'éducation. Le groupe Salinas étant très présent sur le marché nord-américain, en particulier dans les télécommunications et l'audiovisuel, Esperanza Azteca a même lancé un orchestre juvénile à Los Angeles. L'offre de concerts est particulièrement diversifiée, et va des événements gratuits pour tout public aux galas commandés par des entreprises ou des particuliers, en passant par les séries payantes dont les bénéfices contribuent au financement des orchestres.

Le projet ne met guère en avant la filiation du Sistema et n'emploie pas le terme de *núcleo*, mais les cours collectifs et gratuits à raison de vingt heures par semaine, les valeurs de discipline, de travail et d'excellence semblent tout devoir aux ruches industrieuses d'Abreu.

---

1. Le Mexique était au siècle dernier, dans cette région du monde, le pays le plus prolifique en compositeurs, dont Carlos Chávez (1899-1978), Silvestre Revueltas (1899-1940), José Pablo Moncayo (1912-1958) et Arturo Márquez (né en 1950), popularisés par le Bolívar.

On pourrait ainsi dresser un catalogue, nation après nation. Avec quelques centaines d'émules seulement, dans les petits pays d'Amérique centrale, ou quelques milliers, comme en Argentine. Certains projets retiennent toutefois l'attention par leur aptitude à se démarquer des principes fondateurs, voire à les réinventer.

Il en est de modestes, comme au Paraguay. Abreu affirmait que la culture pour les pauvres ne doit pas être une culture de pauvres. Pourtant, comme les artistes italiens de l'*arte povera* à la fin des années soixante, l'Orchestre des instruments recyclés de Cateura, du nom d'un des principaux bidonvilles d'Asunción, brandit avec fierté les expédients de la misère. Plus connu sous son surnom d'*Orquesta de basura*, l'orchestre des poubelles, il est équipé d'instruments réalisés sur place à partir de déchets métalliques, de morceaux de plastique et de bois. L'inventivité est stupéfiante. Les concerts, donnés jusqu'en Europe, émeuvent par l'intensité et l'enthousiasme des jeunes interprètes. Mais l'expérience soulève plus de questions qu'elle n'en règle. Son initiateur, Fabio Chávez (nom courant, mais prédestiné), en eut l'idée parce que les instruments manquaient, après le succès des cours de musique qu'il avait institués en 2011 dans le bidonville. Mais en se voulant d'abord geste politique, ne condamne-t-elle pas à la marginalité ceux-là mêmes qu'elle devrait intégrer ?

À l'inverse, le Chili a développé, sans faire de bruit, un modèle de mixité sociale particulièrement remarquable. Cette discrétion tient sans doute à la tragédie qui marque le début de l'histoire. Jorge Peña Hen fut bien avant Abreu le pionnier des orchestres juvéniles en Amérique latine. Chef d'orchestre et compositeur, il ouvre largement les concerts à un public défavorisé, pousse ses musiciens de La

Serena vers les collèges, les espaces ouverts, fait participer des groupes amateurs de choristes, danseurs et comédiens. En 1964, il lance l'Orchestre symphonique infantile du Chili et d'Amérique latine, dont le nom traduit l'ambition. Intégrer les enfants des familles pauvres est là aussi une priorité. Mais il est trop tôt. Le 16 octobre 1973, Jorge Peña Hen, incarcéré pour ses convictions socialistes depuis le coup d'État du général Pinochet, est assassiné par les militaires des « caravanes de la mort » dans les murs de la caserne de La Serena. Il avait quarante-cinq ans. Martyr injustement oublié.

Les roses refleurissent dès le retour de la démocratie. Fernando Rosas Pfingsthorn (1931-2007), lui aussi chef d'orchestre, a été l'un des principaux acteurs de la vie musicale chilienne, avant et durant la dictature. Invité en 1991 au Venezuela par Abreu, alors ministre de la Culture, il rentre au Chili ébloui par le Sistema auquel FOJI (la Fondation des orchestres juvéniles et infantiles) ressemblera pourtant assez peu. D'abord, parce que les deux pays suivent des trajectoires politiques et économiques contraires. Quand le Venezuela s'enfonce dans la récession et prépare la « révolution bolivarienne », le Chili s'emploie à une douloureuse réconciliation dont l'issue sera la démocratie la plus transparente du continent. La plus prospère aussi. Non que la misère ait disparu d'une société à trois vitesses, mais la force de sa classe moyenne[1] génère des pratiques culturelles différentes. Le réseau des écoles de musique est dense, et il existerait près de 450 orchestres juvéniles dans les communes, fonctionnant

1. 75 % de la population, contre 15 % sous le seuil de pauvreté et 10 % de riches, selon l'université du Chili en 2013. La notion de classe moyenne recoupant un spectre très large, il est estimé que ceux qui relèveraient, de par leur niveau de vie, de cette catégorie en Europe, correspondent plutôt à 43 % des Chiliens, taux qui reste très élevé en Amérique du Sud.

de façon autonome, avec une organisation essentiellement bénévole ! FOJI intervient alors comme plateforme de ressources et instance de progression, avec ses orchestres avancés (17 répartis en région, dont un de statut national) qui accueillent plus d'un millier de jeunes, son centre de formation dispensant aussi bien des masterclasses pour les élèves qu'un cursus pour les futurs enseignants, et surtout un dispositif très large d'aides et de bourses pour faciliter l'inclusion des enfants et adolescents disposant de faibles revenus : achat d'instruments, prises en charge de frais de matériels, de scolarité pour des études loin du domicile ou à l'étranger…

En revanche, la fondation ne gère pas directement de cours collectifs de démarrage dans les quartiers, cette initiative étant laissée aux ensembles juvéniles dans les communes. Le modèle se rapproche donc de celui des orchestres de jeunes existant depuis longtemps dans les pays riches, avec une meilleure structuration nationale et une préoccupation sociale plus marquée.

Sur ce terreau fertile des *núcleos*, rien de nouveau, donc, depuis le Sistema ? Nulle remise en cause de la pyramide pointée vers le ciel de l'excellence symphonique et de possibles carrières professionnelles, à part une poignée de contestataires dans un faubourg d'Asunción ? Eh si ! C'est même la réflexion portée par les deux plus grands projets au monde nés dans le sillage du Sistema.

Metropolis de tous les espoirs

São Paulo est l'une des rares villes brésiliennes où les étrangers ne rêvent pas de se rendre. Onzième métropole mondiale, avec ses 21 millions d'habitants, elle est aussi la plus riche de l'hémisphère sud. Mais ses inégalités extrêmes, ses immenses bidonvilles où s'entassent les migrants des campagnes, sa criminalité, ses embouteillages monstres, sa pollution étouffante, son absence de patrimoine historique, éclipsent son extraordinaire vitalité intellectuelle et artistique, ainsi que la fascinante mosaïque de ses communautés. L'État qui porte son nom n'est pas plus attirant pour les voyageurs, malgré ses plages verdoyantes et ses montagnes au faux air de Suisse. Indépendant, il serait pourtant le troisième d'Amérique du Sud par la population (45 millions d'habitants), et le vingtième au monde pour son produit intérieur brut.

Guri signifie « gamin » dans le sud du Brésil. C'est aussi le nom de deux associations sous contrat avec le secrétariat d'État à la Culture de l'État de São Paulo. Pourquoi deux ? Alessandra Costa, jeune directrice exécutive de l'une d'entre elles, écarte d'un sourire toute polémique : « La loi sur les conventionnements publics prévoit des durées limitées, et la mise en concurrence tous les cinq ans des candidats. Né en 1995, Guri était devenu trop gros pour une seule organisation. En 2008, le secrétariat d'État a préféré le diviser entre la métropole de São Paulo d'une part, et le reste du territoire de l'autre. Nos pédagogies sont proches, mais les moyens d'action adaptés à des contextes différents. Dans la capitale, la plupart des cours ont lieu au sein des écoles : ce sont les seules institutions publiques que les enfants vulnérables ont l'habitude de fréquenter. Dans les autres villes, les lieux sont plus divers. Les villages facilitent la mixité sociale : on trouve côte à côte les enfants du maire et ceux des petits agriculteurs, il n'y a de toute façon pas beaucoup d'autres activités ! »

Projeto Guri, dont elle a la charge, travaille auprès de quarante mille élèves en province, pour un budget annuel de 17 millions d'euros. Guri-Santa Marcelina, à São Paulo, en a 11 000, pour un budget de 6,2 millions d'euros. Dans un cas comme dans l'autre, le secrétariat d'État apporte près de 95 % des ressources, mais un Guri des villes reçoit un quart de plus qu'un Guri des champs…

Ces deux énormes organisations (Projeto Guri emploie 1 400 personnes, dont 900 enseignants, même si tous ne sont évidemment pas à temps plein) établissent donc des *polos* (des pôles ; on ne parle pas ici de *núcleos*) au plus près des jeunes musiciens. Première différence avec le Sistema : elles visent plutôt l'initiation qu'un cursus intensif et complet.

« Bâtir des orchestres au son extraordinaire, devenir une fabrique de virtuoses n'est pas notre mission, poursuit Claudia Freixadas, directrice pédagogique de Projeto Guri. La commande publique est de toucher gratuitement le plus grand nombre d'enfants et d'adolescents, même si le nombre d'heures doit être plus faible. »

Les deux Guri encouragent cependant la constitution d'ensembles dans le répertoire classique comme dans la musique populaire brésilienne – dont les instruments figurent en bonne place parmi ceux proposés. Ils aident les étudiants qui souhaitent poursuivre une formation individuelle, dans les conservatoires brésiliens ou étrangers, pour leurs recherches et le financement de leurs études. Mais, tournés vers les méthodes pédagogiques continentales européennes (la jeune équipe de Projeto Guri est très francophone), ils questionnent le rapport vertical maître-élève, et stimulent la créativité de ce dernier.

« L'enseignement de pair à pair est justement mis en avant par le Sistema, observe Alessandra. Mais en restant dans un rapport classique de transmission, que nous essayons d'enrichir d'une réinvention.

– Par exemple, nous incitons très tôt les enfants à improviser, précise Claudia. Nous les faisons également jouer dès que possible en formation de chambre, sans chef. Ils apprennent ainsi à gérer le travail pour parvenir à un objectif, à s'autodiscipliner, à organiser des rapports d'autorité temporaires. »

Réparer les vivants

Retour en Colombie. Là aussi, les voies du Sistema se conjuguent désormais au pluriel.

L'Orchestre philharmonique de Bogotá ne figure pas parmi les plus renommés d'Amérique latine, mais il a mis en place, à côté de la phalange professionnelle, 7 chœurs et orchestres juvéniles, infantiles et pré-infantiles qui accueillent plus de 400 enfants et adolescents. Ces formations d'excellence seront progressivement alimentées par les meilleurs élèves des cours collectifs que l'orchestre anime dans les écoles et les collèges de la capitale, qui devraient dans un proche avenir concerner plus de quinze mille jeunes !

Si le principal orchestre du pays assume aujourd'hui ce rôle inhabituel, les écoles de musique sortent également de leurs habitudes. En 1996, au cœur des années noires et du narcotrafic, le maire de Medellín, Sergio Naranjo, crée la Red (réseau en français) de Escuelas de Música de Medellín, aujourd'hui 27 établissements des quartiers populaires où se retrouvent plus de 5 000 élèves de sept à vingt-quatre ans. Geoff Baker, qui étudie leur pédagogie dans le cadre de ses recherches, ne tarit pas d'éloges sur l'articulation entre répertoires classiques et populaires.

Et Batuta ? Que reste-t-il à la fondation lancée, il y a plus de vingt-cinq ans, par José Antonio Abreu et la première dame Ana Milena Muñoz de Gaviria, si les orchestres et écoles piétinent ses plates-bandes ? Tout. Avec plus de 35 000 élèves et un budget de 9 millions d'euros, financé à 80 % par les fonds publics, elle est de très loin le premier projet d'inclusion sociale par la musique en Colombie. Mais elle a dû repenser ses propres missions.

« Parler d'inclusion sociale est insuffisant, souligne María Claudia Parias Durán, sa directrice. Ce pays a une histoire particulière en Amérique latine, et la misère ne s'y nourrit pas des simples déséquilibres de répartition. Nous avons connu une guerre civile atroce, dont tous nos concitoyens ont souffert de près ou de loin. Aujourd'hui encore, près d'un Colombien sur douze est un réfugié dans son propre pays. Les situations les plus difficiles, ce sont dans les camps que nous les rencontrons. Vous voyez ce qu'est un bidonville, ajoutez-y la précarité d'un provisoire qui n'en finit plus… »

Batuta ne propose donc pas seulement l'offre classique d'un Sistema, au travers d'un réseau étendu à tout le pays dont les *centros musicales* (là non plus, on ne parle pas de *núcleos*) jouissent d'une autonomie variable selon les conventions passées avec les collectivités territoriales. Certes, on retrouve les programmes d'initiation, les orchestres et chœurs de jeunes, d'ailleurs excellents quoique la professionnalisation n'en soit pas l'objectif. Catherine Surace, la directrice académique de la fondation, est également fière du module d'éveil *Batubébés*, destiné aux petits de deux à quatre ans, dont le Sistema vénézuélien s'est lui-même inspiré. Et plus encore de l'énorme travail éditorial supervisé par Jorge Ariza. « Nous sommes certainement le projet pédagogique qui aura le plus investi afin de mettre son matériel et ses méthodes à la disposition d'enseignants éparpillés sur un très vaste territoire », explique-t-elle.

Mais, au-delà de cette pédagogie générale, Batuta a surtout créé des programmes adaptés à la situation d'un pays qui tente de reconstruire son puzzle politique, social et culturel.

« On ne peut pas faire tout de la même façon partout, renchérit María Claudia. Toutes nos actions associent enseignants et travailleurs sociaux, directement employés par nous ou liés à des institutions partenaires. Mais dans les programmes spéciaux, l'accompagnement psychosocial est déterminant. *Musique pour la réconciliation* touche ainsi dix-huit mille enfants, adolescents, et parfois jeunes adultes, qui ont subi les traumatismes de la guerre et se trouvent encore dans des situations de grande vulnérabilité. La porte d'entrée principale, c'est la musique colombienne et latino-américaine, même si nous ne négligeons pas les ouvertures classiques. *Musique aux frontières* mêle davantage les répertoires. Mais la singularité de ce programme qui accueille déjà plus de deux mille jeunes, c'est d'être un outil diplomatique. Il est d'ailleurs soutenu par le ministère des Affaires étrangères ! En dépit des rapports tendus entre la Colombie et le Venezuela, nous mettons tout en œuvre pour collaborer avec les *núcleos* des *llanos*, cette région que nous partageons et où la frontière n'est qu'une ligne artificielle. Tandis qu'à Leticia, à l'extrême sud du pays et en plein milieu de l'Amazonie, là où se rencontrent Colombie, Brésil et Pérou, nous travaillons avec Sinfonía. »

Fitzcarraldo n'avait pas tort de vouloir pousser en amont de Manaus… Mais il était loin d'imaginer qu'au lieu de Caruso ce seraient les habitants du fleuve qui chanteraient et joueraient ! Cette diplomatie culturelle issue du Sistema n'est pas limitée au continent. Elle est aussi celle de l'Amérique latine à l'égard du monde. « C'est vrai, approuve María Claudia. Et pas uniquement dans des projets de coopération conventionnelle. Nous travaillons beaucoup avec des associations qui interviennent aussi dans la reconstruction de pays dévastés par la guerre, en Palestine, en Afghanistan. Je crois qu'un mouvement humaniste d'une portée inconcevable il y a quelques années est sur le point de naître. »

Il est temps de nous éloigner du monde latino-américain pour le vérifier. Sans perdre de vue que les grands idéaux ne seraient rien si les hommes et les femmes qui les mettent en œuvre ne faisaient preuve d'une vertu cardinale : le courage. La caméra s'émerveille des frimousses juvéniles sur leur violon, et néglige souvent les maîtres. En marge des répétitions de Batuta, je parle des heures durant avec Jorge, le responsable des éditions, mais aussi avec Maria Sofia Rivera Cadena, coordinatrice nationale des ensembles, et Ramon Gonzales Ramirez, coordinateur national des chœurs. Figures historiques de la fondation, ils en ont connu les grandes heures et les moments difficiles. Ceux où il fallait garder le moral quand les salaires n'arrivaient pas, et donner à manger aux collègues dans la gêne, avant que la venue de María Claudia apporte à Batuta un nouveau souffle. Quant à la reconstruction, ce sont eux qui l'ont mise en œuvre, parfois au péril de leur vie. « Au cours du processus de paix, notre priorité était d'ouvrir dès que possible des centres musicaux dans les zones démilitarisées, se souvient Maria Sofia de sa voix douce. L'armée nationale n'y était plus, mais les guérilleros, c'était beaucoup moins sûr ! Je faisais ma valise, le soir, à Bogotá, pour prendre un avion tôt le matin. Mon mari me regardait sans rien dire. Nous savions tous les deux ce que je risquais. Mais jamais je n'ai eu davantage le sentiment d'être utile, jamais je n'ai éprouvé plus de joie qu'en voyant revenir le sourire sur le visage d'enfants qui croyaient qu'ils ne comptaient pour personne et que Dieu les avait abandonnés. »

En Colombie, j'ai rencontré les héros du quotidien.

Chapitre 7

La La Land !

Grand soleil blond sur l'ocre et le vert des montagnes au loin, réfléchi par le métal aveuglant du Walt Disney Concert Hall. Gustavo, les yeux fermés, crinière au vent et baguette levée, s'affiche sur dix mètres devant le siège de « son » Los Angeles Philharmonic. Ce ne sont pourtant ni les concerts d'un des plus illustres orchestres américains ni la salle de Frank Gehry enviée à travers le monde qui m'ont conduit jusqu'ici. En ce mois d'octobre 2014, quelques semaines après mon second voyage au Venezuela et la découverte des *núcleos*, la Californie m'apporte une nouvelle illumination.

C'était donc possible. Le rêve né dans les métropoles latino-américaines soumises aux plus brutales inégalités n'est donc pas réservé à ces terres courageuses habitées par la foi en un Dieu favorable à ceux qui ne renoncent pas, pétries des musiques du quotidien, où certains voient encore dans celles d'une culture universelle un outil d'émancipation, non de servitude.

Chez nous aussi. Dans nos villes-monde, où les communautés se croisent à défaut de se mélanger. Avec nos systèmes éducatifs croulant sous les besoins nouveaux et guettés par le renoncement. Le relativisme qui sert d'alibi à la pénurie. La culture, mon cher monsieur, ça n'est qu'un produit social, voyez-vous. Laissez la sienne au bon peuple, laissez la leur aux nouveaux arrivants. Elle vaut bien celle que la vieille bourgeoisie croyait utile de caresser pour distinguer ses enfants. D'ailleurs ça ne durera pas, eux aussi écoutent surtout du rap en famille, vous voyez bien. Mais excusez-moi, il se fait tard, je vous quitte. Je dois aller chercher ma fille à son cours de danse classique.

Le quartier du Rampart, à deux pas de Downtown Los Angeles, est plus familier aux amateurs de séries policières qu'aux touristes. Rues délabrées d'immeubles sordides et de petites échoppes, où s'entassent les familles de nouveaux immigrants dans l'attente de mieux, laissés pour compte du rêve américain qui errent sans but, portant sur leur visage les stigmates d'une vie de galère. Gangs-gangrène, qui tissent la toile gluante des drogues venues d'Amérique du Sud. De jour, on n'en voit pas grand-chose. Mais si un tag un peu péremptoire s'étale sur la porte d'un parking, évitez de la pousser.

Violons vs *gangs*

Celles du HOLA Center, en revanche, sont grandes ouvertes. Ingénieux acronyme que ce « salut » espagnol pour Heart of Los Angeles, une maison de quartier fondée il y a vingt-cinq ans, dont l'histoire serait difficilement imaginable sous nos latitudes.

Tout a commencé par les parties de basket qu'animait Mitchell Moore, un travailleur social non résigné à voir les *teenagers* captés par les gangs. Aujourd'hui, HOLA accueille 2 300 garçons et filles de l'école primaire au lycée, dans le cadre d'*after school programs* gratuits où figurent aussi bien les disciplines sportives que les matières spéculatives, les technologies de pointe que les enseignements artistiques. Particularité : sur plus de 10 millions de dollars de budget annuel, HOLA en reçoit seulement 50 000 des pouvoirs publics ; tout le reste provient du mécénat des fondations, entreprises et particuliers.

Première salle : une vingtaine d'enfants de douze à quatorze ans répètent les parties de vents et de cuivres de l'ouverture d'*Egmont* de Beethoven. Deuxième : une quarantaine de cordes du même âge planchent sur *L'Arlésienne* de Bizet. Troisième porte, cordes encore : une trentaine de petits d'une dizaine d'années règlent les rythmes d'une mélodie populaire. Chaque groupe se répartit essentiellement entre jeunes d'origine asiatique et latino-américaine – les deux zones d'où arrivent en majorité les habitants du quartier. Ce n'est pas la mélodie du bonheur, ni dans les rues ni dans les salles. Ça chahute un peu au fond, dans les contrebasses, et le *maestro*, à l'accent espagnol, ramène l'ordre sans dureté mais avec fermeté. Je remarque ne jamais avoir vu les enseignants contraints à manifester leur autorité, en Amérique du Sud.

Filons sur les bretelles d'autoroute à dix voies jusqu'aux lisières de la mégalopole, là où les yuccas et les pelouses grasses piquettent la rocaille du désert naissant. Sur l'immense campus de l'université d'État de Californie, on trouve aussi… un lycée. Cette fois, l'État finance la Los Angeles County High School for the Arts (LACHSA), mais pas suffisamment pour qu'elle se dispense des soutiens privés. Les cours sont donc gratuits pour ses 600 élèves, qui préparent ici leur entrée aux conservatoires de musique, danse ou art dramatique, tout en suivant un enseignement général. Mais ? Ceux-là m'ont l'air bien jeunes ! Passons une tête. Trente violonistes de dix ans, presque tous latino-américains, poussent l'archet sur l'introduction du *Te Deum* de Charpentier. Gustavo serait content – d'ailleurs, un poster à son effigie est collé au mur avec le slogan « *We love the Dude*[1] ». Un autre visage m'est familier. Assis au milieu des musiciens en herbe, un vieux monsieur aux traits à la fois asiatiques et latins joue de l'alto en s'interrompant régulièrement pour corriger la tenue d'archet d'un petit voisin. Je reconnais Richard Elegino, permanent du Los Angeles Philharmonic.

Quand soudain… j'entends des voix ! « *Dona nobis pacem* » entonnent de petits timbres flûtés dans la salle voisine. Un coup d'œil : vingt-cinq garçons et filles sont assis en cercle, autour d'une jeune cheffe de chœur. Mais d'où viennent ces claquements réguliers ? Nouvelle porte entrebâillée : vingt minots de quatre ou cinq ans, beaucoup avec leur mère, tapent joyeusement dans les mains pour un atelier d'éveil rythmique. L'anglais et l'espagnol se mêlent aux rires.

Allez, en voiture ! Je zigzague cette fois au milieu des embouteillages jusqu'à l'Expo Center, complexe sportif construit il y a plus de soixante ans pour les premiers Jeux olympiques de Los Angeles. Les maisons minuscules s'étendent à perte de rue, chacune accrochée à sa parcelle de gazon. Modeste mais propret. Malheureusement, là aussi les bandes rivales se livrent à des affrontements sanglants. Quelque chose me dit que de jeunes musiciens ont pris possession des gymnases. Gagné ! Ils ont cette fois toutes les couleurs de la terre : les Noirs semblent aussi nombreux que les Asiatiques et les Latino-Américains, il y a également une petite minorité de Blancs. Le niveau musical est élevé, sans doute parce que les adolescents sont plus nombreux que les

1. « Mec » dans un sens généralement amical, en argot américain.

enfants. Attention soutenue, cours tonique. Une distraction ? « Clap-clap ! » L'adulte tape dans ses mains. « Clap-clap ! » répond le groupe en se reconcentrant. Les vieux trucs scouts sont décidément les meilleurs.

Mais que se passe-t-il, dans cette ville ? La journée s'achève, les rouleaux de Santa Monica engloutissent le crépuscule. Les palmiers royaux me narguent de leur balancement silencieux. Comme si tu ne savais pas que, ramené par la directrice du L.A. Phil, Deborah Borda, Gustavo vint à L.A., que quelques graines de Sistema il sema, et que le YOLA[1] poussa…

Minute ! Tu n'auras pas ainsi dénoué l'écheveau vénézuélien pour rester stupide devant la pelote californienne. Reprenons depuis le début. Derrière les jolies histoires, on peut, c'est vrai, en trouver d'autres qui le sont moins. Mais aussi certaines qu'on découvrira plus belles encore.

Un conte de fées californiennes

Il était une fois une femme. Ou plutôt, il était deux fois deux femmes, à quelques années d'intervalle.

La première, le docteur Margaret Martin, est une femme extraordinaire ; ce que la seconde, Deborah Borda, proclame de bon cœur. Le docteur Martin a pourtant connu des débuts éprouvants. Mère adolescente, victime de violences conjugales, elle a vécu un an dans la rue, avec ses deux enfants en bas âge. Elle parvient pourtant à s'inscrire à l'université, où elle soutient une thèse en santé publique. C'est ici qu'elle acquiert la conviction que l'éducation artistique, et particulièrement musicale, est une clé du développement cognitif et de la réussite scolaire.

1. Youth Orchestra of Los Angeles, Orchestre des jeunes de Los Angeles.

« Un dimanche matin, à la fin du siècle dernier, je me trouvais dans un marché au sud de Los Angeles, quand les membres d'un gang ont débarqué, me raconte-t-elle. Tout le monde retenait son souffle. Un petit garçon de cinq ans jouait du violon parmi les étals, pour gagner un peu d'argent de poche. Les gros durs se sont arrêtés devant lui, et l'ont écouté quelques minutes. Puis ils ont glissé quelques piécettes dans son étui. Ce petit garçon était mon fils, Max. Vous imaginez l'impact que cet instant a eu sur moi. C'est comme si on avait ouvert sous mes yeux le livre de Dieu. Comme si ces jeunes hommes me disaient qu'ils préféreraient faire ce que mon fils faisait plutôt que ce qu'ils étaient en train de faire. Sauf que personne ne leur avait donné cette chance. La réflexion qui germait en moi s'est soudainement cristallisée. »

Ce récit des origines rappelle celui des douze apôtres du Sistema. D'autant que le docteur Martin, personne peu commune, ne manque pas de talents. Sa comédie musicale adaptée d'*Autant en emporte le vent*, dont elle a écrit les paroles et la musique, fut montée à Londres par le célèbre metteur en scène Trevor Nunn ! La rencontre entre José Antonio Abreu et Scarlett O'Hara ? Tremble, cartésien ! Elle me rassure :

« Je suis une scientifique, pas quelqu'un de particulièrement religieux. Et le Sistema m'était inconnu. J'ai réuni quelques bénévoles, démarché de petits donateurs. Harmony Project a commencé en 2001 avec une trentaine d'enfants du quartier, par des cours collectifs d'instrument, reprenant des bases de la méthode Suzuki. Dix ans plus tard, nous avions trois mille élèves, et 97 % d'entre eux finissaient le lycée, contre 50 % de leurs camarades ne suivant pas nos cours, dans les mêmes écoles. La majorité continue à l'université. Michelle et Barack Obama nous recevaient l'un après l'autre à la Maison Blanche pour récompenser notre travail. Le laboratoire des neurosciences auditives de la Northwestern University de Chicago commençait une étude d'impact du programme, qui s'est déroulée trois années durant, et dont les résultats permettent d'aller au-delà de la simple supposition que la musique serait bonne pour le développement du cerveau. Ils démontrent que l'entraînement à déchiffrer l'environnement sonore, et à moduler soi-même la fabrication du son, favorise une neuroplasticité laissée en sommeil quand un enfant n'est pas assez stimulé par son entourage, généralement parce qu'il ne voit pas assez ses parents et que ceux-ci ne peuvent l'inscrire dans un cadre éducatif de qualité. L'aptitude auditive est cruciale pour la réussite scolaire. Les enfants qui n'ont pas développé les connexions neurologiques adéquates peinent à discerner finement les sons, subissent des retards d'apprentissage de la lecture, et tout le décrochage qui s'ensuit. Bien sûr, je mets à part les déficiences auditives d'origine pathologique, qui supposent un enseignement adapté. Mais ce que je suis en train de vous dire au travers de cet exemple, c'est qu'un entraînement musical intensif permet de surmonter les déficits neurologiques induits par la pauvreté. »

Quelque chose me dit que ce lien entre milieu social et développement cérébral, en dépit des nuances apportées par le docteur Martin, ferait débat dans certains milieux académiques. Nous n'aurons évidemment pas la prétention de le trancher ici, mais de premiers résultats mesurables sont là[1]. À Los Angeles, Harmony Project dispense ses classes musicales gratuites à près de 2 500 enfants et adolescents pour un budget annuel de 3,7 millions de dollars,

1. Pour une liste des études allant en ce sens, dont celle de la Northwestern University et quelques résumés accessibles au profane anglophone, renvoyons au lien suivant du site Internet d'Harmony Project : https://www.harmonyprojectofamerica.org/research.html.

financé à plus de 80 % par les dons et à moins de 5 % par les pouvoirs publics. Le nombre d'heures hebdomadaires va de deux pour les plus jeunes à huit pour les plus grands, avec des concerts réguliers en petit orchestre. Les statistiques ethniques étant autorisées aux États-Unis, l'organisation dénombre 69 % d'élèves latinos, 17 % d'Afro-Américains, 5 % d'Asiatiques et 2 % de Blancs. Elle a généré des projets affiliés dans le reste de la Californie, où elle suit au total plus de cinq mille jeunes, et commence à s'étendre à d'autres États, avec quelques centaines de pionniers à Phoenix, Tulsa, Kansas City, et près d'Albany sur la côte Est. Il s'agit à ce jour du plus important projet d'éducation musicale populaire aux États-Unis.

Hollywood bowl philharmonique

Mais où est passé le Sistema, puisque le docteur Martin nous dit qu'elle ignorait son existence ? C'est là qu'entre en scène quelqu'un que nous avons déjà croisé : l'impérieuse autant que chaleureuse Mrs Borda, alors patronne du L.A. Phil, aujourd'hui du New York Philharmonic[1]. Souvenez-vous, c'est elle qui s'était juré, après un voyage au Venezuela, d'importer le Sistema à Los Angeles même si elle échouait à y faire venir Gustavo.

Deborah Borda précise la logique de coconstruction adoptée pour fonder le YOLA :

« J'aimerais bien, certains jours, être comme le Maestro Abreu, pouvoir seule décider de la vie musicale de tout un pays ! Même si je dois bien avouer que, dans une société démocratique, ça n'est probablement pas souhaitable... En

1. Après avoir assuré la direction générale des orchestres de Detroit, Saint Paul, San Francisco, et déjà New York, avant Los Angeles.

tout cas, je trouve scandaleux qu'Abreu n'ait pas encore reçu le Prix Nobel de la paix. C'était une parenthèse. Los Angeles, et plus largement la Californie font preuve d'une créativité qui me semble unique au monde. J'étais loin de rencontrer la même à New York. Des gens extraordinaires, comme le docteur Martin, comme Tony Brown qui dirige aujourd'hui le HOLA dans le quartier du Rampart, accomplissent l'impossible en matière d'action sociale par les arts, dans un pays où les subventions publiques sont quasi nulles. Le YOLA vise à franchir, avec certains de leurs élèves volontaires, un nouveau palier, celui d'un enseignement musical plus intensif et d'une excellence nourrie de celle de nos musiciens, dont vous avez vu certains s'investir personnellement dans le projet. Depuis que le programme a démarré, en 2007, nous avons invité les meilleurs experts vénézuéliens des pédagogies collectives, afin de former nos propres intervenants. En 2013, nous avons recruté un directeur musical spécialement affecté au YOLA, Juan Felipe Molano, issu du programme Batuta en Colombie. Nous avons aujourd'hui huit cents élèves, répartis entre trois sites[1] et suivant jusqu'à quinze heures de cours par semaine. Les formations juvéniles qui en sont issues se produisent régulièrement en concert, au Walt Disney Hall sous la direction de chefs invités aussi prestigieux que Sir Simon Rattle ou Esa-Pekka Salonen, mais aussi au Hollywood Bowl avec Gustavo, devant dix-sept mille personnes ! »

Le YOLA dispose d'un budget annuel de 3,5 millions de dollars, proche de celui d'Harmony Project à Los Angeles, donc, pour deux fois et demie moins d'élèves. Le rapport avec un enseignement plus intensif est éloquent, ce que confirme Dan Berkowicz, directeur administratif et pédagogique du

1. Ils sont aujourd'hui près d'un millier, un quatrième site ayant ouvert fin 2017.

programme. « Dix heures par semaine nous semblaient, au départ, un objectif très ambitieux. Ce fut donc une merveilleuse surprise de voir les jeunes et leurs familles nous demander de faire plus, au bout de quelques mois ! »

Les mormons du Sistema

Dan a une petite trentaine d'années, de fines lunettes sur un visage brun et rieur. Il vient de Philadelphie, où il a étudié la musique et la gestion. Durant un semestre à l'étranger, il assiste au *Sacre du Printemps* donné aux Proms par le Bolívar sous la direction de Gustavo Dudamel. Révélation. Le New England Conservatory, à Boston, vient d'inaugurer ses *Abreu Fellowships*, un cursus universitaire visant à promouvoir la pédagogie du Sistema. Sur les bancs avec lui, Christine Witkowski[1], recrutée par le L.A. Phil pour piloter l'orchestre au sein du HOLA. « Je suis corniste, et je me souviens de la réaction de mes camarades quand je leur ai annoncé que j'étudiais l'administration et la pédagogie de projets sociaux : "Quel dommage que tu arrêtes la musique !" Cela m'a interpellé. Jouer, enseigner, gérer sont pour moi les trois facettes d'une même activité. Quand je suis allée au Venezuela et que j'ai rencontré les équipes de Fundamusical, l'une de mes plus grandes joies fut de constater que oui, c'était possible ! »

Que Christine et Dan se soient formés en Nouvelle-Angleterre dans le cadre d'un *Abreu Fellowship* veut-il dire que le Sistema a conquis l'ensemble des États-Unis ? Oui,

1. Christine travaille aujourd'hui comme conseillère indépendante pour des projets cherchant à adapter les principes du Sistema à travers le monde. Elle a édité en 2015 chez Omnibus Press *El Sistema, Music for Social Change*, un recueil d'essais signés par de nombreux porteurs de ces projets, malheureusement non traduit.

parce que plus de 110 organisations sur le territoire américain se réclament aujourd'hui de ses principes ! Non, car le déséquilibre entre la cité des anges et le reste du pays est considérable. Méfions-nous des chiffres que même Tricia Tunstall, spécialiste de l'histoire du mouvement dans son pays, conseille de manier avec prudence[1]. En additionnant ceux communiqués par les organisations elles-mêmes (quand elles le font), ces programmes pédagogiques toucheraient plus de 20 000 jeunes aux États-Unis et au Canada. Mais le grand Los Angeles[2], avec les deux géants Harmony Project et YOLA, en accaparerait près du tiers ! L'effet Gustavo ? L'abondance de donateurs permettant de financer des projets à grande échelle ? L'esprit californien cher à Deborah Borda ? Certainement la combinaison de ces trois facteurs. Contraste en tout cas frappant avec New York où, malgré la ténacité de leurs leaders, quatre organisations n'accueillent pas plus de cinq cents élèves – Mrs Borda est instamment priée de se pencher sur le sujet depuis qu'elle a quitté la côte Ouest pour l'autre…

À Denver, avec une zone urbaine de 3,4 millions d'habitants, El Sistema Colorado fait aussi bien à lui tout seul ! Même nombre de jeunes à Chicago (mais dans une ville nettement plus grande) et, plus remarquable, à Ottawa au Canada. Mais la championne nord-américaine pour la densité de jeunes sistémiens se nomme Baltimore, où ils sont près de 1 300 pour une agglomération de 2,8 millions d'habitants. Cette fois, ce n'est pas l'effet Gustavo. C'est l'effet Marin.

1. Musicienne, enseignante, auteur de *Changer des vies par la pratique de l'orchestre*, *op. cit.* et *Playing for Their Lives*, *op. cit.*

2. Incluant des localités comme Riverside, Santa Ana, Santa Barbara, Ventura…

« Nous sommes tellement fiers de ce que Marin fait pour notre ville ! » s'exclame, au restaurant, un quidam curieux de savoir ce que je suis venu fabriquer dans cette ville de la côte Est peu goûtée des touristes – sa belle architecture néoclassique lui valant moins de notoriété que son nombre de sans-abri ou les heurts entre la police et la population afro-américaine. Quand les citoyens s'approprient leur orchestre, il y a des signes qui ne trompent pas. Que l'homme de la rue appelle par son prénom le directeur musical, en l'occurrence une directrice, en est un – les vieux Toulousains et Lillois ne me démentiront pas.

Marin Alsop ne fit pourtant pas toujours consensus. Distinguée par Leonard Bernstein et Seiji Ozawa, elle est la première femme cheffe d'orchestre aux États-Unis à avoir pris la direction de formations majeures. Au Colorado Symphony (tiens, un havre pour le Sistema !), le couple qu'elle formait avec une de ses musiciennes, qui est toujours sa partenaire et avec qui elle élève son fils, fit lever quelques sourcils pudibonds. Même à Baltimore, les débuts furent électriques, les musiciens se plaignant de ne pas avoir été suffisamment consultés. Douze ans et deux renouvellements de mandat plus tard, la majorité ne jure que par elle. Entre-temps, elle a également pris la direction de l'Orchestre symphonique de l'État de São Paulo, le meilleur d'Amérique latine avec le Bolívar (du moins jusqu'à ces six derniers mois), dans la métropole du monde qui abrite le plus grand projet d'éducation musicale et sociale après Caracas. En janvier 2018, l'Orchestre symphonique de Vienne, deuxième de la ville après le Philharmonique, a annoncé la nomination à sa tête de cette *maestra* qui cumule désormais les responsabilités sur trois continents, ajoutant au passage une ville de la vieille

Europe où le Sistema a trouvé un écho des plus forts. S'étonnera-t-on que le projet OrchKids, piloté par son orchestre, ait fait de Baltimore la seconde inattendue de Los Angeles ?

« Je ne me suis jamais rendue au Venezuela, m'explique Marin Alsop dans sa loge du Meyerhoff Symphony Hall quelques minutes avant de monter sur le podium pour diriger le *Requiem* de Mozart, ce soir de décembre 2017. Bien sûr, j'ai discuté avec Gustavo, et plusieurs fois rencontré le Maestro Abreu. Dan Trahey, qui a lancé le programme avec moi, connaît très bien le Sistema et s'est rendu à Caracas. Pour ma part, le déclencheur fut très simple. Les habitants de Baltimore sont à 70 % afro-américains et l'orchestre ne compte qu'un musicien noir ! Le constat est le même dans tout le pays, mais il est encore plus frappant ici. Cette inégalité des chances me révolte. Elle est la conséquence d'un système d'éducation publique en lambeaux et d'une discrimination économique qui ferme l'horizon de ces jeunes. Au début, j'imaginais très naïvement que chaque musicien de l'orchestre soit le tuteur d'un enfant, avant de comprendre qu'on ne construit pas un projet pédagogique sérieux sur des bases aussi légères ! Dan Trahey et nos équipes ont travaillé pendant un an. OrchKids a démarré en 2008, avec trente enfants, dans une école primaire qui a disparu l'année suivante. C'est ainsi à Baltimore, on supprime les écoles… Nous ne nous sommes pas découragés, et les avons suivis là où ils allaient, recrutant au passage jusqu'à atteindre les 1 300 d'aujourd'hui. »

Un débat au cœur du ghetto

Le lendemain, j'accompagne Raquel Whiting Gilmer, la directrice exécutive d'OrchKids, dans un des collèges qui en accueille les cours. Juriste de formation et musicienne amateur, Raquel est surtout une professionnelle des programmes éducatifs destinés à lutter contre l'exclusion – elle a dirigé quelques-uns des plus importants après avoir travaillé à l'organisation des campagnes du Parti démocrate.

« La présence dans les écoles, plutôt que les centres sociaux ou les complexes de loisirs, est notre ligne depuis le début, me dit-elle. Le cursus traditionnel et les leçons de musique collectives se légitiment l'un l'autre, en quelque sorte. Certaines d'entre elles s'inscrivent dans le temps scolaire, d'autres ont lieu après les cours. La fin de l'après-midi est extrêmement dangereuse pour les adolescents de ces quartiers. C'est le moment où ils risquent d'être recrutés par les gangs, impliqués dans le trafic ou la consommation de drogues, ou dans des bagarres parfois mortelles. »

J'assiste à un cours de jazz et d'improvisation pour les cuivres et percussions. L'équilibre entre le répertoire classique et les formes afro-américaines est un objectif central d'OrchKids. L'ambiance est néanmoins plus studieuse que survoltée. Les intervenants doivent montrer l'exemple aux jeunes afin qu'ils osent se laisser envahir par le rythme ou tenter une échappée libre sur une mélodie de saxophone. C'est l'âge où les inhibitions ne sont pas faciles à lever. Point frappant pour un observateur européen : tous les élèves sont noirs. La mixité ethnique n'est pas pour demain dans les écoles de Baltimore.

« De riches Blancs qui prétendent sauver des petits Noirs », lance avec mépris Geoff Baker depuis Medellín, alors que nous parlons d'OrchKids. Selon lui, le programme a fait l'objet de quelques critiques de la part des défenseurs de la culture afro-américaine, et a même entraîné le départ de plusieurs intervenants qui jugeaient excessive la part du classique « Blanc ». Telle qu'elle apparaît aujourd'hui, l'équipe pédagogique est pourtant un modèle de parité – entre les genres comme entre les ethnies. Raquel est noire – mais sa nomination récente. Revoilà le débat entre valorisation des particularismes et idéal universaliste. Mais pourquoi l'un devrait-il exclure l'autre ? La plupart des projets inspirés par le Sistema à travers le monde ont compris l'importance du répertoire des communautés, de la musique maternelle en quelque sorte, qui ne s'oppose pas aux ouvrages classiques mais en facilite l'accès et en nourrit la compréhension. Reste que l'universel, dans ce schéma, est constitué par les grandes œuvres européennes. Elles sont le point de fuite, le sommet de la pyramide. Pour les tenants d'un relativisme absolu, voilà un postulat inadmissible. Et si c'était parce que l'art occidental s'est tellement posé comme universel, que nombre d'artistes ont pensé leurs œuvres comme telles ? Ce qui, dans un monde globalisé selon les règles établies par l'Occident lui-même, en fait des outils naturels du dialogue entre les cultures. La suite de notre voyage apportera de nouveaux éclairages à cette discussion.

Un élan fragile

Mais reprenons nos comptes. Los Angeles + Baltimore + Denver + Chicago + Ottawa + New York = un peu plus de neuf mille jeunes sistémiens annoncés. Mais alors où se trouve la dizaine de milliers d'autres ? Partout ! Répartie entre la centaine d'organisations restantes. Souvent des microprojets qui irriguent les États-Unis et le Canada jusque dans les bourgades reculées des grandes plaines ou du cercle arctique. La plupart d'entre elles sont nées après 2010, sur la vague de la « Dudemania », dans le sillage des grandes initiatives portées par le L.A. Phil et le Baltimore Symphony. À cette époque, le New England Conservatory ouvrait à Boston le cursus des Abreu Fellowships (rebaptisé Sistema Fellowships) suivi par Dan et Christine, et une petite armée de missionnaires enthousiastes se dispersait pour prêcher la bonne parole. La fédération baptisée Sistema USA voyait le jour pour ouvrir un espace de rencontre et de ressources, et réaliser des campagnes de lobbying. Malheureusement, il n'y eut pas d'autres grands orchestres pour suivre l'exemple[1]. Or le pouvoir de lever des fonds est de leur côté dans un pays où rien ne se fait sans le mécénat.

Certains prétendent faire de pénurie vertu. Seattle Music Partners propose à sa centaine d'élèves des cours gratuits prodigués par des bénévoles. Le message est clair : par-delà l'économie marchande, l'enseignement musical peut être le fruit de la seule générosité, et ouvrir le dialogue entre les générations et les milieux sociaux. Originalité du projet, chaque élève dispose d'un tuteur pour des leçons individuelles en plus des sessions d'ensemble. Geoff Baker ne manquera pas de pointer le vieux monsieur blanc et riche dispensant le savoir à la pauvre petite fille noire – même si le projet met en avant la dimension mutuelle de tout apprentissage. La question de l'amateurisme nous retiendra davantage. Certes, sans les bénévoles, les enfants issus des milieux défavorisés de Seattle n'apprendraient simplement pas la musique. Mais pour ceux d'entre eux qui feront preuve de dispositions particulières et souhaiteraient évoluer vers une carrière professionnelle, être correctement formés dans ces conditions relèvera plus du coup de chance que dans les conservatoires…

---

1. Même si des formations plus modestes mènent un travail à saluer, par exemple le New Jersey Symphony Orchestra.

Voilà qui nous ramène à la question cruciale de la formation des formateurs... En Amérique latine, nombre de projets ont une telle histoire, une telle dimension, qu'ils ont construit leur propre méthodologie. Elle est plus ou moins formelle selon les cas, mais permet une transmission, et surtout la validation d'un résultat. L'enseignement par les pairs, c'est-à-dire par les grands élèves pour les petits, est un facteur clé, mais les professeurs qualifiés ne sont jamais loin pour veiller au grain.

Les Abreu/Sistema Fellowships du New England Conservatory ont commencé par jouer ce rôle. Hélas ! Ils étaient financés pour une durée de cinq ans seulement par la Fondation TED qui avait remis en 2009 au vieux Maestro son prestigieux prix annuel – le discours qu'il prononça à cette occasion marqua profondément les esprits en Amérique du Nord[1]. Le Conservatoire n'a pas souhaité les garder à sa charge après ce quinquennat. Mark Churchill, l'un des doyens de l'établissement et ardent défenseur du Sistema, a pris sa retraite au même moment. La nouvelle direction aurait considéré que ce cycle orienté vers les projets sociaux n'était pas une mission aussi centrale que la formation de musiciens professionnels. Il se dit surtout que le mélange des genres entre musique, pédagogie et gestion, qui avait justement enthousiasmé Christine et Dan, heurtait les vieilles traditions académiques. Les diplômés étaient en effet censés savoir structurer une pédagogie et organiser des cycles de cours, mais aussi administrer, communiquer, lever des fonds pour les projets, ces dernières fonctions occupant dans le programme un nombre d'heures très (trop ?) élevé.

1. La Fondation TED (Technology-Entertainment-Design) est l'émanation de la conférence annuelle du même nom, créée en 1984 par Richard S. Wurman et Harry Marks, aujourd'hui gérée par le magnat des médias Chris Anderson. Elle représente l'un des *think tanks* les plus importants de la Silicon Valley.

Aujourd'hui, le flambeau repose dans les seules mains de la Longy School of Music, abritée par une autre université renommée, le Bard College, dans le nord de l'État de New York. Peut-être échaudé par le trop large éventail de compétences recherché à Boston, Longy se recentre sur la formation des musiciens à l'enseignement dans des contextes visant l'inclusion sociale des élèves. Tous les étudiants de l'école bénéficient d'une initiation à ce thème. Quinze d'entre eux suivront un Master dans le cadre duquel ils seront accueillis plusieurs mois à Los Angeles, sous le patronage du L.A. Phil, pour une immersion dans l'un des nombreux projets de la grande cité du Pacifique. On en revient toujours chez Gustavo… Chaque année, le Walt Disney Concert Hall accueille en effet « Take a Stand »[1], qui est à la fois une conférence d'enseignants et un rassemblement des meilleurs jeunes musiciens issus des orchestres inspirés par le Sistema à travers le pays.

Vers un modèle anglo-saxon

Good bye, English empire ? Pas tout à fait. Il nous reste le Royaume ! Sans faire grief du Brexit à nos voisins d'outre-Manche en les rejetant vers le grand large, les similitudes sont assez nombreuses pour les associer, comme le Canada, au bloc anglo-saxon[2]. À quelques variantes près. La première tient à l'implication, directe ou indirecte, des pouvoirs

1. Merveilleuse trouvaille de communicant : « stand » désigne à la fois le pupitre et l'estrade, pour un musicien, mais l'expression « take a stand » signifie « prendre position ».

2. Le Sistema peine à prendre forme en Australie, mais rencontre un réel succès en Nouvelle-Zélande, avec en particulier un millier d'enfants dans la région d'Auckland. En partenariat avec l'Orchestre philharmonique de cette ville, il

publics. Seuls les 1 700 jeunes Écossais du programme Big Noise sont majoritairement pris en charge par des subventions publiques – près de 65 % d'un budget annuel de 2,3 millions de livres, le reste provenant du mécénat. Mais 3 500 de leurs camarades anglais, participant aux six projets réunis sous le label In Harmony, bénéficient également d'un soutien du ministère de l'Éducation, et surtout des fonds de la loterie nationale, subvention indirecte importante pour la vie culturelle britannique[1].

Comme aux États-Unis, les projets inspirés du Sistema sont extrêmement diversifiés par la taille, l'organisation, l'identité des initiateurs. Particuliers audacieux, institutions professionnelles comme le Royal Philharmonic Orchestra de Liverpool[2], structures d'action culturelle comme la Norwich & Norfolk Community Arts. Les cours ont lieu dans des centres sociaux, des salles communautaires, des écoles. À Liverpool, au cœur du quartier réputé difficile de West Everton, j'ai ainsi vu des bataillons d'enfants de six ans passer sagement des mains de leur maîtresse, après la classe de calcul, à celles des musiciens engagés par l'orchestre pour les faire débuter sur les cordes à vide de leurs petits violons et violoncelles.

Partout au Royaume-Uni, le brassage ethnique semble plus large qu'outre-Atlantique, avec une proportion significative d'enfants blancs. Le Sistema américain ne devrait-il pas s'en inspirer, afin de sortir des polémiques stériles sur

---

s'inscrit dans la politique nationale de projets de rencontres, d'inclusion et de valorisation de la culture maorie.

1. Ce modèle fut imaginé il y a quelques décennies afin de compenser la diminution des crédits de l'Arts Council of Great Britain, et servit notamment à la rénovation du Royal Opera House.

2. Citons aussi le City of Birmingham Symphony Orchestra, le Royal Northern Symphony et la Manchester Camerata, partenaires actifs des Sistema locaux, s'ils n'en sont pas gestionnaires.

la charité culturelle ? La mixité britannique doit en tout cas être saluée. Dans un pays où les classes ouvrières furent laminées par les cures d'austérité imposées à la protection sociale et aux services publics, voir côte à côte dans les rangs des orchestres des enfants blancs, indiens et africains des quartiers défavorisés de Glasgow, Newcastle et Liverpool est un signal fort.

Il est vrai que le pays fait preuve, tant pour les orchestres de jeunes que pour les actions éducatives, d'une imagination que pourraient lui envier les Européens du continent comme nombre d'Américains. Le London Symphony Orchestra, par exemple, s'affranchit du Sistema et ne participe pas à ses réseaux anglais[1], mais intervient dans une dizaine d'écoles de musique à l'est de Londres, qui accueillent généralement des enfants issus de milieux populaires, offrant à deux mille d'entre eux une relation privilégiée avec les musiciens de l'orchestre. Par ailleurs, le mouvement des *youth orchestras*, qui n'a pas en soi de vocation sociale mais favorise toujours la mixité, n'a rien perdu de son dynamisme en Grande-Bretagne. Pour les pupitres de cuivres en particulier, il se nourrit d'une tradition de fanfares restée vivace dans les villes industrielles. Il n'est pas anodin que le Liverpool Philharmonic Orchestra, membre d'In Harmony, gère également l'un des meilleurs orchestres de jeunes du pays et souhaite encourager les passages vers ce dernier depuis le projet Sistema qu'il conduit dans les écoles.

1. Interrogé à ce sujet, David Nunn, l'un des responsables du département éducatif de l'orchestre, en donne pour seule raison la différence d'approche, le L.S.O. préférant tisser un lien avec des écoles déjà existantes.

« Cinq minutes de pause ! déclare Lucy Maguire. Les gars, ceux qui étaient là hier montrent le rythme de la prochaine pièce à ceux qui n'y étaient pas ! »

Immédiatement, les enfants se tournent les uns vers les autres, certains tapent dans les mains, les voisins les imitent en se calant sur leur pulsation. Quarante juniors entre neuf et treize ans, représentant tous les instruments de l'orchestre. Ils viennent de passer de Beethoven à une pièce latino-américaine, les petits violonistes se lèvent et dansent tout en jouant. À l'étage du dessus, le même nombre, entre six et huit ans cette fois, viennent de terminer l'inusable fanfare du *Te Deum* de Charpentier. Et dans une salle de réunion, c'étaient les bambins de quatre ou cinq ans qui suivaient l'initiation aux cordes à vide. L'ambiance est énergique et joyeuse comme je ne l'ai sentie qu'à Caracas ou Los Angeles. Pourtant, nous sommes à Londres, dans le quartier d'immeubles grisâtres de North Kensington, l'un des plus cosmopolites de la capitale anglaise.

Lucy a fondé en 2013 une toute petite association labellisée In Harmony, The Nucleo Project. Elle réunit seulement 250 enfants et adolescents, extraordinaire éventail mondial où fraternisent petits Ghanéens et Japonais, Pakistanais et Ukrainiens, Français et Kazakhes, souvent accompagnés des parents pour les plus petits. Cette petite troupe constitue l'une des transpositions les plus étonnantes hors du Venezuela des vertus originelles, voire idéales, du Sistema. Boule d'énergie pleine de gouaille, Lucy est l'une des benjamines du mouvement, à vingt-cinq ans à peine ! Violoniste, elle a longuement étudié au Venezuela, et tissé des liens solides avec nombre de musiciens du pays. Transformer les enfants par la pratique de l'orchestre, elle y croit, elle le vit. Passionnément, sans se soucier de communication tous azimuts mais en entraînant dans son sillage des amis du monde entier qui viennent donner un coup de main. Avec intensité, celle qu'elle transmet aux enfants pour le plus grand bonheur des familles.

« Vous savez pourquoi je trouve nécessaire de donner un peu de mon temps ? m'a demandé un jour Richard Elegino, l'altiste du Los Angeles Philharmonic. Parce que ces gamins, ils travaillent tellement dur ! »

Ce rapport au travail, à l'effort demandé aux enfants, à l'espoir du côté des parents d'une réussite à la fois matérielle et personnelle, est une clé de la fascination qu'exerce le Sistema du Pacifique aux côtes de la Manche. Hors du monde anglo-saxon, il va faire vibrer d'autres cordes, se heurter aussi à d'autres préjugés.

Chapitre 8

Quand la vieille Europe se réveille

Nuit éclairée de longues guirlandes, de nouveau le visage de Gustavo sur plusieurs mètres de murailles, celles du Konserthuset de Stockholm cette fois. Ce 8 décembre 2017, le chef vénézuélien dirige le traditionnel concert donné par l'Orchestre philharmonique royal en l'honneur des prix Nobel. Au programme : la *Symphonie n° 41 « Jupiter »* de Mozart, et *Ainsi parlait Zarathoustra* de Richard Strauss. Œuvres cosmiques, impériales, et sans soliste invité. Seuls avant Dudamel, ses grands aînés Riccardo Muti et John Eliot Gardiner ont eu l'honneur d'être ainsi l'unique vedette de la soirée.

Mais la Suède est loin d'être *terra incognita* pour leur successeur. C'est là que, pour la première fois, il s'est vu confier la responsabilité d'un orchestre professionnel, quand le Bolívar n'était encore officiellement qu'une formation juvénile. Là, surtout, qu'il a, avant Los Angeles, planté des graines de Sistema loin de l'Amérique latine. Déjà avec l'aide de quelques fées.

Quittons Stockholm. Campée face au Danemark, non loin de la frontière norvégienne, Göteborg l'industrieuse s'arrime à ses beaux immeubles néogothiques, dont la pierre brune évoque ceux de Brooklyn – est-ce un hasard puisque y débarquèrent tant d'émigrants scandinaves ? Au cœur de la ville, la Maison des concerts se dresse sur ses puissants piliers fonctionnalistes. En 2006, l'Orchestre symphonique, l'un des meilleurs du pays, prenait un coup de jeune et de soleil en désignant comme directeur musical un prodige sud-américain de vingt-cinq ans. Gustavo Dudamel s'était fait remarquer en Europe comme assistant de Simon Rattle, puis en remportant le prestigieux prix Gustav Mahler à Bamberg. Ses débuts comme chef invité avec les meilleurs orchestres du continent faisaient sensation. Camilla Sarner, elle, dirigeait alors l'École de musique de Hammarkullen, dans la banlieue de Göteborg. Blondeur calme, toute douceur et discrétion, élocution lente et posée. Camilla, pourtant, est une révolutionnaire. Comme Alfred Nobel, qui inventa la dynamite pour promouvoir l'humanisme, elle fait exploser les barrières de l'enseignement musical pour changer la société.

L'allumette suédoise

« En 2009, Gustavo est venu diriger la *Symphonie n° 5* de Beethoven avec l'Orchestre symphonique dans un gymnase de Hammarkullen, raconte-t-elle. L'ensemble n'avait pas l'habitude, à l'époque, de sortir de ses murs pour se rendre dans les quartiers. Mais José Antonio Abreu venait de recevoir le prix Polar à Stockholm, et Gustavo tenait à marquer l'événement. La télévision locale a eu l'idée de me confier une interview du chef. Je savais qu'il venait du Venezuela, j'avais entendu parler d'un enseignement musical à vocation sociale là-bas, même si je n'en connaissais pas le nom. Je l'ai donc interrogé sur ce point, qui rejoignait mes préoccupations. Hammarkullen accueille une centaine de nationalités différentes. L'intégration est difficile, pour des raisons linguistiques autant que culturelles, en particulier pour les femmes, dont certaines ne sortent de leur appartement que pour mener les enfants à l'école et faire les courses. J'ai dit à Gustavo qu'il nous fallait aussi le Sistema chez nous. Il m'a répondu "Faisons-le !". Au printemps 2010, nous avons commencé par un groupe de 11 jeunes. Comme José Antonio Abreu en 1975 dans son garage ! Nous leur avons demandé de ramener chacun un ami si le cours leur avait plu, et deux jours plus tard, ils étaient plus de 20. À la fin de l'année, nous en avions réuni 300. Ils sont 1 500 aujourd'hui à Göteborg, et 9 000 en Suède. »

Encore une multiplication des pains et des poissons ? Mais l'histoire racontée par Camilla n'est pas un conte de plus. Elle est aussi singulière par la réflexion dont elle procède et par le modèle du développement suivi. En Scandinavie, le financement du projet est majoritairement public, même si les dons privés sont les bienvenus. La nouveauté radicale est la collaboration entre des écoles de musique déjà existantes, des orchestres professionnels et des collectivités territoriales, autour d'un type d'enseignement nouveau.

« La pédagogie musicale, en Suède, était encore très conservatrice il y a dix ans, reprend Camilla. Un professeur pour un élève, un seul cours par semaine, et beaucoup de travail à la maison. Du coup, un taux d'abandon important de la part des enfants autour de douze ans, sans parler d'une fréquentation essentiellement issue des classes moyennes et supérieures. En l'occurrence, le facteur économique n'est pas en cause, car les écoles de musique sont gratuites en Suède depuis 1945. La question est donc bien culturelle. Qu'un conservatoire se lance dans des cours collectifs, trois fois par semaine, soit un total de cinq à huit heures selon les âges ; qu'il le fasse aussi bien avec ses enseignants qu'avec les musiciens de l'orchestre professionnel ; que ce dernier ouvre aux élèves ses répétitions, ses concerts, son plateau ; que nous allions chercher un à un des enfants qui ne savaient rien de cette musique : voilà ce qui changeait. Très vite, nous avons instauré une rencontre hebdomadaire avec les parents. Ces gens de langues et de cultures différentes se rencontrent, lient des amitiés, ont l'occasion de progresser en suédois, pour les mères qui ne travaillent pas, ou y trouvent une motivation pour prendre des cours. »

L'universel, en toute simplicité

Le processus d'intégration de nouveaux arrivants passe par l'acquisition de la culture du pays d'accueil, et ne soulève donc pas les mêmes polémiques qu'aux États-Unis touchant à la domination d'une partie de la population sur l'autre. « Surtout dans un pays comme la Suède, qui a l'un des taux d'immigration les plus élevés d'Europe, mais où la discussion n'est pas biaisée par un passé colonial », note Camilla, qui a l'air bien au fait du débat d'idées en France. Je l'interroge cependant sur l'équilibre entre le répertoire classique européen et celui des diverses traditions musicales dont proviennent les familles. Que les secondes soient des ponts vers le premier me semble en effet acquis. Sa réponse me surprend.

« À la fin des années quatre-vingt-dix, commençant à travailler pour l'École de Musique de Hammarkullen, j'ai immédiatement voulu y attirer les habitants issus de l'immigration. Il y a parmi eux nombre d'excellents artistes, et nous avons organisé des cours de tabla indien comme de percussions africaines ou de kaval des Balkans. Je dois avouer que le résultat est allé à l'inverse de ce que nous espérions. Au lieu de créer des passerelles, ces cours braquaient les musiciens eux-mêmes dans une espèce de repli identitaire, et nous avons frôlé la guerre entre le oud turc et iranien ! Avec Beethoven, plus de problème, personne ne cherche à se l'approprier, et le dialogue se crée naturellement. Cela ne nous empêche pas de proposer ensuite d'autres spécialisations que les instruments occidentaux, et nous avons par exemple une excellente classe de santûr. »

Ne voilà-t-il pas que Camilla, non contente de mettre au jour le modèle d'enseignement suédois, nous donnerait un cours pratique d'universalisme bien compris ?

Exemplaire est aussi la maîtrise par le Sistema suédois de sa propre croissance. Aux dangers d'une excessive concentration des pouvoirs, deux réponses : réplication et décentralisation. Le succès de Hammarkullen a d'abord encouragé les autres districts de Göteborg à reproduire le modèle. Dans les autres écoles de musique, certains enseignants se sont formés à la pédagogie collective auprès de leurs collègues du noyau initial. Puis dans d'autres villes, de nouvelles écoles et de nouveaux orchestres ont tenté l'aventure. Ce n'est donc pas en opposition à l'enseignement musical traditionnel, mais en complémentarité, dans ses murs, avec en partie les mêmes enseignants, et des crédits communs, que s'est développé ce travail d'inclusion. En 2012, la fondation du Sistema Suède voyait le jour, présidée à l'origine par Gustavo. Elle gère un budget annuel de 4,5 millions d'euros, provenant en partie des fonds de la loterie nationale, comme en Angleterre. Mais, au lieu de compenser une disparition des subventions publiques, il vient en plus, et permet d'accompagner les écoles participant au projet afin que leurs nouvelles missions ne s'exercent pas au détriment des anciennes.

Sistema on Ice

Ron Davis Alvarez travaille aux côtés de Camilla comme directeur artistique du Sistema Suède. S'il fallait trouver un emblème du *soft power* pédagogique vénézuélien, le voici : jeune trentenaire aux fines lunettes et moustaches surmontant un éternel sourire. La grand-mère de Ron tenait l'épicerie en face du *núcleo* de Guarenas, où les élèves achetaient des glaces chez elle entre les cours, et élevait seule ses petits-enfants.

« À six ans, je commençais le violon, à quatorze, je donnais mes premiers cours aux débutants, à dix-huit, je devenais le directeur du *núcleo*, raconte Ron comme si cela n'avait rien d'étonnant. Je suivais les cours de sciences de la pédagogie à l'Université nationale expérimentale des arts de Caracas. Dans le cadre d'un échange avec le Danemark, j'ai eu l'occasion de visiter l'orphelinat d'Uummannaq, au Groenland, dont la directrice, Ann Andreasen, pratiquait la musicothérapie avec les enfants, à majorité inuit. Quand José Antonio Abreu l'a appris, il m'a ordonné d'y retourner ! J'ai passé trois ans là-bas. L'intensité de l'expérience humaine est inoubliable. Quand on vit dans un orphelinat au milieu des glaces, on ne peut pas se contenter de donner des cours. On partage le quotidien des enfants. Beaucoup d'entre eux avaient des problèmes de comportement, et Ann était un peu réticente à l'enseignement de groupe. Avec treize d'entre eux, nous avons formé l'ensemble instrumental le plus au nord du globe. Bientôt nous étions vingt, ensuite les écoles du village se sont ajoutées, alors que l'orphelinat était jusque-là marginalisé. Quand il fallut partir, en 2013, il y avait cent jeunes dans deux villages. J'ai convaincu une camarade vénézuélienne de venir me remplacer pendant trois mois, espérant qu'elle accepterait d'y rester plus. Elle est tombée amoureuse d'un Danois, s'est mariée, et vit toujours à Uummannaq[1] ! »

Abreu, une fois de plus, avait saisi le formidable potentiel, en termes de communication, de cette aventure insolite. Précédé par ses photos en costume inuit, violon en main sur la banquise, Ron Davis fit le tour du monde, partout où une demande d'assistance arrivait à Caracas. C'est finalement à Göteborg qu'il s'est fixé. Le Danemark et la Finlande lançaient à la même époque des programmes comparables (le Sistema danois adopte d'ailleurs la structuration décentralisée de son homologue suédois), mais le premier n'atteint pas les 1 000 étudiants, le second à peine 200[2]. Parcourant les 35 écoles de musique à travers le pays qui participent au projet, Ron, Camilla et leurs collègues ont constitué avec les enseignants un fonds méthodologique parmi les plus élaborés au monde pour un projet inspiré du Sistema, avec celui de Batuta en Colombie. Des séminaires sont régulièrement organisés pour la formation continue des professeurs, dans les murs mêmes du Conservatoire Royal de Stockholm, témoignant là encore du degré d'intégration des pédagogies collectives au cœur de l'enseignement d'excellence. Chaque année, les orchestres et chœurs juvéniles de toute la Suède se retrouvent pendant quatre jours à la Maison des Concerts de Göteborg pour Side by Side, à la fois festival et symposium. Après les conservatoires, le Sistema Suède développe ses partenariats avec les écoles

1. Sofia Carolina Hernandez Mejia poste d'ailleurs régulièrement, sur les réseaux sociaux, des scènes de sa vie musicale au Groenland, où l'hispanophonie semble faire des progrès spectaculaires !

2. Mais le cas finlandais est unique tant ce pays, qui compte le plus grand nombre d'orchestres par habitant sur la planète, est aussi un modèle pour la diffusion sociale de son enseignement musical. Il n'était sans doute guère utile de s'y saisir de l'étendard du Sistema pour le faire avancer !

maternelles, et ambitionne de démontrer aux Européens, grâce aux outils développés en Amérique latine, les vertus de l'enseignement musical précoce. Ron, pour sa part, s'investit dans l'Orchestre des rêves, fondé en avril 2016 dans les camps de réfugiés qui accueillent en Suède les familles, mais aussi des mineurs isolés, fuyant les conflits de Syrie, d'Afghanistan, d'Albanie, d'Érythrée…

« Au début, quand j'arrivais dans un camp, on me regardait avec perplexité, raconte-t-il. Était-ce vraiment une priorité ? Je demandais simplement qu'on me laisse essayer. Il n'y a que huit enfants le premier jour ? J'aurais fait cours à un seul s'il n'y en avait eu qu'un. Ils sont désormais soixante à Göteborg, nous mettons en place des ateliers d'éveil musical pour les plus jeunes dans d'autres camps du pays, et des initiatives comparables ont vu le jour à l'étranger. »

Le Sistema grec, nous le savons, est même né sur ce principe, et Ron n'a pas manqué, une fois de plus, de faire profiter Anis Barnat de ses conseils. À l'image de ces deux-là, nombre de propagateurs du Sistema à travers le monde semblent habités par une énergie, un enthousiasme et une résistance inépuisables.

« Tu réalises d'où je viens, et ce qui m'a été donné ? me répond un jour Ron. Moi, le gosse des *barrios* de Caracas qui parcourt le monde pour aider les autres à trouver le chemin d'une vie meilleure ? Une vie dont le but n'est pas seulement la réussite matérielle, mais un épanouissement humain et spirituel complet ? Ce que José Antonio a fait pour moi, pour tant d'autres, c'est un devoir sacré de le transmettre ».

La grande résidence des orchestres et chœurs vénézuéliens, organisée à l'été 2015 à la Scala par le surintendant Pereira, marque une date dans l'histoire du Sistema en Europe. Ne fut-elle pas, en revanche, un bouquet final pour le mouvement en Italie ? Souvenez-vous. De toutes les grandes personnalités qui défilèrent à Caracas, l'une d'entre elles marqua particulièrement José Antonio Abreu.

Claudio Abbado (1933-2014) ne fut pas seulement l'un des plus illustres chefs d'orchestre de son siècle. Il incarnait la vie artistique de l'Italie, avec ses utopies et ses échecs, ses contradictions et ses réussites. Il fit entrer dans la modernité la vénérable Scala de Milan, comme il marqua les grandes maisons dont il prit ensuite la tête : le London Symphony Orchestra, le Chicago Symphony, l'Opéra et l'Orchestre philharmonique de Vienne, le Philharmonique de Berlin. En 2000, un cancer de l'estomac semble le condamner. Il le tint en échec près de quinze ans, et après quelques mois de traitement revint transfiguré de ce voyage aux portes de la mort. Jamais ses concerts ne seront plus inspirés qu'après cette résurrection[1], échappant ainsi à l'analyse, expériences spirituelles dont le public sortait les larmes aux yeux.

Débordant d'une joie nouvelle, en ces dernières années, il s'entourait de jeunes artistes auxquels il communiquait sa passion pour le mysticisme oriental et les régimes alimentaires extravagants qui le tenaient en vie. Il continuait aussi à faire partout pousser des orchestres composés des meilleurs étudiants et chambristes professionnels d'Europe,

1. Sous-titre d'une de ses œuvres fétiches, la *Symphonie n° 2* de Mahler, avec laquelle ceux qui ne connaîtraient pas son art doivent impérativement le découvrir dans le concert donné en 2003 avec l'Orchestre du Festival de Lucerne, DVD EuroArt ou streaming Medici TV.

capables de damer le pion aux institutions qu'il dirigeait simultanément. Il détestait les longues répétitions, adorait les femmes, et passait sa vie à se mettre dans les situations sentimentales les plus inconfortables. L'anti-Abreu à tous égards ? Si loin, si proches...

Elisa Sologni fut de presque tous les voyages vénézuéliens du Maestro comme traductrice. Aujourd'hui responsable de projet au sein de la Fondation Hilti, pour le compte de laquelle elle a vécu trois ans à Caracas, elle l'avait rencontré en 2004, alors qu'elle travaillait pour le Théâtre de Reggio Emilia, que dirigeait Daniele, le fils du chef d'orchestre.

« Claudio s'était déjà rendu en 1999 à Caracas, avec le Mahler Chamber Orchestra, sur le conseil de riches amis vénézuéliens qui venaient l'entendre tous les ans à Salzbourg. Ce bref séjour, marqué par une première rencontre avec Abreu, avait éveillé sa curiosité. Aussi promit-il de revenir, cette fois pour travailler avec les jeunes Vénézuéliens. À partir de 2005, nous passâmes chaque année en janvier à Caracas. La première fois, Abreu avait réuni spécialement pour lui les meilleurs jeunes instrumentistes de toute l'Amérique latine, et Gustavo les avait préparés pendant des semaines avant sa venue ! Mais Claudio travailla ensuite avec le Bolívar, puis le Teresa-Carreño, et quand il emmena le premier en tournée en Italie, il exigea que Gustavo, qu'il considérait comme son fils, dirige la moitié des concerts, y compris celui de la Santa Cecilia à Rome, à la plus grande inquiétude des salles, obligées de vendre le nom d'un jeune chef inconnu ! Pour Abreu, Claudio était Dieu descendu sur Terre. Ils avaient des discussions sans fin sur les arts, la politique, la spiritualité. Dans l'orchestre, Claudio trouvait un matériau humain extraordinairement disponible et réceptif. Lui qui avait horreur d'être au centre de l'attention se laissait entourer, photographier pendant des heures. Il tolérait des contretemps qui l'auraient exaspéré en Europe. "Mañana, mañana...", répétait-il en riant quand rien n'était prêt à temps. Mais il a aussi apporté au Bolívar une exigence nouvelle. Il a fait venir les plus grands instrumentistes de Lucerne et du Mozart Orchestra, Natalia Gutman, Mario Brunello... En retour, il a perçu tout ce que nous avions à apprendre de ce mode d'enseignement et de sa capacité inclusive. Sans beaucoup sortir, il faut l'avouer, de la bulle de Caracas. Sa santé ne lui permettait plus de se rendre dans les *núcleos* de province, et le seul qu'il ait vu est celui de Montalban, l'un des mieux équipés de la capitale, pionnier notamment pour le travail avec les très jeunes enfants. Même quand il a entendu le Chœur des mains blanches, ils étaient venus de Barquisimeto, et l'on avait privatisé un salon du Hilton – le *Centro* n'existait pas encore. »

De ce témoignage sans fard, Oncle Geoff et ses spadassins retiendront seulement la fantaisie vespérale et tropicale d'un vieil homme, auquel le tiers-monde déroulait le tapis rouge. Les supporters salueront ce moment clé où un échange inédit de compétences musicales et d'idéaux survola l'océan, sans lequel nous n'aurions jamais connu la vague du Sistema qui balaya le monde à la fin de la décennie avec les concerts légendaires des Proms de Londres et les innombrables projets inspirés de l'expérience vénézuélienne. Une formule à la mode me vient à l'esprit : en même temps...

Mariages à l'italienne

Abbado ne ménagea pas non plus ses efforts pour faire de l'Italie le berceau d'un nouvel espoir musical et social. Il y réussit en apparence. Nulle nation hors des Amériques n'affiche un tel nombre d'élèves : plus de 15 000, répartis dans 77 *nuclei* ! Davantage encore qu'aux États-Unis, cet affichage recoupe pourtant des réalités très diverses – sans qu'aucune « capitale » comparable à Los Angeles se soit affirmée. Maria Majno, créatrice aux côtés d'Abbado d'un réseau national avec lequel elle a pris ses distances, sourit devant les chiffres.

« Il faut distinguer les enfants qui n'auraient jamais appris la musique et ceux qui en auraient fait de toute façon, peut-être différemment, insiste-t-elle. Pour les premiers, j'estime plus crédible de tabler sur 200, parfois 300 jeunes par région, soit entre 4 et 5 000 au total. » Établie en 2010, la fédération Il Sistema Italia semble piètrement coordonnée, comparée à son homologue suédoise. Elle est en outre soumise aux rivalités de pouvoir, aux luttes internes, aux schismes. « On ne va pas se mentir, me confie l'un de ses membres. Sous l'étiquette du Sistema, on a mis tout et n'importe quoi, en espérant se faire un peu d'argent. Et notamment des orchestres de conservatoire qui n'ont rien de novateur dans leur pédagogie, et surtout rien de social ! Ou encore des programmes d'initiation à la musique dans les quartiers populaires, qui existaient déjà et restent très loin de l'objectif d'excellence artistique qui doit aller de pair avec le travail social, dont ils n'ont pas les compétences. »

Tout avait pourtant bien commencé. Les premiers fidèles réunis par Abbado rassemblaient à la fois de jeunes professionnels passionnés, comme Diego Ravetti, administrateur de l'orchestre Mozart, et de fortes personnalités possédant l'expérience, la compétence, le carnet d'adresses. Issue d'une grande famille milanaise (son père était l'avocat de la Scala et de personnalités comme Luchino Visconti), Maria Majno a partagé ses jeunes années entre de brillantes études de musique et de philosophie, et les répétitions du Maestro. Longtemps directrice de la prestigieuse Société du Quatuor de Milan, conseillère de la Fondation Mariani pour la neurologie infantile qui accorde une place prépondérante à la musique, elle fréquente les grands compositeurs et interprètes d'aujourd'hui.

« Le matin de Noël 2008, Claudio m'appelle. "Je veux implanter le Sistema en Italie, me dit-il, et tu vas m'aider. Nous ne sommes pas au Venezuela, hors de question de se lancer dans une grande usine centralisée. L'Italie, c'est des régions, il nous faut deux délégués par territoire, un pour la partie artistique, l'autre pour les questions institutionnelles. Ils fédéreront les structures musicales qui ont déjà une approche sociale, les conseilleront dans leur évolution, aideront de nouvelles à se créer." C'est exactement ce que nous avons fait, avec un succès très rapide. Cependant, la fragilité de cette construction s'est révélée au fil des ans, qui a éclaté à la disparition de Claudio. Uniformiser ou s'étendre au risque de se dissoudre ? La tension est constante. Je n'ai cessé de réclamer que nous revenions à nos objectifs, nos principes, par des moyens efficaces. Aujourd'hui, je ne crois plus à ce réseau national, et pense que, pour faire un travail de coordination sérieux, il faut revenir à l'échelle dont nous sommes partis : celle des régions. »

Maria a donc quitté la fédération nationale pour fonder l'association Song Sistema Lombardia. Soutenue par des fondations privées (Pasquinelli et Cariplo), mais aussi par la Région et des communes, elle représente, avec ses 900 élèves, la tentative la plus aboutie en Italie visant à articuler un travail d'initiation avec les perspectives d'excellence et de mixité sociale. Gérés directement, ou disposant d'une autonomie complète, les *nuclei* sont ainsi implantés dans des quartiers populaires comme dans des zones plus favorisées, l'objectif étant de faire converger dans les orchestres avancés des jeunes issus de milieux divers – réussite majeure du Sistema vénézuélien. Palette complétée par la présence d'enseignants formés aux méthodes du Sistema auprès des jeunes handicapés mentaux et psychomoteurs[1] accueillis dans les instituts cherchant à dépasser les méthodes de musicothérapie classique. Je n'oublierai jamais le dévouement des éducateurs et des musiciens, et la force des échanges avec les enfants, lors de la leçon à laquelle j'ai assisté à l'Institut Paolo e Larissa Pini.

Le travail inspiré du Chœur des mains blanches, qui avait si fortement impressionné Abbado, a par ailleurs fleuri à travers le pays, où ses créateurs à Barquisimeto, Jhonny Gómez et Naybeth García, se rendent régulièrement. La dizaine de chœurs disséminés le long de la botte, réunis pour la première fois en 2017 lors d'un concert national à Pistoia, semble la réussite la moins contestable du Sistema Italia, d'une ampleur unique hors du Venezuela. Afin de ne pas s'en tenir au dissident lombard, on soulignera aussi la qualité des actions menées par d'autres structures qui ont vu le jour à Turin[2], à Rome où l'École populaire de musique du Testaccio en particulier a apporté la richesse d'une expérience de plus de quarante ans[3], en Émilie-Romagne, et jusque dans les Pouilles.

Paradoxale Italie, foisonnante, fracturée, où le pire côtoie le meilleur des initiatives individuelles, face à l'indifférence

1. La terminologie correcte, encouragée dans les milieux éducatifs, est celle de « jeunes dotés d'aptitudes spéciales », qui a le mérite d'une plus grande humanité et le défaut d'une moindre clarté pour le lecteur.

2. La complexité de leur organisation donnerait des cauchemars aux Suédois, et un livre entier ne suffirait pas à éclairer l'articulation logique entre les projets Pequeñas Huellas devenu Crescere in Orchestra, In Classe si puo, les associations Cantabile, Orme, le Chœur des mains blanches Manincanto, l'École populaire de musique du Théâtre Baretti...

3. Elle est née en 1975, la même année que l'Orchestre juvénile Juan José Landaeta au Venezuela, mais en assumant d'emblée le profil social que le Sistema allait se découvrir au fil des ans. Preuve qu'il n'est pas toujours bon d'avoir raison trop tôt et au mauvais endroit.

ou à l'impuissance des pouvoirs publics. Le mirage du Sistema loin de sa patrie nous en dit long sur les pays qui le poursuivent. La mosaïque transalpine vaudra toujours mieux que le désert espagnol – un comble, dû au mépris où la péninsule Ibérique tient les innovations latino-américaines et à la faiblesse de sa vie musicale. Et en réservant à la France un chapitre à part au sein de l'Europe latine, saluons le travail exemplaire mené à Lisbonne par l'Orchestre Geração, authentique réseau de *núcleos* riche de 1 200 enfants et adolescents, remarquablement conçu et organisé, pour l'heure limité à la capitale portugaise.

Vienne ou l'apocalypse joyeuse

Vendredi 28 mars 2017. Dans la mythique Goldener Saal du Musikverein de Vienne, le Bolívar et le chœur autrichien du Singverein, l'un des plus beaux ensembles amateurs au monde, délivrent les dernières mesures de l'*Hymne à la joie* de Beethoven. Ovation tonitruante d'un public réputé exigeant. Jubilation, sur le plateau puis dans les loges, des musiciens qui me racontent cette semaine leur vie au sein de cet orchestre pas comme les autres. Au foyer, Gustavo m'accueille d'un flamboyant « *Qué tal, mi amor* ! » – familiarité courante pour un Latino-Américain, ne rêvez pas. Nous convenons de nouveaux entretiens afin d'évoquer l'avenir du Bolívar, celui du nouvel orchestre de jeunes qui doit se réunir au printemps à Caracas avant de conquérir le monde, l'implication personnelle du chef dans les projets inspirés du Sistema à l'étranger.

Ces rencontres n'auront pas lieu. Les manifestations de l'opposition prennent de l'ampleur ; bientôt le jeune altiste Armando tombera sous les balles de la police. Gustavo devra sortir du silence, mais ne pourra le faire qu'au travers de communiqués de presse soigneusement calibrés. Son agent, Mark Newbanks, me téléphone un soir de mai. « Des interviews en ce moment, c'est impossible. Même avec un droit de relecture sur les propos. Trop de projets, trop de vies sont en jeu. Un conseil : accueillez avec la plus grande prudence ce que vous diront les gens qui seraient encore aujourd'hui à Caracas. »

Vienne, la dernière fête. La dernière tournée, à ce jour, du directeur musical du Bolívar avec ses troupes, avant que celles-ci commencent à fuir par tous les moyens un pays à faim et à sang. En attendant la résurrection, inéluctable autant qu'imprévisible, comme dans la symphonie de Mahler.

Mais, le lendemain du concert, les musiciens des pupitres de cordes chahutent encore comme des enfants, dans le bus qui nous amène vers les faubourgs de la ville. Car Vienne, ce n'est pas seulement un centre historique figé dans sa nostalgie crémeuse, depuis que les violons ne jouent plus pour l'empereur. Ce sont aussi des banlieues, comme dans toutes les grandes villes modernes. Des pauvres, qui vivent dans des immeubles sans âmes – quoique impeccables ; on est en Autriche. Des immigrés, venus d'Europe de l'Est, du Proche-Orient, d'Asie centrale – et qui ne sont pas accueillis par tous avec bienveillance.

Le bus s'arrête devant la Brotfabrik, ancienne minoterie reconvertie en centre social, culturel et incubateur de start-ups comme on aimerait en voir davantage dans nos banlieues : design épuré mais avenant, larges baies vitrées, vastes espaces de travail, de loisir, de restauration, aux couleurs éclatantes. Je suis loin, pourtant, d'imaginer que je m'apprête à y assister au concert le plus extraordinaire de mon existence.

Dans l'immense salle de répétition au sommet du bâtiment, 60 violonistes, altistes, violoncellistes et contrebassistes de huit à quinze ans nous attendent, toutes les couleurs, toutes les cultures, deux ou trois voiles sur les têtes adolescentes. Tiens, j'ai l'impression que Greymar et ses collègues des cordes rejouent la scène de l'arroseur arrosé ! Ce retour de l'accueil aux visiteurs qui venaient naguère entendre les ensembles juvéniles vénézuéliens les remplit de fierté. Et à Vienne, capitale planétaire de la musique ! Bienvenue chez Superar, l'organisation autrichienne qui depuis 2011 acclimate le Sistema à la patrie de Haydn et Schubert.

Un enfant, une chaise vide. Les musiciens du Bolívar s'y installent. Pas de longue présentation, on joue ! J'essaie de visualiser les artistes de l'Orchestre de Paris dans le même rôle ; mon imagination ne suit pas même si j'y connais tant de belles personnes. *Danses hongroises* de Brahms, sous la direction exubérante du directeur artistique de Superar, longue crinière bouclée et silhouette élancée, le Péruvien Andy Icochea Icochea[1]. La glace est rompue, au travail ! Les pupitres se dispersent dans les salles attenantes, les musiciens vont maintenant corriger les petits défauts qu'ils ont remarqués chez leurs cadets. Comment vont-ils se comprendre ? Chaque groupe dispose d'un interprète de haut vol. Outre Andy, Superar emploie Ivana Cirrincione, violoniste et (flamboyante) chef d'orchestre argentine, et Christian Kausel Kamp, également violoniste, né au Chili. Le *soft power* sud-américain en matière de pédagogie sociale n'est décidément plus un monopole vénézuélien !

1. M. Icochea père ayant épousé une Mme Icochea, cousine éloignée, leur fils arbore naturellement ses deux patronymes, suivant la plus pure mode castillane, m'explique Andy.

Retour dans la grande salle. Les enfants ont prévu de jouer pour les adultes. Et voici nos tatoués des *barrios* et nos beautés tropicales, portables en main, en train de filmer les petits Slovènes, Turcs et Kazakhes déroulant cet hymne officieux du Sistema : l'introduction du *Te Deum* de Charpentier. Comme il est aussi celui, officiel, de l'Eurovision qui annonce notamment le concert du Nouvel An dans la Goldener Saal, je vois soudain les mondes viennois se télescoper dans une valse affolante... Mais les Vénézuéliens reprennent leurs sièges, Ivana remplace Andy au pupitre, et emporte tout le monde dans un *Furiant* de Bartok d'abord chaotique, bien vite irrésistiblement rythmé.

Le plus stupéfiant dans cette affaire est l'absolu naturel de la rencontre musicale, l'élan commun des coups d'archet, comme si les apprentis de la banlieue et les professionnels qui ont fait le tour du monde avaient joué ensemble toute leur vie. Et la joie, qui rayonne sur les visages des petits et des grands. Andy reprend la baguette, c'est parti pour une marche en mode majeur qui voit les cordes se lever, danser, tourner, comme le chef lui-même ! La séance s'achève dans les éclats de rire et les embrassades. La poignée d'heureux élus, parents, amis, administratifs du Bolívar ou de Superar, qui assiste à la scène est bouleversée par ce grand moment de fraternisation intercontinentale. Il est urgent que je cherche à comprendre, si je ne veux pas fondre en larmes.

Les Petits Chanteurs changent de coiffure

Au commencement étaient... non pas des violonistes vénézuéliens, mais les Petits Chanteurs de Vienne. Ceux-là mêmes qui égrènent les *Frühlingstimme* de Johann Strauss, ils sont tous blonds et bien peignés, portent des tenues dessinées par le tailleur de Sissi et ne chanteront pas avec une fille avant d'avoir mué. Figurez-vous que cette maîtrise fondée au XVe siècle par le grand-père de Charles Quint est le laboratoire des pédagogies modernes, affirme le maître d'œuvre péruvien de Superar, Andy.

« L'enseignement de pair à pair est une base du chant choral. Les grands apprennent les textes aux petits, assurent des répétitions partielles par pupitre. Même chose pour les fanfares traditionnelles, ces *Blaskapellen* des campagnes autrichiennes et allemandes. Ce sont les conservatoires modernes qui ont imposé un apprentissage vertical, une relation très hiérarchique du maître à l'élève. Évidemment, elle est nécessaire au perfectionnement, mais que de temps perdu au démarrage ! Au Conservatoire de Lima, un de mes maîtres, qui avait lui-même étudié auprès de Schönberg à Vienne, me disait déjà : “Tu sais quelle est la meilleure manière de débuter au violon ? Tu entres dans une pièce où tout le monde joue du violon. Tu prends un instrument, et tu commences à jouer avec les autres !” »

Andy a rejoint Superar il y a trois ans, après des études au Pérou puis aux États-Unis. Il a structuré un travail amorcé par Gerald Wirth, directeur artistique des Petits Chanteurs de Vienne, en association avec le Konzerthaus, l'autre grande salle de concert de la capitale, et la fondation Caritas, qui fédère les œuvres sociales de l'archidiocèse. Chrétien dans son origine, le projet est œcuménique dans son propos et ses contenus.

« Si un enfant nous dit que sa famille tique parce que nous mettons un chant chrétien au programme, nous lui proposons de nous faire passer une musique qu'il associe à ses croyances et la donnons également en concert. De même, nous avons recours au plus grand nombre de langues possibles. Le chant est la base de toute la pédagogie de Superar, c'est sans doute notre principale différence avec le Sistema vénézuélien. Il entraîne une discipline positive, développe la mémoire, le sens du rythme, libère le corps par association avec la danse, facilite l'accès à l'écrit et aux partitions. Ensuite, le démarrage sur l'instrument va très vite ! »

En partenariat avec la municipalité de Vienne, Superar a commencé son action dans les écoles primaires – 8 d'entre elles aujourd'hui, soit près de 700 enfants. Ils suivent quatre heures de chorale par semaine sur le temps scolaire. 200 autres, maintenant collégiens, continuent la musique après les cours, la moitié en chœur, l'autre dans des ensembles instrumentaux comme celui qui a accueilli le Bolívar. Le succès a fait des émules à Graz, Salzbourg et dans le Vorarlberg. Ce sont désormais plus de 1 300 petits Autrichiens qui participent au programme. Mais Superar anime également un jeune réseau international en Suisse alémanique et italophone (quatre cents élèves), et surtout dans les Balkans, en particulier en Bosnie et en Roumanie. Au total, plus de 2 700 jeunes, pris en charge par 65 enseignants. Chaque pays, voire chaque ville, dispose de son autonomie administrative et budgétaire, même si Vienne, par son ancienneté et sa taille, joue un rôle naturel de coordination et d'expertise. La part des financements publics et privés varie selon les cas, mais la Fondation Hilti est le soutien principal.

Des Habsbourg à la pointe ?

Contrairement à la Suède, à l'Italie, et à tant d'autres pays européens qui brandissent l'étendard du Sistema, Superar revendique sa dette au projet de José Antonio Abreu, mais n'envisage pas de lui sacrifier son nom. Les échanges avec

Caracas étaient réguliers jusqu'au basculement du pays en 2017, comme en atteste cette venue du Bolívar, mais les experts d'autres pays d'Amérique latine sont plus nombreux que les Vénézuéliens. La fierté de l'héritage autrichien, dans le domaine des pédagogies collectives, et l'idéal même d'un développement individuel et social porté par la musique y sont certainement pour beaucoup. Une idylle entre le meilleur des traditions d'excellence européennes et le volontarisme des Sud-Américains en matière d'inclusion ? La qualité des résultats le laisse espérer. Les grands concerts de Superar au Konzerthaus font de plus en plus événement, et Dominique Meyer, le directeur de l'Opéra de Vienne, qui suit avec attention le travail depuis ses débuts, lui ouvre désormais son illustre scène.

Mais le développement de Superar dépend d'un soutien plus énergique des pouvoirs publics, au-delà des seules collectivités territoriales, alors que le retour aux affaires d'une coalition conservateurs-extrême droite ne laisse rien augurer de bon pour les projets défendant des valeurs d'accueil, d'égalité et d'intégration des immigrés.

Le plus étrange demeure cependant l'isolement de cette action dans les mondes germaniques et slaves. En Allemagne, seule une toute petite association, à Berlin, se réclame du Sistema. De façon plus générale, les écoles de musique, les conservatoires, mais aussi les orchestres et les théâtres, paraissent très en retard sur leurs homologues européens, en particulier anglais et français, pour tout ce qui a trait à l'ouverture aux jeunes issus de milieux défavorisés comme de l'immigration. Seule brillante exception, l'Orchestre philharmonique de Berlin, dont on espère qu'il conservera après le départ de Simon Rattle (l'autre parrain de Gustavo Dudamel avec Claudio Abbado auquel il a succédé), son dynamisme exemplaire dans ces domaines. Le vieillissement du public, plus marqué dans les salles outre-Rhin que partout ailleurs dans le monde, sonne comme le sinistre avertissement quant aux conséquences d'un abandon des politiques culturelles et de l'investissement éducatif au profit du seul équilibre des comptes.

Les boutures de Superar dans les anciens territoires Habsbourg (Slovaquie, mais aussi Roumanie, car la majorité des établissements se situent dans l'ancienne Transylvanie hongroise[1]) et les pays voisins (Bosnie) paraissent elles aussi bien seules le long du Danube et plus à l'est. Une intéressante exception nous vient de Hongrie, où le programme Szimfónia, né en 2013, annonce déjà 700 élèves. L'Ordre de Malte est son principal soutien, ceci pouvant expliquer cette prospérité dont on espère qu'elle résistera aux actuelles remises en cause par le Vatican. À Prague, la Fondation Harmonie en compte dix fois moins – souhaitons que cela change, tant elle est portée par une équipe de remarquables musiciens. Ailleurs… le désert. Rien en Pologne, leader économique de l'Europe centrale. Rien dans l'immense Russie. Terres musicales pourtant, ô combien confrontées aux déchirures sociales. La vieille tradition de l'enseignement musical soviétique, dont l'intensité n'avait rien à envier aux longues heures de répétitions vénézuéliennes, a-t-elle laissé des souvenirs trop cuisants ? Ou les mentalités y sont-elles à ce point devenues matérialistes, que presque personne n'y caresse plus le rêve d'un épanouissement de l'individu et du groupe par les arts ?

Mais ce jeudi matin, dans une école communale du district 17 de la capitale autrichienne, vrai quartier de mixité entre les classes moyennes et populaires, les familles enracinées ou

1. Soyons justes, il y en a quand même un à Ploiești, ville de pure tradition valaque !

récemment arrivées, j'assiste aux cours de la chorale Superar, d'abord avec les enfants de six ans puis de sept. La chef de chœur, Judit Morvay, est hongroise, parle un allemand imparfait, et les enfants et les institutrices l'adorent. Il faut dire qu'elle irradie d'un charme à la Mary Poppins irrésistible. Un air en anglais, un en allemand, l'anglais de nouveau, puis le zoulou ! Elle montre la colonne d'air, tamise les dynamiques en couchant les *pianissimi* au sol, fait s'envoler les lignes mélodiques avec les bras, les rythmes en entraînant tout son petit monde en cadence d'un pied sur l'autre. Ils n'ont pas deux ans de chant, et les voilà qui nuancent, phrasent, s'alignent en polyphonie. Font simplement de la musique. C'est beau. Sacrés Petits Chanteurs de Vienne !

Chapitre 9

France, terre du Démos

Oublions la carte postale. Qui retrouve ses pénates perd sa capacité d'émerveillement. Et puis, c'est bien connu, monsieur, chez ces gens-là, on ne rêve pas. On grogne. Que la Suède optimiste ou l'Autriche romantique cèdent aux sirènes d'Amérique latine, passe encore. Mais la France ! Empêtrée dans un complexe de supériorité historique tourné comme le vinaigre en autodénigrement. Écartelée dans sa machine éducative entre méritocratie républicaine – dont elle ne trouve plus les moyens – et relativisme prompt à masquer le renoncement derrière la bonne conscience. Dans nos banlieues, dans nos villages, ces missionnaires au moral d'acier persuadés que Bach et Mozart détiennent la clé de l'épanouissement individuel et collectif, là où l'horizon s'arrête au slam et à *The Voice* ? Allons donc…

Pourtant, la fascination des pays développés pour le Sistema ne pouvait s'évanouir au seuil de l'Hexagone. On n'y cherche simplement pas l'outil magique pour réparer la misère, mais le baume apaisant les fractures sociétales responsables de l'inégalité des chances. Celles de la pauvreté qui touche entre 10 % et un quart des citoyens selon les pays[1]. Celles de l'intégration auxquelles se trouvent confrontés certains descendants d'immigrants du siècle passé comme ceux qui arrivent aujourd'hui. Celles de l'éducation générale qui font perdre aux classes moyennes l'espoir de donner à leurs enfants les mêmes possibilités qu'aux favorisés – le déni des élites ne parvenant qu'à nourrir le ressentiment et le rejet des plus pauvres.

S'ajoute en France, comme ailleurs en Europe et en Amérique du Nord, une préoccupation venue des milieux musicaux eux-mêmes. Il ne s'agit pas, à l'instar de l'Amérique latine, de développer à partir de rien un enseignement musical jusqu'ici réservé à une infime minorité dans les grandes villes. Les pratiques sont certes disparates d'un pays à l'autre : un jeune Français sur cent apprend la musique, contre dix-huit jeunes Suédois ! Mais partout existe un réseau d'écoles et de conservatoires de musique accueillant un nombre d'élèves, et mobilisant des budgets, sans rapport avec ceux des projets inspirés du Sistema. En Suède encore, l'un des pays d'Europe où le mouvement est le plus fort, les bénéficiaires ne représentent que 3 % des 300 000 élèves des écoles de musique. Et qu'on n'aille pas croire que celles-ci peinent à recruter : inscrire son enfant parmi les 160 000 qui apprennent la musique en France est un parcours du combattant ! C'est même cette saturation, ajoutée au constat d'une insuffisante mixité sociale, qui nourrit les débats sur l'enseignement collectif.

1. Avec une moyenne européenne proche des 17 %, les Pays-Bas, la Norvège, le Danemark et la France font plutôt moins mal que leurs voisins, le taux de la population sous le seuil de pauvreté n'y atteignant pas 15 %, tandis que la Roumanie, l'Espagne et la Grèce sont dans la pire situation, au-delà de 20 %.

Mais où les Suédois ont commencé la réforme dans les murs mêmes des conservatoires, les Français hésitent encore. Plus forte résistance d'une partie de l'institution qui craint de sacrifier la qualité à la quantité. Influence aussi des postures idéologiques dont s'amusait Camilla Sarner. Aller chercher les enfants de banlieue issus de toutes les cultures pour leur faire jouer Beethoven en orchestre, dans un pays comme la France, c'est faire hurler ceux qui ne prient qu'au temple de Bourdieu ou traquent le fossile post-colonial. Malgré eux, nourrie des exemples étrangers et du lointain souvenir de nos orphéons, de nos fanfares ouvrières ou paysannes, l'idée pourtant va son chemin.

Orchestres de jeunes et d'écoles, un retard français

Une particularité française, en regard du monde anglophone et germanique, de l'Europe du Nord et même de l'Italie, tient au faible nombre et à la médiocrité de ses orchestres de jeunes[1]. Ces derniers n'ont pas de mission sociale, étant simplement constitués des meilleurs élèves des conservatoires. Mais on a vu quel étalon d'excellence ils représentent dans la perspective du Sistema. Par les passerelles entre la formation collective et l'enseignement traditionnel : quand un enfant issu d'In Harmony intègre le Liverpool Philharmonic Youth Orchestra, cela prouve que le programme n'est pas seulement un outil social, mais qu'il donne aux plus motivés des bases suffisantes pour affronter la sélection. Démonstration

1. Ils ne sont aujourd'hui que deux, après des années d'incertitudes, à s'inscrire parmi les bonnes formations européennes : l'Orchestre français des jeunes, placé sous la direction de Fabien Gabel, et l'Orchestre des jeunes de la Méditerranée, géré par le Festival d'Aix-en-Provence.

plus percutante encore quand c'est un ensemble majoritairement formé d'élèves du Sistema dont la qualité artistique est saluée : chaque année, à Göteborg, Side by Side est autant une fête qu'une heure de vérité.

Pourquoi ce retard français ? Peut-être d'abord parce que l'orchestre lui-même jouit chez nous d'un modeste prestige. Nos conservatoires ont longtemps privilégié la formation de solistes, parfois avec succès. Devenir musicien d'orchestre, pour beaucoup de jeunes instrumentistes à cordes, n'était pas le signe d'une réussite, mais au contraire d'un échec[1]. L'été, entre un stage d'instrument et une académie d'orchestre, le choix était vite fait ! Les choses changent depuis le début de ce siècle, lentement. Cette indifférence se retrouve dans le milieu professionnel et institutionnel. Plusieurs orchestres anglais animent leur propre ensemble juvénile, auquel ils transmettent un niveau d'exigence élevé. L'Orchestre national de Lyon est l'un des rares, chez nous, à s'être engagé dans cette démarche. Autant l'Allemagne est à la traîne pour les projets d'inclusion par la pratique artistique, autant les villes ou les Länder soutiennent volontiers les orchestres associatifs de jeunes, qui représentent la collectivité. Comptez-les à l'ouest du Rhin… Il reste en Italie des orchestres de conservatoire extrêmement dynamiques dans leur activité de concerts et de tournée – avec des membres parfois très jeunes, comme les formidables *Polli(ci)ni* du Conservatoire Cesare Pollini de Padoue, qui ont entre cinq et seize ans ! Les conservatoires supérieurs de Paris et Lyon raniment depuis peu l'ambition de leurs orchestres d'élèves, après des années de mollesse.

1. On renverra à cet égard aux ouvrages de Bernard Lehmann, *L'Orchestre dans tous ses éclats – Ethnographie des formations symphoniques*, La Découverte, 1999, et de Christian Merlin, *Au cœur de l'orchestre*, Fayard, 2012.

Une autre tradition anglo-saxonne (mais aussi, nous le verrons, extrême-orientale) est celle de l'orchestre scolaire. Son niveau est rarement élevé, mais il véhicule les valeurs positives de la musique. Favorise-t-il la mixité sociale ? À proportion de celle de l'établissement, et en supposant que les volontaires ne viennent pas uniquement des familles les plus favorisées ! En France, où cette habitude n'existait pas, l'association Orchestre à l'école a entrepris il y a dix ans de changer les mentalités. Le succès est réel : mille deux cent trente établissements (répartis entre écoles primaires et collèges, avec une très petite minorité de maternelles et de lycées) ont participé en 2017, permettant à plus de trente-trois mille jeunes de pratiquer la musique. Chiffre plus élevé que celui de n'importe quel pays d'Europe ou d'Amérique du Nord pour les projets inspirés du Sistema ! Et si nous, Français, détenions la fameuse clef, mais restions, comme si souvent, persuadés qu'ailleurs l'herbe est plus verte ?

Quelques nuances s'imposent. Quant à la portée sociale du projet, d'abord. Elle n'est pas automatique, puisque liée à la population accueillie par l'établissement. En l'occurrence, la moitié de ceux participant à Orchestre à l'école est située en territoire rural, et un quart dans les zones urbaines d'éducation prioritaire ; ils concernent donc bien, dans les deux cas, des enfants moins susceptibles d'être inscrits dans l'enseignement spécialisé. Cela ne retire rien, par ailleurs, à l'utilité des autres, qui consiste à offrir aux élèves de tous milieux une initiation musicale beaucoup plus motivante que le préhistorique cours de flûte à bec ! Il se pourrait bien, en revanche, que ce caractère d'initiation soit la principale limite. Un même groupe bénéficie rarement de plus de trois heures de cours par semaine (parfois seulement deux), et travaille en moyenne sur un cycle de trois ans. Trop peu pour atteindre un résultat de qualité, ou tout simplement le niveau auquel les élèves disposeront d'une maîtrise suffisante pour s'amuser ! D'autre part, ces orchestres sont hétérogènes. Il s'agit majoritairement d'ensembles de cuivres ou de vents, plus rarement d'harmonies complètes ou d'orchestres à cordes, exceptionnellement d'orchestres complets. En outre, l'association a choisi un mode de fonctionnement très décentralisé, qui facilite la dissémination mais limite la recherche d'excellence. Un orchestre naîtra du partenariat entre un établissement d'enseignement général et une école de musique ou conservatoire, avec le soutien d'une collectivité territoriale et des représentants locaux du ministère de l'Éducation nationale. Chaque formation définit ses choix de répertoire, sa pédagogie et son financement – entre 12 000 et 15 000 euros pour l'achat d'instruments[1] puis en moyenne 7 000 euros par an pour rémunérer les intervenants et faire face aux dépenses courantes. L'association nationale joue un rôle de centre de ressources, veille au respect d'une charte générale (gratuité, présence des partenaires institutionnels exigés, principes éducatifs), conseille les orchestres dans leurs démarches et peut leur apporter une aide financière[2], mais non assurer la coordination.

Il restait donc la place pour des projets plus directement liés à l'action sociale ou plus structurés. La France en compte aujourd'hui trois. Comme chez nos voisins européens ou aux États-Unis, ils découlent soit d'initiatives individuelles, soit d'une institution professionnelle.

---

1. Orchestre à l'école procède d'une initiative lancée dès 1999 par la Chambre syndicale de la facture instrumentale, et a toujours insisté sur l'implication des luthiers dans le projet. Née en 2008, l'association s'est autonomisée trois ans plus tard du syndicat, afin de parer à toute critique de conflit d'intérêts.

2. Pour son fonctionnement et ses interventions, l'association dispose d'un budget annuel approchant 1 million d'euros. Si l'on ajoute le budget des orchestres sur les bases moyennes données plus haut, et si on intègre une part d'amortissement du parc instrumental, le programme dans son ensemble génère au minimum 10 millions d'euros par an d'activité.

Règlement de comptes en banlieue de Caracas

Deux associations françaises se réclament directement du Sistema vénézuélien. Il n'aurait d'ailleurs dû y en avoir qu'une seule. En 2010, alors que les médias européens découvrent le Bolívar et, au-delà, le travail des *núcleos*, Pascale Macheret et Jean-Gabriel Mahéo contactent Fundamusical, et commencent à rêver d'une adaptation hexagonale. Mais ce ne sont pas des professionnels de la musique[1], ils n'ont ni budget ni partenaire institutionnel. Ils se rapprochent alors du luthier Jean-Claude Decalonne, l'un des fondateurs d'Orchestre à l'école, et constituent avec lui le fonds de dotation Passeurs d'Arts pour financer le projet. En 2013, avant même d'avoir commencé ses activités, le groupe explose. Macheret et Mahéo déposent le nom El Sistema France, Decalonne poursuit avec Passeurs d'Arts, mais tente de récupérer le nom par voie légale – il sera débouté par deux fois. Caracas, qui ne s'immisce jamais dans les affaires des organismes étrangers se réclamant de ses principes, se garde prudemment de trancher, et accorde aux deux frères ennemis une lettre de recommandation[2].

Marqué par ce premier conflit et son manque d'expérience, El Sistema France connaît des débuts chaotiques. Un premier projet, lancé fin 2013 dans une école près de Nantes, s'effondre très vite malgré un partenariat avec l'Orchestre national des Pays de la Loire. Un second, à Pau, également avec l'orchestre de la ville, tourne court, ce dernier préférant poursuivre sous le nom d'El Camino sans le Sistema France.

1. La première est historienne de l'art et éditrice, le second technicien du spectacle.

2. Ce document, sans valeur juridique mais témoignant d'une conformité d'intention aux valeurs prônées par Abreu, est la seule intervention officielle de Fundamusical auprès des organisations étrangères se réclamant du Sistema.

Cette fois, c'est l'association qui attaque en diffamation le maire François Bayrou qui l'accuse, lors d'un conseil des communes, de « s'enrichir indûment en instrumentalisant des expériences humanistes et musicales à son profit » et « en tentant d'extorquer des contributions financières aux communes qu'elle démarche ». Jugement attendu en janvier 2019.

Aujourd'hui, El Sistema France semble naviguer en eaux plus calmes et s'orienter vers un modèle fédératif liant des associations autonomes. Il existe désormais un Sistema Alsace, qui s'appuie sur l'École de musique de Bischwiller pour proposer six à huit heures de musique par semaine à près de trois cents élèves ; un Sistema – Opéra Méditerranée à Cannes, porté par le chef Sergio Monterisi et le metteur en scène Magali Thomas autour de leurs spectacles interprétés par des enfants ; et un Sistema Grand Ouest, qui a démarré dans deux écoles privées de Vendée. Le temps dira si, de cet assemblage disparate, peut sortir un projet cohérent.

Passeurs d'Arts, privé du nom tant convoité, a aussi connu des vicissitudes. Démarrage en fanfare à Cergy en 2013, avec plan d'action sur le temps périscolaire, une cinquantaine d'intervenants sur vingt-deux écoles pour plus de 1 300 enfants et achat par la ville d'autant d'instruments. Deux ans plus tard, le programme est abandonné. L'association rebondit à… Bondy, Garges-lès-Gonesse, Évreux en Normandie et Fougères en Bretagne (où démarrèrent ses activités, avant même Cergy), mais ne totalise pas 200 élèves. Elle conserve un lien très fort avec les enseignants vénézuéliens : après Raúl Lubo, que José Antonio Abreu avait personnellement recommandé à Jean-Claude Decalonne, c'est aujourd'hui le jeune Yefren Carrero qui entraîne l'équipe pédagogique. Gustavo Dudamel a pris, en décembre dernier, quelques heures pour venir saluer le travail du frère cadet de son complice Pedro, le trombone solo du Bolívar.

Fillon contre Sarkozy, ou le Père Noël malgré lui

L'institution porteuse en France d'un projet éducatif et social par la musique, c'est la Philharmonie de Paris, qui abrite Démos[1]. Formule singulière, évoquant à la fois le travail des orchestres de Los Angeles ou Baltimore aux États-Unis (pour l'implication d'une structure professionnelle de niveau international) et le Sistema suédois (pour le maillage territorial). Mais qui ne se réclame nullement du Sistema vénézuélien. Pourquoi ?

« L'enseignement collectif de la musique est loin d'être une idée nouvelle, et on fait en gros pareil partout, répond Gilles Delebarre, directeur adjoint du département éducation de la Philharmonie et créateur de Démos. Bien entendu, j'ai analysé les programmes établis en Amérique latine, mais plutôt au Brésil ou en Colombie qu'au Venezuela. Nous avons aussi collaboré avec le London Symphony Orchestra, l'un des orchestres européens qui ont développé la plus large palette de compétences éducatives. Il nous a surtout paru important d'identifier nos propres enjeux et de construire nos propres méthodes, sans idéaliser la potion magique préparée par d'autres » – surtout, devine-t-on en filigrane, depuis que celle concoctée à Caracas sent plutôt le soufre...

Ce faisant, Démos a sans doute perdu du temps au démarrage, tant les défauts du Sistema selon Abreu sont aussi instructifs que ses qualités. D'autres urgences, toutefois, pesaient sur sa naissance.

Laurent Bayle a fait surgir de terre la Philharmonie de Paris, réalisant le rêve de Pierre Boulez, dont il fut le collaborateur le plus proche, puis le successeur à l'Institut de

1. Judicieux acronyme pour Dispositif d'éducation musicale à vocation sociale.

recherche et coordination acoustique/musique, l'IRCAM[1], avant de diriger la Cité de la musique et la salle Pleyel. Ces deux lieux partageaient leur programmation jusqu'à l'ouverture en 2015 du vaste auditorium dont il est à la tête.

« En 2009, rappelle-t-il, alors que les travaux de la Philharmonie devaient débuter après trois années de préparation, nous nous sommes retrouvés au cœur de la tempête. Le cabinet du Premier ministre, François Fillon, a brutalement remis en cause le projet, non seulement dans son financement, mais aussi dans ses principes. Selon lui, nous tournions le dos au public naturel des concerts classiques, qui habiterait majoritairement l'ouest de la capitale. Notre prétention à relever des enjeux éducatifs en nous adressant aussi aux plus jeunes et aux catégories sociales défavorisées était jugée irréaliste, dogmatique, voire hypocrite. Sans que notre bilan dans ce domaine soit mis en cause. Au contraire, tous les rapports saluaient notre démarche innovante de pratique collective. Mais il nous manquait un programme phare, qui incarne la mutation portée par le projet même de la Philharmonie. À ma demande, Gilles Delebarre étudiait déjà la possibilité de transposer à l'orchestre occidental nos compétences acquises dans les musiques de tradition orale. Le résultat des premiers ateliers d'expérimentation dépassa nos espérances, tant étaient évidents l'émerveillement et la capacité de concentration d'enfants qui n'avaient jamais pratiqué un instrument ni appris le solfège. Manquait l'étincelle, qui vint lorsque Marin Karmitz me sollicita pour devenir membre du Conseil de la création artistique qu'il créait à la demande du président de la République. Le milieu culturel était vent debout contre ce qu'il percevait comme une tentative de Nicolas Sarkozy de délégitimer, et à terme de supprimer le

1. Fondé en 1969 à Paris par Pierre Boulez, l'IRCAM est un lieu clé à travers le monde pour la recherche, l'expérimentation et la formation musicale, en particulier dans les domaines électroacoustique et numérique.

ministère de la Culture. Je trouvais également très critiquables les conditions d'installation de ce conseil, mais décidai tout de même de répondre favorablement à l'appel. D'abord par respect pour Marin Karmitz, dont le désintéressement et la sincérité ne faisaient pour moi aucun doute. Ensuite parce qu'il me semblait justement important que les professionnels se saisissent de cet outil et l'orientent vers une dynamique de relance qu'ils ne cessaient de réclamer. Enfin, par réflexion stratégique : faire partie d'une structure voulue par l'Élysée contrebalançait l'isolement que je ressentais face à Matignon ! Au sein du conseil, je m'opposai à ceux qui rêvaient de concurrencer le ministère dans ses missions régaliennes, et j'insistai au contraire sur la pertinence d'un soutien à quelques expériences de terrain novatrices, de grande ampleur, et non couvertes par l'action publique. Je pensai immédiatement à créer des orchestres d'enfants dans les quartiers défavorisés, idée que Marin Karmitz soutint avec un enthousiasme sans faille. Démos est né avec quatre orchestres de 500 enfants chacun, dans des quartiers relevant de la politique de la ville sur le territoire du futur Grand Paris. Gratuité, régularité, inscription dans la durée étaient les principes posés lors de cette phase initiale, avec un tutorat assuré par les musiciens de l'Orchestre de Paris et ceux de l'Orchestre Divertimento, fondé à Stains, en Seine-Saint-Denis, par Zahia Ziouani. Aujourd'hui, l'Orchestre de Paris n'est plus associé à Démos, même s'il reste des échanges puisqu'il est désormais résident à la Philharmonie. Que la plupart des musiciens des grandes phalanges internationales préfèrent réserver leur temps d'enseignement à des élèves avancés plutôt qu'aux débutants, on peut le regretter mais aussi le comprendre[1]. La leçon fondamentale

1. Même constat pour les projets inspirés du Sistema gérés directement par ces orchestres. Marin Alsop a dû renoncer à son rêve premier à Baltimore, et ils ne sont que trois ou quatre, à Los Angeles, à suivre l'exemple de Richard Elegino. Demeure une exception mystérieuse, qu'il faudra bien analyser un jour : encore

des premiers mois fut surtout l'importance de la dimension participative. Afin d'éviter le conflit d'intérêts, dans la mesure où je siégeais au conseil attribuant les fonds, nous n'avions pas confié la gestion de Démos à la Philharmonie, mais à l'Association de prévention du site de la Villette (APSV). Son expertise nous a prouvé que le partenariat avec une structure du champ social était la condition pour que le projet ne soit pas perçu comme dirigiste et à côté des attentes du terrain. L'APSV, et je rends ici hommage à l'implication de son directeur, Olivier Flament, nous a montré quelle variété de structures compétentes on pouvait trouver dans chaque territoire, des caisses d'allocations familiales aux maisons de quartier. Elle les a coordonnées, a préparé leurs personnels aux enjeux du projet. Ces structures ont trouvé les lieux de répétition, recruté les enfants sur la base du volontariat, identifié les problématiques personnelles et familiales parfois complexes dont nous devions tenir compte. La pédagogie que nous définissions s'est nourrie de ce retour. Nous souhaitions notamment que Démos soit une initiation à l'orchestre symphonique dans la plénitude de son message, de son expression, des rapports qu'il met en œuvre au sein d'un collectif et du développement individuel qu'il requiert. Pas un ensemble bricolé avec des instruments qui n'ont pas de répertoire propre, ni un projet de chorales, comme certains nous y incitaient par souci d'économie. Je n'ai évidemment rien contre les chorales, il me paraît au contraire indispensable et réaliste de les généraliser dans les écoles ! Mais c'est précisément notre méthodologie qui justifie Démos, parce qu'elle serait trop complexe à mettre en œuvre sans nous, pour l'enseignement général ou spécialisé. Faire travailler trois fois par semaine de petits groupes de quinze enfants, au cœur de leur quartier,

---

une fois le London Symphony Orchestra, où les actions éducatives de l'orchestre sont souvent impulsées par les musiciens eux-mêmes.

avec deux musiciens et un intervenant social. Les rassembler régulièrement en groupes instrumentaux élargis, en prenant en charge la logistique afférente. Coordonner le cheminement de tous ces groupes sur plusieurs années, afin de les réunir en grande formation symphonique dans un véritable programme de concert donné devant les familles et le public dans une salle professionnelle. »

En juin 2010, les 450 enfants de la promotion Démos 1 donnaient leur premier concert salle Pleyel. En février 2011, les travaux de la Philharmonie reprenaient, après plus d'un an d'arrêt. En avril de la même année, le jeune Conseil de la création artistique se sabordait, laissant derrière lui un seul projet pérenne : Démos[1]. Début 2015, la Philharmonie de Paris ouvrait. Moment particulier : nous étions le 14 janvier. L'Orchestre de Paris attendait sur le plateau, et lorsque parut le chef de l'État, deux mille quatre cents personnes se levèrent comme une seule, se tournèrent dans sa direction, et l'applaudirent longuement, avec ferveur et gravité. François Hollande n'avait guère l'habitude de ces approbations, mais il reçut l'hommage avec une dignité qui nous saisit, désignant humblement la salle, l'orchestre. Une semaine plus tôt, Paris avait vu dix-sept de ses citoyens assassinés par des terroristes islamistes. Parce qu'ils étaient dessinateurs ou journalistes[2] ou policiers. Ou juifs. Ou là au mauvais moment.

« Nous avons vécu dans un état second ce qui aurait dû être une fête, se souvient Laurent Bayle. Pressentant, sans vouloir l'envisager, que l'horreur ne s'arrêterait pas là. Nous avons

1. Le Centre Pompidou mobile aurait pu être le second, mais il fut supprimé en 2013, malgré son succès.

2. Qu'il me soit permis, à cet instant, d'exprimer une pensée pour mon professeur d'économie Bernard Maris, assassiné le 7 janvier 2015 avec neuf de ses collègues et un agent de maintenance à la rédaction de *Charlie Hebdo*.

beaucoup parlé, beaucoup échangé, au sein des équipes de la Philharmonie, parmi lesquelles les enseignants de Démos. Nous avions conscience que nos orchestres d'enfants, ancrés dans ces territoires que nous refusons de considérer comme perdus, se retrouvaient au cœur d'un débat national. Ce que nous avions réalisé à une petite échelle, il fallait le porter à travers le pays, le penser comme un outil à l'usage de tous ceux qui en auraient besoin. Prendre le risque de grandir. Et pour cela, accepter de nous interroger, de repenser notre organisation et nos partenariats, afin de ne pas tomber dans le piège qui aurait consisté à nous disperser dans le saupoudrage. Mais, au contraire, approfondir, améliorer, faire du nombre une force. »

Démos et nation

Il y a aujourd'hui 26 orchestres Démos à travers la France, qui devraient être 34 à la fin de l'année 2018. Ils regrouperont alors plus de 3 000 enfants et adolescents de sept à quatorze ans. S'y ajoutent 4 orchestres avancés, destinés à ceux qui souhaitent poursuivre à l'issue du cycle d'initiation. Celui-ci s'étend sur trois années, et comprend quatre heures hebdomadaires de pratique instrumentale collective, l'effectif idéal, pas toujours atteint, restant de quinze élèves encadrés par deux musiciens et un intervenant social. Des rendez-vous réguliers permettent de réunir l'orchestre complet et d'aller plus loin : une répétition en tutti toutes les six semaines, et des stages d'approfondissement pendant les vacances. Le concert de fin d'année a désormais lieu à la Philharmonie pour les dix orchestres de la région parisienne (qui invitent toujours quelques ensembles des autres régions à se joindre à eux), dans les salles des institutions partenaires ailleurs.

Car la grande mutation, pour Démos, s'opère depuis 2015 sur ce terrain des partenariats. Pour chaque territoire, il a fallu recréer ce binôme entre une structure professionnelle de production ou d'enseignement et des acteurs du champ social, mobiliser les collectivités locales pour le financement, ainsi que le mécénat et les dons privés. Parmi les opérateurs en région : les Orchestres nationaux de Lyon, Lorraine, Lille, l'Orchestre d'Auvergne, l'Opéra national de Bordeaux, les Conservatoires à rayonnement régional de Brest et Montpellier, le Conservatoire de Mulhouse, la Cité des arts de Saint-Denis de La Réunion, des associations comme Takajouer en Franche-Comté, ADAMA dans l'Aisne, El Camino à Pau[1], les Apprentis d'Auteuil à Marseille… Montages et conventionnements subtils, afin de garantir l'identité du projet en l'adaptant aux forces et aux contraintes locales, et en assurant la viabilité des orchestres.

Le coût moyen, pour chacun d'eux, est annoncé à 260 000 euros par an. Les partenaires locaux publics ou parapublics (collectivités territoriales en premier lieu, mais aussi caisses d'allocations familiales) apportent presque 40 % des recettes. Le mécénat contribue pour un peu plus de 30 %, et l'État complète pour un peu moins. Soit presque 8 millions d'euros annuels, et un investissement un peu supérieur à 2 500 euros par an et par élève[2].

1. Toujours partenaire de l'Orchestre de Pau-Pays de Béarn, après les péripéties de ses débuts avec El Sistema France.

2. Contre une estimation de 300 euros seulement investis par élève dans le cadre du dispositif Orchestre à l'école. Un comparatif « brut » du coût par enfant d'un pays à l'autre n'a guère de sens, tant il faut introduire de paramètres correcteurs. Ils tiennent non seulement aux revenus moyens et aux parités de pouvoir d'achat, mais aussi aux taux de charges fiscales et sociales grevant les coûts, et à ceux de l'inflation, surtout en Amérique latine ! On a vu ainsi qu'avec 800 % d'inflation au Venezuela en 2016, il était hasardeux d'affirmer si un élève du Sistema coûte un minimum de 100 euros par an, ou plus près de 1 000… Toutes ces réserves faites, les projets sud-américains les plus transparents (Neojiba,

La Philharmonie, outre son rôle d'opérateur pour l'Île-de-France, assure et prend en charge les coûts de la coordination nationale. Celle-ci comporte d'abord la gestion stratégique : nourrir le dialogue et planifier le développement avec l'État (Élysée, Matignon, ministères de la Culture et de l'Éducation nationale), avec les collectivités territoriales sur l'ensemble du pays, les partenaires culturels et sociaux, les principales sources de mécénat. Mais son rôle est également fondamental pour l'énorme travail de structuration pédagogique : définir les principes, et surtout les faire évoluer ; programmer les cycles sur trois années, en fixant des objectifs applicables dans tout le pays mais en tenant compte de l'avancement de chaque territoire ; viser des équilibres de répertoires, diffuser un catalogue d'œuvres arrangées et éditées sans les imposer ; former les musiciens intervenants, les chefs d'orchestre, se nourrir aussi de leurs retours et leurs expériences ! Enfin, la Philharmonie réalise l'évaluation interne des résultats, qui permet d'ajuster les perspectives, et supporte les évaluations extérieures. Tâche infiniment complexe. Rien n'est plus facile que de tourner joliment quelques lignes sur les bienfaits de la musique pour nos bambins et recueillir les témoignages émouvants des petits et des grands. Définir des grilles, des paramètres, ouvrir ses portes à des chercheurs extérieurs et indépendants, parfois les aider à trouver le financement pour travailler dans la durée sans les influencer, voilà qui

---

Guri et Santa Marcelina au Brésil, Sinfonía au Pérou et Batuta en Colombie) se retrouvent dans une fourchette de 250 à 750 euros par an et par élève. À Los Angeles, Harmony Project dépense un peu moins de 1 500 dollars par an et par élève pour un nombre d'heures d'enseignement légèrement supérieur à celui de Démos, mais une moindre structuration des ensembles, tandis que le YOLA du Los Angeles Philharmonic approche les 4 500 dollars par élève et par an, avec un enseignement très intensif (presque le triple d'heures). Il serait intéressant de faire un ratio pour le Sistema Suède, mais il croise un grand nombre de budgets gérés séparément, et d'importantes prises en charge directe par le ministère de l'Éducation et les communes.

est beaucoup plus difficile. À cet égard, Démos fait partie des organisations dans le monde qui se sont le plus largement ouvertes, et de la façon la plus exemplaire, même si c'est encore aux États-Unis qu'ont été menées les études les plus exhaustives et les plus longues.

Un peu de rêve au coin de la rue ?

Si sérieux soit son travail d'enquête et si scrupuleux son raisonnement, le journaliste n'est pas un scientifique. J'avouerai sans détour qu'il m'a fallu du temps pour aimer Démos. À l'automne 2014, entre l'éblouissement de Caracas et celui de Los Angeles, le premier cours auquel j'assistai, dans une CAF du sud-est parisien, me parut bien terne. Et je ne pense pas que le soleil ait été seul en cause. Je trouvais les enseignants infiniment impliqués, mais sans l'énergie débordante de leurs collègues vénézuéliens et américains. Surtout, les enfants me semblaient éteints pendant la leçon et guère éloquents lorsque j'échangeais avec eux. Pourquoi ?

J'ai repensé à la formule de Deborah Borda – « une culture du Sistema, de l'Alaska à la Terre de Feu » – et continué à découvrir des programmes à travers le monde. Hormis quelques bulles, soufflées par des pédagogues eux-mêmes façonnés par cette culture (Lucy Maguire à Londres, Andy Icochea à Vienne), il m'a bien fallu admettre qu'on ne transforme pas d'un coup de baguette magique les petits Européens en petits Américains. Le souhaitons-nous d'ailleurs ? Je reste toutefois convaincu que nous sous-estimons un génie particulier à l'Amérique latine qui a beaucoup à nous apprendre sur l'éducation, la solidarité, la dignité personnelle. Peut-être faut-il avoir discuté un jour au fond de la jungle avec des Indiens du pays maya vivant sous des huttes de palme pour le mesurer.

Je suis donc retourné voir Démos. Sans courir après des signes immédiats, dont le filtre de l'exotisme peut donner une lecture trompeuse. Mais en profitant du temps long que permet la proximité géographique, pour essayer de comprendre les bénéfices et la logique dans laquelle s'inscrit un projet encore au berceau. Six mois durant, au premier semestre 2017, je me suis régulièrement rendu dans un atelier de Romainville. J'ai suivi les rassemblements des orchestres parisiens à la Philharmonie, l'évolution de leur travail jusqu'au concert de fin d'année. Rencontré les équipes, échangé avec elles. Découvert les métiers de ceux qui travaillent autour de Gilles Delebarre. Les pédagogues comme Patrick Toffin, responsable national, Julien Vanhoutte, chef d'orchestre et coordinateur pour l'Île-de-France, Ariane Lysimaque, violoniste et enseignante qui met son expérience au service de ses collègues, « pompier volant » d'un atelier à l'autre pour vérifier le bon écart des rails… Et, pour la partie opérationnelle, Héloïse Jori Lazzarini, qui coordonne l'administration et la production. Et Jean-Michel Cougourdan, chargé du développement social, qui assure la relation avec ces partenaires.

Et tant d'autres. Des parents, comme ceux du petit Amir, qui venaient chaque fois que possible aux cours à Romainville, pas seulement pour le plaisir d'entendre leur fils, mais aussi par curiosité pour le moment de « culture générale » durant lequel Ariane ou ses collègues faisaient écouter des œuvres aux enfants. La mère d'Amir me confia combien elle avait été triste, petite, de ne pouvoir continuer l'étude d'un instrument trop vite approché. Les élèves, bien sûr, dans la routine des partielles du samedi matin ou la frénésie des préparatifs à la Philharmonie, quand j'admirais Julien, Héloïse et les autres canalisant les petites troupes trépignantes, juste avant leur entrée en scène !

Certes, la première phrase des instrumentistes en herbe était souvent pour la pizza du buffet. Mais peu à peu une parole touchait à la musique. L'envie de continuer. Plus rarement le goût du répertoire classique, mais soyons honnêtes : quelle proportion d'enfants, dans nos conservatoires, tombe amoureuse de Mozart ? Le déclic a souvent lieu plus tard. La confidence venait d'ailleurs plus naturellement en tête à tête qu'au milieu des copains. On ne veut pas faire le « canard », à cet âge. Mais cette inhibition m'a toujours frappé : manifeste en France et généralement en Europe, elle est rare de l'autre côté de l'Atlantique où j'ai entendu quelques jeunes orateurs passionnés par leur aventure musicale. Quelle honte de l'art inculquons-nous à nos enfants ?

Au milieu du gué

Le chemin sera long, et lors des premiers concerts Démos salle Pleyel, l'émotion le disputait à une certaine déception. Nous guettions un petit Bolívar, et étions priés de nous extasier devant des cordes à vide pas toujours assurées… L'équipe perçut le malaise, et en fut attristée. « On nous dit que les enfants ne jouent pas ! Qu'on n'entend que les profs répartis parmi eux ! » Alors qu'il avait déjà fallu tant de sueur pour en arriver là…

Heureusement, le niveau commence à s'élever. Un concert de fin d'année scolaire reste une fête à l'atmosphère unique, et voit la Philharmonie se remplir de familles qui ne la fréquentent pas d'ordinaire. Et si les professeurs demeurent en renfort dans l'orchestre à quelques postes stratégiques, les enfants sont mieux exposés. Ce qui est plus facile sur la fin d'un cycle de trois ans, et quand ceux des orchestres avancés les rejoignent en scène.

Cette question de la durée et de l'intensité de l'enseignement devient du reste un sujet central pour Démos. Tous les bons orchestres issus du Sistema ou de ses avatars mêlent les tranches d'âge, permettant ainsi la transmission de pair à pair. Et peu arrivent à des résultats convaincants à moins de sept ou huit heures de pratique par semaine. N'est-ce pas d'ailleurs le seuil au-delà duquel s'enclenchent des changements profonds sur la personnalité, le développement intellectuel et psychomoteur, le rapport aux autres, qui explique en partie, au-delà des différences culturelles, la vitalité et la maturité des jeunes Latino-Américains ? Des études comparatives sur le sujet seraient les bienvenues !

« Je milite pour un cycle de quatre ans, approuve Patrick Toffin. J'ai parfaitement conscience des coûts, mais nous devrions viser la dizaine d'heures. Cette montée en puissance peut être progressive, avec une première année plus légère, et un maximum en fin de cycle, pour passer à l'orchestre avancé. »

Le développement de ces orchestres et la qualité qu'ils pourront atteindre seront déterminants pour l'avenir de Démos. Car ils valideront sa pédagogie, et la relation qui s'établit avec les conservatoires[1]. D'abord frileux, ces derniers sont de plus en plus nombreux à s'associer au dispositif, souvent comme partenaires, parfois, on l'a vu, comme opérateurs. « La réflexion sur l'enseignement collectif et l'inclusion sociale par la musique traverse le milieu éducatif depuis le début de ce siècle, remarque Gilles Delebarre. Orchestre à l'école a posé des premières pierres, sans disposer des moyens pour structurer une pédagogie d'ensemble. Nous avons toujours veillé, pour Démos, à la taille critique qui nous permettait de construire celle-ci tout en touchant un nombre significatif d'élèves. C'est sans doute pour cela que la confiance s'est établie avec les écoles de musique et

1. Plus précisément dénommés « orchestres passerelles », leur but initial était de permettre aux enfants ayant suivi le cycle d'initiation et poursuivant en école de musique ou en conservatoire de continuer leur pratique orchestrale, afin de faciliter l'adaptation à un nouveau cadre d'enseignement.

les conservatoires. Nous ne faisons plus peur, nous sommes des pairs dont le travail va dans le même sens, et de plus en plus souvent avec les mêmes enseignants. »

Un universel bien singulier…

Gilles Delebarre a lui-même suivi un parcours atypique. Musicien de jazz, et non classique, pédagogue et ethnomusicologue, appelé à la Cité de la musique pour son expertise des musiques non écrites, il se souvient du regard soupçonneux de ses amis anthropologues, sans doute sortis du même moule que Geoff Baker, quand il leur annonça le lancement d'un projet social centré sur l'orchestre symphonique, parangon de la domination occidentale. Quant à moi, il faudra qu'on m'explique un jour pourquoi les genres musicaux classiques posent un tel problème – en littérature, le genre romanesque codifié à l'acmé de l'impérialisme européen est accueilli et acclimaté des rives de Guinée à celles du Bengale, pour le plus grand plaisir de tous…

« Regarder la musique classique occidentale comme une manifestation parmi d'autres de la créativité humaine m'a en tout cas aidé, sourit Gilles. Ma formation, mon goût aussi m'entraînent à faire pour chaque sujet la part entre l'universel et le singulier. La progression dans les humanités, l'effet de choc dans le franchissement des barrières s'avéraient d'autant plus forts que le public était persuadé que cette musique n'était pas pour lui, et l'académie tout aussi certaine que ce n'était pas celle-là qu'il lui fallait ! Le débat aurait pu rebondir lorsque nous avons créé les premiers orchestres Démos dans les départements d'outre-mer. À La Réunion, la première question posée était : “Que faites-vous de la créolité ?” J'ai répondu comme je viens de le faire, il n'y a jamais eu de tension ensuite. En Guadeloupe, cette question n'a pas été posée. Je sens depuis un non-dit qui s'insinue, et sur lequel nous devrons travailler. »

Le besoin de former, de qualifier, de faire remonter l'expérience revient également dans les échanges avec les musiciens intervenants comme avec les cadres. Car une petite révolution commence chez nous, dans les métiers d'instrumentistes. Si l'enseignement n'était pas toujours valorisé au sein de la profession, sauf au sein des grands conservatoires, que dire de l'enseignement dans le cadre d'un projet social ! Les Latino-Américains et les Anglo-Saxons sont également passés par là, mais il s'agit de pays où les représentations professionnelles sont moins rigides. Démos s'ouvre d'ailleurs aux échanges internationaux après avoir un peu trop cultivé l'isolement. Et les Français ont autant à apprendre des autres qu'à leur apprendre. Le réseau international du Sistema est ébranlé par le séisme vénézuélien qui menace la survie du modèle après avoir écorné son image. Évidemment, Démos n'a pas à se poser en chef de file devant Neojiba, Guri, Batuta, YOLA, Sistema Suède, Superar. Mais il a mille sujets de réflexion à proposer en Europe et au-delà, avec la cohérence de son organisation nationale, son inscription au cœur des politiques publiques via de grandes institutions culturelles, le débat qu'il renouvelle au sein de l'enseignement général et spécialisé.

Rêvons un peu. Rêvons de ce concert de fin d'année scolaire en juin 2050, dans la grande salle de la Philharmonie, qui fêterait les quarante ans du projet. Trois générations grandies en musique dans tous les milieux sociaux ou culturels, dont la plupart auraient poursuivi en amateur à côté d'une autre activité, mais quelques-uns embrassé la carrière professionnelle. Par dizaines, par centaines de milliers ? En espérant que d'ici là, un colonel Chávez à la française, version rouge ou brune, ne s'escrime pas à gâcher la fête…

Chapitre 10

Luanda-Tokyo, le Sistema réinventé

Premier août 2017. Tandis qu'à 9 000 kilomètres le président Maduro convoque son assemblée fantoche, le Parthénon illuminé domine l'auditorium Hérode Atticus, au pied de l'Acropole. Sur le plateau, trois cent cinquante jeunes de dix à trente ans jouent et chantent l'*Hymne à la joie*. Le Sistema Grèce, pont entre les deux rives de la Méditerranée, accueille le Sistema Europe Youth Orchestra. Le Festival d'Athènes et Épidaure, la plus importante manifestation culturelle du pays, l'invite pour son concert de clôture.

Quel chemin parcouru depuis ma visite au camp de réfugiés de Skaramagas, en cette froide journée de novembre ! Comme l'espérait Anis Barnat, l'instigateur du projet, une quinzaine de professeurs grecs ont pris le relais. Désormais, les chœurs des conservatoires de la région d'Athènes se mêlent régulièrement à celui des réfugiés. Auquel se joignent de jeunes adultes. Et ce qui paraissait une chimère est en train d'advenir : l'orchestre du Sistema Grèce démarre officiellement à l'automne.

Comme Lourdes, Ron Davis Alvarez, le missionnaire des banquises, des banlieues et des bas-côtés de l'exil, a bien travaillé. Anis aussi. Mois après mois, je le vois s'éloigner de ses activités d'agent artistique et de tourneur. Mais l'expérience, tant d'amitiés nouées au sein de Fundamusical, le carnet d'adresses sont des atouts précieux. Tant de célébrités défilent dans les camps d'Athènes – la mezzo superstar Joyce DiDonato, marraine du projet, par exemple – que le piège résiderait même dans le *charity business*. Comment savoir si les budgets investis (la Fondation Hilti étant le premier partenaire) ne vont pas servir la promotion d'artistes en carrière au lieu de transformer la vie des enfants ? Conscient du risque, Anis a proposé à la Glasgow Caledonian University d'évaluer le projet dans la durée, sans se dissimuler combien la définition des critères constitue un beau casse-tête !

Ces journées athéniennes prenaient aussi des airs de grand récapitulatif, comme dans les séries télévisées où tous les personnages reparaissent en fin de saison ! Ron et les adolescents suédois, Christian Kauser et les enfants que j'avais vu danser à Vienne avec les musiciens du Bolívar, Maria Majno et ses fiers lombards, les Portugais de Geracão, la petite bande du *núcleo* londonien de Lucy... Et aussi quelques Passeurs d'Arts français emmenés par Yefren Carrero de Garges-lès-Gonesse, ravis de leur premier voyage à l'étranger. Les petits Démos seront-ils un jour de la fête ?

Pas question de se tourner les pouces. José Antonio Abreu donnerait sa bénédiction, il n'y aura pas ici de place pour l'oisiveté, mère de tous les vices. Par trente degrés, sous le préau du Conservatoire d'Athènes, les répétitions peuvent prendre jusqu'à dix heures par jour ! Mais, tandis qu'ils enchaînaient Beethoven, les airs sud-américains et la création d'une pièce d'Alexandros Markeas spécialement composée pour eux, j'ai vu nos jeunes forçats se marrer comme des baleines…

Mélange des nationalités, des âges, des couleurs, des milieux. Le Sistema Europe Youth Orchestra, qui se réunit durant dix jours l'été[1], est un témoignage éclatant de ce qui commence à changer sur le Vieux Continent. La fédération Sistema Europe, son pilote, est composée de tous les projets se réclamant du mouvement. Elle assume comme une force l'hétérogénéité de ses membres, plateforme d'entraide et d'échanges d'expériences, entres des structures disposant d'une bonne assise institutionnelle, tels les Suédois, et d'autres balbutiantes à l'image des Français[2]. L'enseignement de pair à pair, chez les musiciens comme chez les gestionnaires ! Une image aperçue en répétition résume parfaitement l'esprit de ces journées. Un petit trompettiste de dix ans sautille au milieu du pupitre, cherchant à voir le chef. Son voisin, une quinzaine d'années, le hisse sur un tabouret après l'avoir attrapé par les épaules – dans un dessin animé, ce serait par les oreilles.

À la barbe du prophète

Parmi les membres, j'étais soulagé de retrouver Mehmet Selim Baki et sa femme Yeliz. Selon les pays, il est plus ou moins facile de monter un projet défendant des valeurs humanistes. La Turquie sous coupe réglée du sultan Erdogan, démocrate de la trempe d'un Chávez ou d'un Maduro,

1. Depuis 2013, à Vienne. Il y eut ensuite Istanbul en 2014, Milan en 2015 lors de la grande résidence du Sistema vénézuélien à la Scala, une pause en 2016, puis Athènes en 2017. Londres sera l'hôte pour 2018.

2. Puisque les deux plus importantes, Orchestre à l'école et Démos, ne sont pas membres de la fédération.

n'a pas a priori l'image d'un havre pour le Sistema. À moins de servir la propagande du régime, comme Abreu avait accepté de le faire au Venezuela ? Tel n'était visiblement pas le but de Mehmet et Yeliz…

Quinze mois plus tôt, par une fraîche journée de mars, je descendais les rues en pente du quartier de Fener, à Istanbul. Surtout connue pour les sublimes mosaïques de ses églises byzantines et ses vues sur la Corne d'Or, cette zone résidentielle populaire l'est moins pour l'atmosphère parfois tendue entre ses communautés. Des boutiquiers fondamentalistes du Bazar voisinent avec les petits employés d'administrations trempées dans une vieille tradition de laïcité comme l'armée, et un patchwork de migrants intérieurs et étrangers. Roms, Kurdes, Syriens, Irakiens, tiraillés entre la tentation d'une route semée de périls vers l'Union européenne, la résignation à faire sa vie ici, l'adhésion à l'islamisme de moins en moins démocratique mais toujours soucieux des convenances du pouvoir, ou l'opposition sanglante et radicale.

Le siège de Barış Için Müzik (Musique pour la paix), El Sistema Turquie, est inhabituel. Une cascade de bâtiments en bois peints de couleurs vives dévale le flanc de la colline, évoquant à la fois les vieilles demeures ottomanes et des maisons de poupées ! Mehmet, architecte, a construit lui-même les salles de cours, bureaux et lieux de vie.

« En 2003, lors du déclenchement de la guerre d'Irak, qui devait entraîner le Proche-Orient dans la catastrophe que nous connaissons, un important mouvement citoyen s'est élevé pour refuser l'ouverture de l'espace aérien turc aux avions américains, se souvient-il. Je n'ai rien contre les pétitions écrites, mais la plus belle me semblait que nous descendions tous dans la rue jouer de la musique ! J'imaginais des fanfares, mais je voulais aussi que les enfants puissent participer, sur des instruments adaptés. Un ami ukrainien m'a suggéré l'accordéon, très populaire autour de la mer Noire. Tout le monde peut jouer la même chose, et c'est un véritable orchestre puisque chacun produit la polyphonie ! Et voilà comment nous avons commencé, avec de grands défilés pour la paix au son de l'accordéon.

– Mais nous ne voulions pas nous arrêter là, et le répertoire est quand même limité, sourit Yeliz, linguiste formée entre Istanbul et la Sorbonne. Plus nous avancions, plus il paraissait évident que l'enjeu de la paix ne se limite pas aux conflits internationaux. Dans notre pays, fracturé entre ses identités européennes et orientales, le fondamentalisme religieux et la laïcité, les défenseurs de la démocratie et ceux qui prônent la régression, il consiste aussi à pouvoir parler entre nous ! D'où notre choix de nous installer dans ce quartier qui est comme un condensé de la Turquie entière. Mehmet a construit les maisons. Et nous sommes allés à la rencontre des gens.

– Au quotidien, la piété des familles vous impose-t-elle des compromis ?

– Disons plutôt qu'il faut ruser un peu, s'amuse Mehmet. Nous refusons d'imposer à qui que ce soit l'application d'un précepte, mais nous respectons les choix de chacun. Cela vaut évidemment pour le port du voile, mais aussi pour les appels à la prière. Si nous sentons qu'une adolescente est tentée de se dégager la tête pour mieux jouer, nous lui disons simplement que ce n'est pas un problème ici. Nous avons calé des pauses qui permettent de prier à ceux qui le souhaitent, et aux autres de goûter ou de prendre une récréation ! Et parfois, tout le monde est tellement absorbé par la musique qu'on rate l'heure... Nous expliquons alors aux enfants qui s'en inquiètent que célébrer la beauté par la musique peut être vu comme une prière. Aucun parent ne s'est plaint !

– Comment avez-vous connu le Sistema ?

– Très tard, en fait. Nous avons imaginé notre méthode de cours collectifs dans notre coin, avec des amis musiciens, ce que nous ne sommes ni l'un ni l'autre, souligne Yeliz. Mehmet n'a pas seulement construit les maisons. Pendant des années, il a payé tous les frais, sur ses revenus, et aussi en vendant ce qu'il possédait. Mais avec un budget qui dépasse aujourd'hui les 300 000 euros par an, ce n'est pas raisonnable. En 2012, nous nous posions franchement la question d'abandonner. Et puis nous avons rencontré Marshall Marcus, président du Sistema Europe, qui nous a mis en contact avec Fundamusical. Ron Davis nous a aidés à structurer la pédagogie, car nous plafonnions, et désormais des professeurs du monde entier viennent régulièrement nous épauler. Lucy Maguire était là il y a quelques semaines, les enfants sont inconsolables depuis son départ ! Cela nous a rendu confiance pour nous développer.

– Et quelles sont les perspectives ?

– Nous voulons coûte que coûte préserver notre indépendance, et en même temps il faut grandir, constate Mehmet. Côté mécénat, nous avons des partenaires sérieux. En particulier la Fondation Borusan, qui a son propre orchestre à Istanbul. Son directeur musical, Sascha Goetzel, est un soutien engagé et nous a aidés à créer des connexions avec les pays germaniques dont il est originaire. C'est plus compliqué avec les pouvoirs publics. À Istanbul, ils ne sont absolument pas fiables. Les mairies de quartier peuvent faire de grands effets d'annonce devant la presse, mais ne rien verser. Ou, pire, reprendre au bout de quelques semaines ce qu'elles ont donné. Nous avons vécu un épisode très traumatisant, quand des agents municipaux sont venus arracher les instruments aux enfants en larmes ! Dans les autres villes du pays, en revanche, cela se passe mieux, et la mairie d'Izmir notamment a construit pour nous des locaux. L'objectif, c'est aujourd'hui de se diriger vers un véritable Orchestre national des jeunes de Turquie. »

La salsa du Bosphore

En suivant les répétitions comme en assistant aux concerts, on se dit que le rêve est bien parti pour se réaliser. Certes, ils ne sont encore que six cents élèves, répartis entre Istanbul et sa région et l'ouest de l'Anatolie, à Bursa et Izmir. Mais la concentration, le plaisir de jouer sont évidents. Le parcours pédagogique, de l'initiation vers six ans à l'orchestre des adolescents, est fermement structuré. L'équipe des enseignants et des administratifs réunit des anciens élèves et des intervenants étrangers. Les concerts mêlent donc le répertoire classique européen, les arrangements d'airs orientaux, et les pièces latino-américaines qui ont fait la réputation du Bolívar mais qu'on n'attendait guère sur les rives du Bosphore ! Le lien avec l'Allemagne se traduit par des invitations régulières à se produire dans les salles du pays, notamment à l'Opéra de Leipzig. Le son et le phrasé des jeunes Turcs restent trop raides pour envisager une véritable carrière dans le circuit international, mais leur dynamisme et leur sens du spectacle sont tels (notamment dans les pupitres de percussions, où se manifestent de réels talents de jongleurs !) que tous les espoirs semblent permis.

Reste un point noir, le lien avec les conservatoires traditionnels, pour l'essentiel situés à Istanbul, et fiefs de l'élite occidentalisée. « Il est plus facile pour nos meilleurs élèves de trouver une place dans une *Hochschule* allemande que de se perfectionner dans leur pays, déplore Yeliz. Je me suis même retrouvée un jour dans un marchandage sordide au sujet d'un de nos meilleurs violoncellistes, issu d'une famille rom. Le conservatoire voulait bien l'accepter en cours individuel, mais pas dans l'orchestre, craignant des réactions négatives de certains parents ! »

Le Sistema Turquie constitue un cas unique à bien des égards.

D'abord, parce qu'il est parmi les très rares au monde à atteindre un tel niveau d'excellence et de développement en procédant de l'initiative d'amateurs, au sens le plus noble du terme, et non de musiciens ou d'une institution. Avec les élèves comme avec les équipes, ils entretiennent en outre une relation pleine d'affection et surtout de simplicité où l'on ne perçoit aucun signe de l'obséquiosité que cultivent parfois dans leur entourage certains « bienfaiteurs ».

Ensuite, parce qu'il est à ce jour le principal représentant du Sistema dans le monde musulman. Toutefois, il n'est pas seul à y porter l'idée du développement social par l'éducation musicale, et d'une recherche de ce dont le Proche-Orient a si cruellement besoin : la paix – motivation originelle de Mehmet.

Avec ou sans pierre

La Palestine, plaie toujours ouverte après sept décennies d'affrontements, a ainsi vu surgir deux projets d'envergure. Le premier eut un retentissement médiatique immense. Créé par le chef d'orchestre et pianiste israélo-argentin Daniel Barenboim (né en 1942) et le philosophe palestinien Edward Saïd (1935-2003), le West-Eastern Diwan Orchestra mériterait un livre à lui seul. Né en 1999 en Allemagne sous la forme d'ateliers musicaux entre des étudiants de conservatoires venus d'Israël, de Palestine et d'autres pays arabes, il a évolué vers une formation symphonique de niveau quasi professionnel dont les jeunes musiciens se réunissent au moins une fois par an pour des répétitions et une tournée de quelques semaines. Le concert donné en 2005 à Ramallah est entré dans l'histoire[1]. Victoire à l'arraché sur les obstacles administratifs et politiques innombrables contre lesquels Barenboim et son équipe durent se battre, de même que les instrumentistes pour obtenir leurs visas, il est, hélas, resté unique, les tournées suivantes ayant toutes lieu en Europe. Le Diwan n'en demeure pas moins la mise en pratique d'une vision philosophique, culturelle et civilisationnelle dont la valeur est inestimable. Mais il représente un phare pour les étudiants de la région, pas une force de changement sur le terrain.

À l'inverse, l'association Al Kamandjâti (« le violoniste » en arabe) mène depuis 2002 un travail au plus près des populations, en Palestine mais aussi dans les camps de réfugiés au Liban. Il complète celui du Conservatoire national de musique de Ramallah (fondé en 1993, il porte depuis 2004 le nom d'Edward Said), plus normé dans sa structure mais souvent héroïque dans son fonctionnement. Ramzi Aburedwan, fondateur d'Al Kamandjâti, est un ancien élève, et membre du Diwan. Né en 1979 à Bethléem, grandi dans un camp près de Ramallah, il est, à huit ans, parmi les enfants qui jettent des pierres sur les chars israéliens durant la première intifada qui coûtera la vie à plusieurs membres de sa famille. Un concours de circonstances l'attire au conservatoire qui vient d'ouvrir, où il apprend l'alto et le bouzouk. Il poursuit ses études aux États-Unis puis en France, et lance dès ce moment son association afin de diffuser l'éducation

1. Il est heureusement filmé, et disponible en DVD, accompagné du documentaire *Knowledge is the Beginning*, chez Euroarts – Warner Classics.

musicale dans les camps, où les écoles de musique traditionnelles ne recrutent pas, ou si peu. Geste pionnier, soutenu au fil des ans par des partenaires professionnels de haut niveau[1], et couronné d'un réel succès. Deux mille enfants dans les crèches et les maternelles bénéficient d'une initiation musicale, à un âge clé pour le développement de leurs aptitudes. Près de cinq cents jeunes étudient dans un réseau de petites écoles de musique créées au cœur des quartiers et des camps. Plusieurs ensembles sont nés, consacrés au répertoire classique occidental ou oriental selon les cas – Ramzi Aburedwan dirige pour sa part l'Ensemble national palestinien de musique arabe.

Pourquoi Al Kamandjâti n'est-il pas présenté comme un fleuron du Sistema ? D'abord parce que son fondateur tient à la singularité de son image. Peut-être aussi du fait d'un certain embarras politique. Ramzi a rompu avec fracas avec Barenboim, après avoir milité pour que le Diwan s'engage contre l'occupation des territoires – position rejetée au sein de l'orchestre par ses compatriotes et par les autres musiciens arabes. L'altiste estime avoir été instrumentalisé comme Palestinien de service par le chef. Ce dernier considère que la position de boycott à l'égard d'Israël, désormais prônée par Al Kamandjâti, est stérile. Cette tension reflète, hélas ! une exaspération largement répandue parmi les jeunes artistes et intellectuels palestiniens, après des années de blocage de ce qu'on n'ose plus appeler le processus de paix.

1. En France, l'Orchestre philharmonique de Radio-France, l'Orchestre national des Pays de la Loire, les Conservatoires de Paris, Lyon, Toulouse, Bordeaux et Angers…

Autre conflit embourbé depuis quarante ans, l'Afghanistan n'est pas non plus de ces terres où l'on s'attendait à voir fleurir le Sistema. Ce n'est d'ailleurs pas vraiment le cas. Cependant, l'Institut national de musique, établi à Kaboul, affiche un slogan aux sonorités familières : « Changing lives through music ». María Claudia Parias, la directrice de Batuta, tient son fondateur, le Dr Ahmad Naser Sarmast, pour l'un des praticiens exemplaires de ce qu'elle défend en Colombie : l'éducation musicale comme outil de reconstruction dans les zones de guerre.

Fils d'un chef d'orchestre afghan[1], le Dr Sarmast a étudié la musicologie en Russie puis en Australie où il a reçu l'asile politique. Entre 1996 et 2001, les talibans avaient entièrement proscrit la musique… De retour à Kaboul après la chute de leur régime, il défendit l'idée d'un grand plan pour les orphelins de guerre et les enfants des rues sur le principe du Sistema, mais trouva le gouvernement davantage préoccupé de restaurer une formation d'élite pour les instruments traditionnels. L'École nationale de musique, qui ouvrit ses portes en 2010, se présente comme un compromis, sur une petite échelle mais d'un très haut niveau de qualité. Deux cent cinquante enfants y reçoivent gratuitement un enseignement complet, où les matières générales voisinent avec l'instrument de leur choix. L'école obéit à des principes de parité entre les répertoires, entre les genres, dans un pays qui interdisait il y a peu l'éducation des filles, et entre les milieux, la moitié des places étant réservée aux enfants pauvres ou sans famille. Ils sont souvent repérés grâce aux

1. Au milieu du XXe siècle, la radio afghane a constitué deux orchestres, l'un composé d'instruments traditionnels, l'autre « occidentaux » avec une forte influence jazz. Ustad Salim Sarmast, le père d'Ahmad, dirigeait le second.

concerts organisés par l'établissement dans les orphelinats, qui éveillent nombre de vocations parmi les jeunes spectateurs. Vivaldi aurait reconnu les principes qui firent la gloire des institutions charitables vénitiennes.

D'autant qu'avec le soutien du ministère de l'Éducation, d'organismes internationaux et d'ambassades présentes à Kaboul[1], les sept ensembles instrumentaux (quatre de musique traditionnelle, trois mêlant le répertoire et les instruments occidentaux et orientaux) et le chœur de l'école se distinguent par leur qualité. Des partenariats de coopération permettent d'inviter pour des masterclasses de nombreux musiciens internationaux, pourvu qu'ils acceptent les dangers du séjour. Et lors de leurs tournées internationales (celle de 2013 est passée par le Carnegie Hall de New York), les prestations des jeunes Afghans ont suscité un enthousiasme légitime[2]. Travail admirable mais, plus qu'ailleurs, goutte d'eau dans un océan de larmes et de sang. La dégradation des conditions de vie et de sécurité dans le pays rend improbable le rêve initial du Dr Sarmast d'un grand plan national, et malheureusement vraisemblable, en cas de retour au pouvoir d'une faction intégriste, que professeurs et élèves n'aient d'autre choix qu'un nouvel exil.

Les oasis d'Afrique

Gouttes d'eau également sur le vaste désert africain ? Plutôt à l'image de la place insignifiante du répertoire symphonique sur un continent tout aux musiques traditionnelles et

1. États-Unis, Canada, Royaume-Uni, Allemagne, Danemark, Finlande… mais pas la France.
2. Chercher « Afghan Youth Orchestra » sur Youtube pour en avoir une idée.

aux genres dits « actuels » – comme si les nouvelles œuvres pour orchestre ne l'étaient pas !

À l'exception de la Libye, chaque pays d'Afrique du Nord abrite néanmoins une formation professionnelle (même si elles vivent avec des budgets précaires) composée d'instruments classiques européens. L'Orchestre philharmonique du Maroc, fondé il y a un peu plus de vingt ans par le chef et violoniste Farid Bensaïd, gère depuis 2011 un petit programme inspiré du Sistema, appelé Mazaya. Soixante-dix jeunes déscolarisés se voient proposer une formation générale et instrumentale, visant leur insertion professionnelle dans les métiers de la musique. En Tunisie, le violoncelliste Farouk Shabou, membre du quatuor à cordes Cadences (seule formation de ce genre sur le continent, hors l'Afrique du Sud) présente aussi comme le « Sistema tunisien » le projet Tunisia 88 qu'il a lancé en 2017. Initiative originale et pertinente qui consiste à créer des clubs de pratique musicale dans autant d'établissements scolaires à travers le pays, qui animeront de véritables saisons de concerts. Pas de véritable orchestre en vue, mais le président de la République patronne l'initiative que soutient la Banque européenne d'investissement.

L'Afrique du Sud représente, naturellement, un cas à part. La minorité blanche y a construit au fil du XXe siècle une vie symphonique comparable à celle d'autres pays anglo-saxons comme l'Australie ou la Nouvelle-Zélande. Le mouvement des orchestres de jeunes a suivi. Après l'apartheid, ces formations durent accueillir la majorité noire et la minorité indienne. Ce qui ne signifiait pas tenir un rôle social : un grand nombre d'entre elles ouvrirent simplement leurs auditions à tous parce que la loi les y obligeait. L'Orchestre national des jeunes d'Afrique du Sud s'est lancé en 1997 dans une aventure plus ambitieuse avec Field Bands, réseau d'une quarantaine de fanfares qui rassemble près de cinq mille jeunes à travers le pays.

Mais le spectre de la ségrégation rôde toujours : aux Noirs, les cuivres et les percussions, aux Blancs les violons ? Question épineuse. Les musiciens et enseignants noirs sont les premiers à vouloir construire un tel projet sur leur patrimoine musical, aussi élaboré que le jazz américain – n'oublions pas quelle force de résistance représentèrent les bars et clubs de Johannesburg durant l'apartheid. Les passerelles avec l'orchestre européen existent, mais n'ont pas été choisies comme priorité.

Quant à l'Orchestre philharmonique du Cap, il prolonge naturellement sa mission en gérant une formation symphonique juvénile où Noirs et Métis sont majoritaires. Musiciens professionnels et étudiants se retrouvent côte à côte pour des actions pédagogiques dans les écoles et les *townships*, destinées à encourager la pratique instrumentale.

Et si le rêve de Mandela fondait un orchestre de jeunes dans son essence même ? C'est le pari fait depuis 2001 par l'organisation MIAGI, *Music is a great investment*, qui anime à Soweto des ateliers d'initiation pour 200 enfants dans les crèches et maternelles, en accueille ensuite une centaine dans son école de musique et a lancé, en 2007, un orchestre de jeunes de haut niveau où se retrouvent des adolescents de toutes origines. Le répertoire est la définition même du *crossover* : classiques européens, variétés internationales et africaines, arrangements de musiques traditionnelles ou rencontres avec des ensembles spécialisés, créations souvent très imaginatives – le jeune prodige britannique Duncan Ward, compositeur et chef soutenu par Simon Rattle, est de la partie en 2018.

Dans les autres pays d'Afrique subsaharienne, où le sous-développement concerne l'ensemble des infrastructures et de la population, nombre d'ONG locales ou étrangères ont recours à la musique dans leur programme éducatif. Quelques-unes ont franchi le pas en y intégrant l'orchestre, voire en lui accordant une place centrale.

Nairobi est ainsi une capitale inattendue du Sistema – deux organisations s'en réclament. Elles regroupent un peu plus de mille élèves et travaillent dans des bidonvilles où règne une misère extrême. La plus importante et la plus ancienne est The Art of Music, née en 2009 à l'initiative d'Elizabeth Njoroge. Issue de la bourgeoisie intellectuelle kenyane, biochimiste formée au Canada et au Royaume-Uni, cette musicienne amateur comprend, de retour au pays natal, que les rares institutions héritées de l'époque coloniale, bien qu'essentiellement fréquentées par les expatriés, peuvent contribuer à un projet social qui les fera évoluer en retour. Nairobi compte un conservatoire de musique et un orchestre amateur ; mieux que la plupart des autres capitales, mais en 2003, se souvient-elle, un seul musicien noir participait aux concerts !

Elizabeth remue ciel et terre, obtient le mécénat de la compagnie de télécommunications Safaricom et monte le programme Ghetto Classics dans les quartiers pauvres. En 2010, elle fonde le National Youth Orchestra of Kenya, plutôt composé de jeunes de la classe moyenne mais reflet fidèle de la diversité ethnique. Barack Obama, lors de son voyage historique sur la terre de ses ancêtres en 2015, les a applaudis, et ils sont désormais de toutes les manifestations officielles. Au détriment du travail de terrain ? Un an plus tôt, Karis Crawford, violoniste américaine qui enseignait au sein de Ghetto Classics, fondait avec quatre collègues kenyanes un nouveau projet dans l'un des bidonvilles les plus dangereux de la ville – les jeunes femmes ont dû négocier leur sécurité avec les mafias locales, via la direction des écoles où elles donnent leurs cours. Il ne compte aujourd'hui que quarante élèves mais son nom sonne comme un défi : El Sistema Kenya.

S'il existait un Abreu africain, ce serait pourtant Pedro Françony, en Angola. La Fondation Kapossoka (« Joie » en langue bantoue) ne réunit encore « que » 1 450 élèves. Il s'agit cependant du projet le plus important et le plus ancien du continent, derrière les Field Bands sud-africains mais cette fois selon des principes calqués sur le Sistema. Kapossoka pousse sur une terre dévastée par la guerre civile. Juriste, universitaire, prêtre dans les armées et administrateur civil, Pedro Françony est affecté par le gouvernement, après les premières élections démocratiques de 2008, dans un district de Luanda, Samba, l'un des plus pauvres de la capitale. Mélomane passionné depuis sa jeunesse itinérante, Françony convainc le gouvernement de financer une école de musique, évidemment gratuite et destinée aux enfants les plus pauvres. Sous la houlette vigoureuse du Père, qui a démissionné de ses fonctions pour s'y consacrer, elle grandit, se réplique dans d'autres quartiers et d'autres villes, accouche d'un orchestre avancé de soixante-cinq adolescents. « Il n'est plus interdit de rêver à un Orchestre national d'Angola », déclare sobrement Françony. Qui clôt tout débat sur les répertoires d'une formule simple. « Nous apprenons la musique populaire angolaise. La musique moderne angolaise. La musique classique angolaise. Et la musique classique universelle. »

L'universel du matin calme

Franchissons l'Asie du Sud. Nous ne trouverons guère l'idée d'un Sistema aux Indes, où tant de misère pourtant le réclame. Splendide indifférence au reste du monde d'une des cultures les plus riches, mais aussi les plus autarciques ?

Voici pourtant à Goa (jadis enclave portugaise, de forte culture chrétienne et particulièrement jésuite) une Child's Play India Camerata d'une centaine d'enfants venus de deux écoles situées dans les quartiers pauvres et d'une davantage *middle class*. Ailleurs, l'Inde inventera sans doute sa propre voie afin d'inclure la musique dans les programmes d'aide à l'enfance, avec son répertoire et ses instruments – comme toujours. Sans surprise, le grand pays chrétien d'Asie, les Philippines, qui fut parmi les dernières colonies espagnoles puis américaines, abrite deux organisations se disputant le nom convoité, qui totalisent sept cents élèves[1]. Plus qu'au Japon où Yutaka Kikugawa n'en compte pas plus de deux cents.

Le Japon… Que vient faire l'un des pays les plus riches et les plus culturellement homogènes du monde parmi ceux qui veulent répondre en musique à leurs grands défis sociaux ? Peut-être ouvrir la voie, dans l'autre région du monde, avec l'Amérique latine, où s'écrit l'avenir de la musique symphonique – et de la musique classique tout court qui n'appartient plus, depuis longtemps, aux seuls Européens et Nord-Américains. À Caracas, Bogotá, Mexico, Salvador, São Paulo, Lima, Buenos Aires, Santiago, on invente depuis bientôt cinquante ans une éducation nouvelle qui vérifie les intuitions de nos maîtres chinois et grecs : il n'est d'homme ni de citoyen accompli sans musique. À Tokyo, Séoul, Pékin, Shanghai ou Canton, se joue une révolution culturelle plus stupéfiante encore : nul besoin d'avoir tété des œuvres avec le lait, de les brandir ou les brûler au nom du bien ou du mal qu'elles firent aux ancêtres, pour se les approprier. Les aimer. Les comprendre. Les réinventer.

---

1. Ang Misyon – Sistema for the Filipino Youth est la plus importante, suivie de loin par Sistemang Pilipino.

Pauvre de nous ! Avec nos hémorroïdes identitaires, nos ressentiments, la peur de nos propres ombres. Combien sont-ils, dans nos pays, à faire l'effort de maîtriser les calligraphies chinoises, la philosophie de l'ikebana japonais, la littérature, la musique « savantes » de pays qui, eux, apprennent avec passion les nôtres ? Sur l'agora de l'universel, qui n'est pas la mondialisation des folklores, nous sommes généreux des manifestations les plus élevées de notre culture, et pourrions nous en féliciter. Mais souvent aveugles et sourds devant celles des autres, et nous devrions nous en corriger. Car lorsque l'élitisme asiatique rencontrera l'idéal social et éducatif latino-américain, nous pourrions bien perdre la face.

Ce jour viendra-t-il ?

Le Japon compte trente-cinq orchestres symphoniques professionnels, la Corée du Sud dix-huit – à peine moins que la France, rapporté à la population. La Chine marche loin derrière, avec sa vingtaine de formations classiques occidentales pour 1,4 milliard d'habitants ; mais la majorité d'entre elles n'existaient pas il y a trente ans, et la transition vers une économie développée n'est pas achevée. Surtout, les pratiques amateurs et l'apprentissage musical sont en pleine expansion. Les Chinois ont frappé les esprits en annonçant un million de pianistes, chiffre invérifiable mais plausible. On sait moins que les orchestres amateurs de tous âges fleurissent partout en Corée du Sud et au Japon. Orchestres de conservatoires, bien sûr, mais aussi d'écoles et, au-delà, d'étudiants, d'entreprises, de retraités… À Fukushima[1] ou Séoul, j'ai assisté à des journées

1. La ville de Fukushima ne doit pas être confondue avec la préfecture à laquelle elle donne son nom. Si les côtes ont été dévastées par le tsunami de mars 2011, le chef-lieu n'a été que très peu touché par le tremblement de terre

entières de concours durant lesquelles ils défilaient pour se produire trente minutes afin de remporter la coupe du district !

K pas pop

Vouloir le Sistema, pour un Japonais ou un Coréen, est d'abord un acte militant au sein de sociétés peu protestataires. Constater que le développement économique n'a pas apporté le bonheur à tous, même si les inégalités paraissent moins criantes qu'ailleurs. Que l'accès à l'éducation musicale, dont les classes moyennes et supérieures urbaines font grand cas, n'est pas le même partout. Que la manière d'enseigner la musique peut être repensée – même au pays où Shinichi Suzuki inventa la forme moderne du cours instrumental collectif.

Un soir d'octobre 2016, j'arrive au Centre social pour les femmes de Seongbuk-gu, dans les quartiers nord de Séoul. Le crépuscule dessine une ligne rose tendre sur les montagnes, à quelques dizaines de kilomètres de la frontière la plus fermée du monde. Les tours d'habitations populaires s'illuminent en silence. La directrice du centre m'accueille avec un doux sourire et me conduit à une salle de réunion. Cinquante adolescents de douze à seize ans répètent avec un sérieux et une concentration extrêmes, sous la conduite d'un chef tout en rondeur qui n'élève jamais la voix. La justesse, le modelé du son et de la phrase sont remarquables, le tonus rythmique doit progresser. Au souvenir de Caracas, le mot antipodes prend soudain son sens…

---

qui a précédé, et la vie s'y poursuit normalement, malgré la menace de la contamination nucléaire.

« Certes, l'enseignement musical et les orchestres juvéniles se sont énormément développés ces dernières décennies, admet Lim Sun-Yum, coordinatrice nationale du Sistema Korea. Mais il n'y a pas de réseau public des conservatoires, ce qui exclut d'emblée les plus pauvres et les habitants des campagnes. Le Service de l'éducation artistique et culturelle de Corée, institué par les ministères de la Culture et de l'Éducation, a donc créé en 2010 le programme Orchestre du rêve. Très vite, nous nous sommes rapprochés du Sistema vénézuélien et finalement adopté le sous-titre Sistema Korea. Nous sommes donc une organisation publique qui aide les municipalités, les centres sociaux ou culturels, publics comme privés, à mettre sur pied des *núcleos* – nous avons gardé le nom en coréen. Nous leur apportons un cadre pédagogique pensé au niveau national, une formation pour leurs enseignants, et une part de financement – jamais plus de la moitié de leur budget, cependant. Il y en a aujourd'hui plus de 40 à travers le pays, soit 2 600 élèves et 500 professeurs. Les jeunes viennent à 70 % de milieux modestes dans les villes, c'est plus ouvert dans les villages puisqu'il n'y a pas d'autre accès à l'enseignement artistique. Cette dimension rurale est très importante pour nous. Dans l'idéal, nous souhaiterions commencer par les jeunes enfants, mais notre premier plan de développement a plutôt ciblé les neuf à quinze ans. La préadolescence est un moment critique en Corée[1]. La pression scolaire est énorme, la maison vide au retour de l'école car les parents travaillent. Ceux qui ne sont pas inscrits à des cours de soutien et

1. Je reprends à Eric Booth et Tricia Tunstall, dans le livre *Playing for their lives, op. cit.*, cette plaisanterie grinçante qu'aiment à raconter les Sud-Coréens : « Si le Nord nous attaque, pas de problème. Il nous suffira de leur envoyer nos gamins de douze ans pour que l'armée batte en retraite, en voyant leurs têtes. »

dans des clubs artistiques ou sportifs se retrouvent seuls et décrochent facilement. Vous savez que nous avons le taux de suicide le plus élevé du monde développé. Ne pas sacrifier la nouvelle génération est aujourd'hui une priorité d'État. L'éducation musicale stimule les capacités des enfants défavorisés par leur environnement, et l'orchestre offre un contexte non-compétitif et solidaire, en regard des conservatoires. »

Fukushima mon amour

Je repense à ce que m'avait dit deux ans plus tôt José Antonio Abreu : chaque pays trouvera auxquels de ses fléaux répond le Sistema... Le vieux Maestro citait volontiers, en Asie, l'exemple du Japon. D'où ma déception de ne trouver là-bas qu'un micro-projet coupé du soutien institutionnel qui fait la force du Sistema Corée, comme du Sistema Suède ou de Démos en France. J'ai cependant compris que Yutaka s'était retrouvé dépassé par son propre succès de communicant, et que le soutien de l'agence Kajimoto, malgré l'enthousiasme sincère du grand professionnel qu'est Sato Shoji, pouvait être à double tranchant.

« Je n'avais pas plus tôt annoncé que je voulais lancer un Sistema dans le cadre de la reconstruction de la baie de Sōma que je reçois un coup de fil du Philharmonique de Berlin, m'avoue le créateur du projet. "On est en tournée au Japon dans deux mois, on vient vous voir !" Panique : rien n'avait encore démarré ! Il a donc fallu aller très vite et, lorsqu'ils sont arrivés, nous avons pu faire une petite démonstration avec les enfants. » De même, il se souvient avec un mélange d'amusement et de terreur de la visite en 2013 à Sōma de musiciens du Bolívar, accompagnés d'une horde de journalistes vénézuéliens :

« L'expression "choc des cultures" a dû être inventée pour ce que nous avons vécu ce jour-là. La presse sud-américaine plantait ses caméras sous le nez des enfants en hurlant : "Alors ? Tes parents sont morts ? Tu as perdu ta maison ?"... »

« Yutaka, n'y a-t-il pas justement un énorme décalage entre le succès d'un label et la modestie du projet ?

– Vous nous trouvez tout petit à l'échelle du Japon ? C'est vrai. Mais sur cette terre condamnée, nous faisons venir les plus grands musiciens d'orchestre du monde. Les habitants de cette région sont traités comme des pestiférés quand ils voyagent ailleurs dans le pays, par ceux qui croient que les radiations se transmettent comme les virus. Mais, il y a six mois, nos enfants ont été invités en Allemagne, et ont joué à la Philharmonie de Berlin avec les musiciens de l'orchestre[1]. Vous trouvez que le petit Okto est très doué, et ressemble à Harry Potter ? C'est le surnom que les Berlinois lui avaient donné, et eux aussi l'encouragent à continuer. Tant mieux si nous sommes mis en lumière, car à travers nous ce sont toutes ces campagnes japonaises, dont la culture populaire fut longtemps si vivante, et qu'on prive aujourd'hui d'éducation artistique. »

L'abandon culturel du monde rural, grande question de l'Asie développée. Ne devrions-nous pas nous la poser aussi ? J'ai regardé autrement le minuscule Sistema Japon, lutin sautillant pour se faire remarquer dans cet immense pays de musique, comme le petit trompettiste dans l'orchestre du Sistema Europe à Athènes. Courageuse initiative, longue route.

1. Des images sous le lien Youtube suivant : *Sōma Children's Orchestra Tour to Berlin and Leipzig March 2016.*

Autre longue marche en Chine ? Pour l'instant, rien à l'horizon. J'ai beau sillonner ce pays depuis des années, chaque fois stupéfait de le voir assimiler nos arts à cette vitesse, et honteux d'être aussi ignare vis-à-vis des siens.

Un Sistema chinois ? Imaginez ! Le jour où le gouvernement central, capable de tracer plus vite que son ombre des réseaux d'autoroutes et de voies ferrées colossaux, lancera un plan quinquennal d'éducation musicale, des banlieues sans âme jusqu'aux campagnes les plus reculées…

Rien n'est simple, évidemment. Chaque fois que j'évoquais cet horizon rougeoyant à Eduardo Méndez ou un autre cadre de Fundamusical, un sourire mystérieux répondait : « Les contacts sont en cours… Ça vient ! » Le Venezuela tombe en ruine, rien n'est venu.

Pire, les musiciens et programmateurs chinois, si ouverts sur l'étranger, ne m'ont jamais paru au courant, sauf ceux qui vivent hors du pays. Gustavo Dudamel, bien sûr, ils connaissent, ils l'attendent. Nicolás Maduro a une fois de plus fait la preuve de son incompétence en annulant la première tournée chinoise du Bolívar en novembre 2017. Elle aurait sans doute marqué un tournant dans la diplomatie culturelle de son pays.

Un diplomate me livre une clé de ce retard, un soir à la Résidence de France. Maurice Gourdault-Montagne, ambassadeur de France à Pékin de 2014 à 2017, est aussi un mélomane averti qui a découvert avec émerveillement le Sistema lors de sa résidence de 2013 au Festival de Salzbourg. « Les Chinois ont un problème avec l'orchestre, me dit-il. La révolution culturelle a détruit ce qu'elle prétendait sauver : le collectif. La confiance en l'autre est morte quand chaque étudiant s'est vu contraint de dénoncer son professeur et son camarade. Celle en une œuvre commune s'est fracassée dans les camps de travail. À cette époque, le Conservatoire de Pékin, qui était déjà d'un très haut niveau grâce à la coopération avec les pays soviétiques, s'est vu littéralement démantelé[1]. On a reconstruit très vite après Mao, mais sur des bases hyperindividualistes. Les Chinois rêvent que leur enfant apprenne la musique pour devenir Lang Lang. Pas instrumentiste d'orchestre. C'est vu comme une déchéance, pire qu'en France il y a cinquante ans ! Alors un projet éducatif et d'inclusion sociale fondé sur l'orchestre, la cohésion plutôt que la compétition, pour l'instant, ils ne voient pas… »

Ils ne voient pas, mais parierions-nous qu'ils verront ? Dans un an, dans dix ans, peu importe. Tout sera bon, même s'il n'est pas sûr que tout marchera, quand le géant se sentira au bord du gouffre : un nouvel éclatement de l'Empire, miné par les contestations nationales et ses fractures sociales béantes…

Je crains, ce jour-là, que la propagande bolivarienne nous fasse l'effet d'un doux rêve démocratique. Mais, à coup sûr, ces armées beethovéniennes fascineront nos pays exsangues.

Le vent se lève. Un million de petits violonistes s'accordent. Demain, nous promet-on, ils seront cent millions. Tendez l'oreille. L'histoire recommence…

1. Pour le témoignage édifiant, et bouleversant, d'une très grande artiste qui vécut cet enfer, il faut absolument lire l'autobiographie de la pianiste Zhu Xiao-Mei, *La Rivière et son secret*, Robert Laffont, 2013.

Maestro Dudamel, cher Gustavo,

« Ce soir, 24 mars 2018, le Maestro Abreu nous a quittés. Il m'est bien sûr impossible d'imaginer ce que tu ressens. Les Amérindiens disent qu'à certains d'entre nous le Grand Esprit fait don d'un plus-que-père. Sans doute n'est-il pas besoin d'autre mot pour décrire ce qu'il fut et restera pour toi.

Voilà quant à moi que je t'ai perdu en route, toi qui m'as invité à ce voyage, un soir de novembre 2013, dans une voiture entre Birmingham et Londres. Bien sûr, nous nous sommes fréquemment croisés depuis, à l'issue de concerts extraordinaires partout sur la planète. Quelques mois avant les grandes manifestations du dernier printemps, tu envisageais encore que je te suive à Barquisimeto, ta ville natale et celle du Maestro Abreu. Afin que je comprenne à quelles sources musicales tu t'étais abreuvé, que j'y voie aussi les réalisations vivantes et sans cesse renouvelées du Sistema. Mais le pays se meurt. Il n'y avait plus à montrer que la peur.

Nous avons plutôt évoqué de nouveaux entretiens, quelque part en Europe. Puis la colère a enflé, poussée par centaines de milliers dans les rues tes compatriotes, réclamant liberté et dignité. Tes communiqués de presse ont rompu le silence que beaucoup te reprochaient mais, dans le même temps, toute autre parole t'est devenue impossible. La réponse du pouvoir a vite montré quelles conséquences avait chacun de tes mots.

J'aurais aimé clore ce livre sur un nouvel échange, comme prévu. Mais, libéré des relectures qu'il aurait fallu consentir, j'ai pu mieux tenir le cap initial : l'étude équilibrée d'un sujet qui a toujours déchaîné les passions. Sans prétendre délivrer la vérité, mais dans le respect, j'espère, de celle que chacun porte. Défenseurs ou critiques du Sistema, tous adoptent une stratégie, parfois tortueuse, parfois risquée. Mais ce qui m'a frappé, c'est la sincérité derrière les masques, la certitude de défendre un idéal qui serait la condition même de notre humanité : l'art comme droit universel. La musique, parmi les arts, comme tuteur de l'esprit pour nos enfants.

Le Sistema vénézuélien fut une expérience inouïe et paradoxale. Sa fin possible confirme ce que nous, Européens, savions déjà : l'art n'a pas le pouvoir de se substituer aux nécessités vitales, la barbarie peut l'étouffer. Il a celui, en revanche, de ressusciter, comme toute chose d'essence spirituelle. Le Sistema vénézuélien ressuscitera. La flamme est gardée ailleurs, par ceux qui sont partis, ceux qui se sont convertis, et même, tant qu'ils en ont la force, ceux qui sont restés. Mais le devoir d'inventaire s'imposera.

Aujourd'hui, ta priorité est de protéger les musiciens, les professeurs, les élèves qui risquent leur vie au Venezuela, sans défense face aux sanctions qu'attireraient sur eux les prises de position venues de l'étranger. C'est la raison pour laquelle tu supplies tes collègues, tes mentors, de ne pas jeter d'huile sur le feu en se donnant bonne conscience devant les médias de leurs pays libres. Tandis que se déroulent, j'imagine, des pourparlers confidentiels avec les autres factions du camp chaviste, et avec l'opposition, afin de préparer l'avenir. Le risque réside dans l'oubli de ceux qui souffrent, si cet avenir n'advient pas et si le silence les ensevelit.

Demain, il faudra regarder en face ce qui doit changer. Admettre les erreurs, défendre les succès. Renoncer aux postures, aux images d'Épinal, sans céder à la chasse aux sorcières ni aux sacrifices expiatoires.

Le monde a encore beaucoup à apprendre du Sistema. Même si déjà chacun le réinvente, parfois à tort et à travers. Au cours de mon voyage, j'ai entendu le mot magique lancé dans l'espoir d'ouvrir quelque bourse, et admiré ceux qui ne l'emploient pas, mais en suivent le chemin. Celui d'une main tendue, à travers la musique, aux enfants les plus pauvres. Celui d'une éducation d'excellence où se rencontrent toutes les classes sociales. Ailleurs en Amérique latine, et même sur d'autres continents, certains vont déjà plus loin que l'original, avec moins de zones d'ombre. Mais le Maestro Abreu nous a appris une leçon fondamentale : voir grand.

Trop grand, au risque de se perdre ? Les dictatures pourrissent ce qu'elles touchent en laissant macérer derrière les volets clos des miasmes qui partout sont les mêmes, mais qu'on balaie en ouvrant les fenêtres. Le père fondateur avait compris que, si tout débute par des aventures individuelles et des paris insensés, ils ne valent que lorsqu'ils entraînent avec eux la puissance publique. Nous forcent à penser autrement les politiques de l'éducation. Ne prenons pas prétexte du chaos vénézuélien pour y renoncer. Le naufrage du chavisme tire le Sistema vers le fond, pas l'inverse. L'objectif demeure : tout projet social d'éducation artistique doit atteindre une taille suffisante pour susciter un changement global. Le saupoudrage n'est qu'alibi des bonnes consciences ou du cynisme.

L'autre grande leçon d'Abreu, c'est l'orchestre. Cela lui fut abondamment reproché. Trop cher, l'orchestre ! Trop hiérarchique, l'orchestre ! Suppôt de la domination des riches et des Blancs, l'orchestre ! Certes, il ne résume pas à lui seul la musique. Abreu n'a d'ailleurs jamais dit le contraire. Le chant est la base de toute formation musicale ; il fait son nid partout, n'a besoin que de peu de moyens et de beaucoup de dévouement. Quand dans toutes les écoles du monde, nous verrons à l'œuvre ce que les Viennois commencent à faire avec leurs chorales, c'est par centaines de millions que nous sauverons les enfants de l'échec scolaire programmé. Et pour ceux qui veulent se consacrer à la musique, au moins en amateurs, rien ne remplacera jamais l'accomplissement personnel que représente le fait de se retrouver seul, ou en petits groupes d'égaux, face à son instrument.

Si l'orchestre est nécessaire dans ce cheminement, ce n'est pas qu'il apprend à obéir. C'est qu'il permet de franchir collectivement l'obstacle afin de réaliser quelque chose de difficile : différer la jouissance du résultat, et lui ajouter celle de la complexité.

Le mot fait peur aux idéologues. Complexe, la musique ? Regardez-la jaillir, dans sa spontanéité créatrice ! Dans la rue, du fond des mémoires populaires, affranchie des savoirs officiels ! Et après ? Je ne connais guère de musiciens « savants » qui méprise les musiques traditionnelles. Mais nombre d'intellectuels non musiciens prêts à brûler les partitions qu'ils ne savent pas lire. Guider nos enfants à travers la complexité de l'orchestre, c'est leur ouvrir un monde magique où le texte ne se matérialise pas dans la lecture individuelle mais dans la diversité de l'instrumentarium, dans le geste commun du pupitre, dans le soin apporté au sien propre, à ses progrès.

Le cerveau, la main, celle de ton voisin, l'oreille tendue vers le lointain. Passeport d'un monde qui sera tout sauf simple.

Ce pouvoir transformateur de la musique, le Sistema ne l'a pas inventé : il l'a mis en scène à une époque ivre de spectacle. Avec des excès, quelques travestissements et des réussites miraculeuses. Des concerts inoubliables mais surtout des milliers de vies illuminées, quand elles étaient promises à l'obscurité. Une geste, une épopée dont les exploits résonnent dans le monde entier. Elle stimule les études scientifiques destinées à nous apprendre comment ça marche. Ou pourquoi ça ne marche pas totalement. Ou même pourquoi cela ne marcherait pas du tout. Peu importe, le débat est sur la place publique, il nous appartient.

Des pôles à l'équateur, ils sont aujourd'hui des centaines à vouloir nous le prouver par l'exemple. Transformés les premiers, par la musique mais aussi par le besoin d'aider les autres et de s'inventer un destin. J'ai senti beaucoup de fêlures recollées chez ces missionnaires. Elles les rendent plus beaux, plus humains que s'ils n'avaient jamais douté. Même si ordonner une symphonie universelle à partir de tant de voix solistes sans les éteindre ne sera pas une mince affaire. Des plateformes institutionnelles existent, en Colombie, en Suède, en France, en Corée… Elles doivent grandir, inspirer, tisser un réseau mondial.

Cher Gustavo, la charge qui pèse sur toi est aussi écrasante qu'infini son chagrin. Tu es un emblème, l'incarnation d'un idéal. Tu dois guider à travers la tempête un navire à bord duquel on t'interdit de monter et dont l'équipage est aux fers. Tu devras répondre aux questions légitimes de procureurs qui te paraîtront illégitimes, puisqu'ils n'avaient, eux, la responsabilité de personne. Et si tu parviens à convaincre, il faudra penser un nouveau Sistema pour le Venezuela, continuer à brandir pour le reste du monde un flambeau que personne ne pourra lever aussi haut que toi.

Je sais que ton jardin secret, dans cette vie qui ressemble plus à celle d'un chef d'État qu'à celle d'un musicien, est de faire à l'improviste un pas de côté de l'agenda officiel. De filer, sans prévenir personne, et surtout pas la presse, rencontrer les élèves d'un *núcleo*. On le découvre souvent, le lendemain, sur les réseaux sociaux grâce aux *selfies* des professeurs et des enfants que tu as dirigés ou au milieu desquels tu as joué. Au-dessus des mots, leurs sourires sont les torches qui éclairent ce tour du monde.

Je te prie d'accepter enfin, cher Maestro, l'expression de ma plus profonde gratitude pour m'avoir incité à l'entreprendre, à faire de mon mieux pour comprendre, et raconter.

INDEX

Remerciements

Ce livre n'existerait pas sans les encouragements et le soutien de mon ami Ivan Alexandre. Il l'imagina avant moi, à mon retour du Venezuela. Il sut me convaincre de me lancer dans les années de recherches, de reportages et d'écriture qu'il supposait. Il en fut le lecteur bienveillant mais sans concession. Il en est l'un des dédicataires, avec toute ma gratitude.

Georges Liébert s'enthousiasma pour le sujet, sur lequel nous eûmes de longues et passionnantes conversations. Persuadé qu'il méritait un livre différent de ceux qui existaient déjà dans d'autres langues, il en trouva l'éditeur. L'ouvrage lui est aussi dédié, en signe de reconnaissance.

L'énumération de tous ceux que j'ai rencontrés dans le cadre de ce travail ou qui m'ont apporté leur aide paraîtra bien longue, mais je leur dois mes remerciements les plus chaleureux, en particulier à ceux qui ne sont pas cités dans ces pages. J'ai évidemment une pensée toute particulière pour le Maestro José Antonio Abreu, qui nous a quittés il y a quelques jours, et pour le Maestro Gustavo Dudamel qui m'incita à accomplir ce voyage.

Merci donc à Marin Alsop, Ron Davis Alvarez, Juan Alvarez de Lara, Guillermo Andrade, Daniel Arias, Jorge Ariza, Wuilly

Arteaga, Geoff Baker, Mehmet et Yeliz Baki, Anis Barnat, Laurent Bayle, Enrique et Patricia Beracasa, Dan Berkowicz, Marianne Blayau, Deborah Borda, Maranto Borjas, Tony Brown, Pedro et Yefren Carrero, Ricardo Castro, Ivana Cirrincione, Alessandra Costa, Jean-Michel Cougourdan, Ines Daou, Yendi Alexandra De Abreu, Jean-Claude Decalonne, Gilles Delebarre, Emilie Delorme, Joyce Di Donato, Emmanuel Dupuy, Richard Elegino, Juan Diego Flórez, Claudia Freixadas, Fujiro, Furuashi Andrés González, Ramon González Jaimes, Maurice Gourdault-Montagne, Jean-Marc Granet-Bouffartigue, Gonzalo Hidalgo, Andy Icochea Icochea, Héloïse Jory Lazzarini, Christian Kausel Kamp, Yutaka Kikugawa, Annette Léon, Sun-Yum Lim, Raul Lubo, Ariane Lysimaque, Pascale Macheret, Lucy Maguire, Catherine et Jean-René Mahéo, Maria Majno, Marshall Marcus, Alexandros Markeas, Margaret Martin, Samuel Matus, Eduardo Méndez, Leonardo Méndez, Norma Méndez, Greymar Mendoza, Dominique Meyer, Juan Felipe Molano, Miguel Molinari, Gabriela Montero, Judith Morvay, Mark Newbanks, Romina Noviello, David Nunn, Dietrich Paredes, María Claudia Parias, Alexander Pereira, Olivier Poivre d'Arvor, Eunice Prada Nagay, Josbel Puche, Dimitra Raftopoulou, Diego Ravetti, Maria Sofia Rivera Cadena, Aileen Rodríguez, Francisco Rodríguez, Javier Rodríguez, Victor Rojas, Lourdes Sanchez, Gaudy Sanchez Moreno, Camilla Sarner, Farouk S'habou, Sato Shoji, Susan Siman, Elisa Sologni, Catherine Surace, Patrick Toffin, Tricia Tunstall, Julien Van Houtte, Christian Vásquez, Raquel Whiting Gilmer, Christine Witkowski… Et à tous les enfants, adolescents et leurs parents, à travers le monde, qui ont bien voulu me faire partager leur passion !

Un grand merci enfin à Franck et à mes parents pour avoir bien voulu faire partie de mes lecteurs cobayes et m'avoir supporté pendant la gestation de cet ouvrage… ainsi qu'à mon éditrice, Alice d'Andigné pour son enthousiasme, son soutien et sa patience, et à toutes les équipes de Stock autour de Manuel Carcassonne, Virginie Plantard, Solveig de Plunkett, Marie Bemberg, Valentine Layet.

Cet ouvrage a été composé
par Nord Compo à Villeneuve-d'Ascq (Nord)
et achevé d'imprimer en avril 2018
par CPI
pour le compte des Éditions Stock
21, rue du Montparnasse, 75006 Paris

Imprimé en France

Dépôt légal : mai 2018
N° d'édition : 01 – N° d'impression : 2036045